AF550105

Wald in Köln

15 Wanderungen von Grün zu Grün umweltfreundlich mit der KVB

von

Franz Josef E. Becker

GAASTERLAND VERLAG

Inhalt

Widmung		5
Zu diesem Buch		6 – 7
Route 1:	Wandern im „unbekannten" Chorbusch Rundweg von Worringen bis Worringen	10 – 19
Route 2:	Es rauschet der Wald, es wispern die Bäche Wanderung durch den Dünnwald	20 – 31
Route 3:	Königsforst – Wanderung zum höchsten Kölner Punkt Rundwanderung von Königsforst nach Königsforst	32 – 41
Route 4:	Ein Schatz für Köln – Wandern in der Wahner Heide Von Königsforst über Geisterbusch nach Gut Leidenhausen	42 – 53
Route 5:	Im Altwald zu alten Buchen und weiter zum Rhein Von Buchheim nach Rodenkirchen	54 – 65
Route 6:	Durch linksrheinischen Altwald – Nüssenberger Busch Wandern von Mengenich nach Longerich	66 – 75
Route 7:	Wald, Wasser und Kultur im Kölner Norden Von Esch nach Seeberg	76 – 87
Route 8:	Zum Königsforst im Süden Von Thielenbruch nach Königsforst	88 – 95

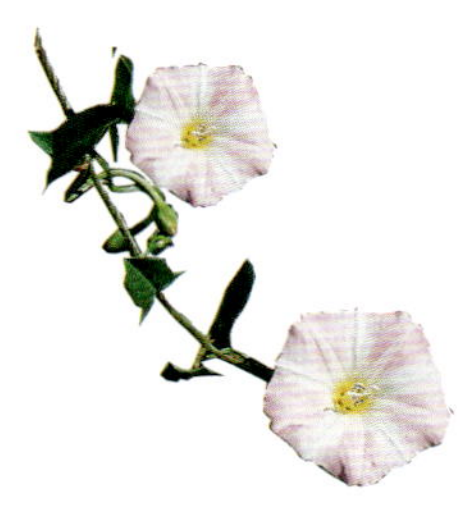

Route 9:	Verzauberte Landschaft – Wald im Weißer Bogen Von Rodenkirchen querfeldein nach Weiß und weiter zum Fischerdorf am Rhein	96 – 105
Route 10:	Wald in Köln: Berg- und Talwanderung Von Sülz nach Bickendorf	106 – 121
Route 11:	Vom jungen Wald, durch neue Parks und über den Berg Von Heimersdorf ins Zentrum zum Stadtgarten	122 – 131
Route 12:	Wer vieles bietet, wird allen etwas bieten Wanderung von Zollstock durch den Äußeren Grüngürtel und den Vorgebirgspark bis zum Volksgarten	132 – 143
Route 13:	Vornehm Wandern und Flanieren im stadtnahen Wald Vom Aachener Weiher längs der Kanäle zum Adenauerweiher	144 – 153
Route 14:	Wandern im Zukunftswald Rundweg durchs Waldlabor vom Stüttgenhof zum Stüttgenhof	154 – 165
Route 15:	Naturerlebnis zu jeder Jahreszeit Vom Friedenswald durch Forstbotanischen- und Finkens Garten zum Rhein	166 – 175

Download der GPS-Tracks unter: www.gaasterland-verlag.de

Impressum

Die Deutsche Nationalbibliothek verzeichnet diese Publikation in der Deutschen Nationalbibliografie; detaillierte bibliografische Daten sind im Internet über http://dnb.d-nb.de abrufbar.

ISBN 978-3-935873-64-2

Gestaltung: fotodesign steinicke, wittlich
Gesamtherstellung: Gaasterland-Verlag
Fotos: Franz Josef E. Becker alle Aufnahmen
außer: Seiten 3, 5, 13, 27, 37 u., 45, 69, 71, 83, 114, 134, 147, 151 u., Gabriele Nohn-Steinicke ; 30, 31, 68, 86,104, E. und H. Stahl
Karten-Vorlagen: mapz.com; openstreetmap.org

Besuchen Sie uns im Internet: www.gaasterland-verlag.de

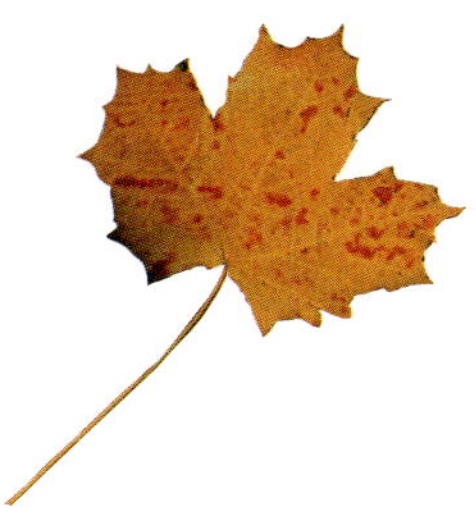

Widmung

„Wald in Köln" regt zu Wanderungen in den Kölner Wäldern und Parks an. Die Routen verbinden in Waldstreifen, auf bebuschten Wegen, unter Alleebäumen, durch Kleingartenanlagen und auch an Feldern vorbei. Wie es der Landschaft Kölns entspricht, sind die Wege bei Wanderungen und Spaziergängen leicht zu begehen. Und die Wanderrouten sind mit den Verkehrsmitteln der Stadt gut erreichbar. Angenehmer kann man Natur in Köln nicht erleben.

Fußläufig wird hautnah erlebt: Köln ist grün. Das ist dann keine Erzählung mehr – ein Wissen vom Hörensagen – , wenn man die Routen selbst gegangen ist und alles selber gesehen und erlebt hat. Da genießt man die Blüte von Anemonen, Weißdorn und Vogelkirsche im Frühjahr, den Indian Summer im Herbst und das pralle Grün dazwischen. Auch wenn alles verschneit ist, lässt sich in Köln bequem wandern – und das auch noch romantisch: Entlaubte Bäume sieht man besser und manchmal wabbert der Nebel um sie herum oder sie stehen vor der niedergehenden Abendsonne. Alles, was man mit eigenen Füßen gegangen ist und mit eigenen Augen gesehen hat, ist nah. Es gilt der Spruch: Nur wo Du zu Fuß warst, warst Du wirklich.

Bei Wanderungen hat schon mancher über das Kölner Grün gestaunt: Stadtkölner und Auswärtige zeigen immer wieder ihre Verwunderung darüber, auf wie langen Strecken es in der Stadt durch Landschaften mit Waldanmutung geht. Man kann das auf den beschriebenen Wanderrouten selber erleben: Das grüne Köln ist wunderbar wanderbar.

Dr. Joachim Bauer
Stellvertretender Leiter des Kölner Amtes für Landschaftspflege und Grünflächen

Zu diesem Buch

Grün, Grün, Köln ist grün. Fußläufig erfahren wir: Waldgebiete, Parks und Alleen im Kölner Stadtgebiet lassen sich zu stundenlangen Wanderungen miteinander verbinden. Anregend ist: Wir laufen auf flachen Wegen, wandern uns gesund, tun doppelt Gutes für die Umwelt – wir bewegen uns gehend höchstselbst und nutzen den Öffentlichen Nahverkehr und lernen die grüne Seite Kölns und den Wert der Naherholung schätzen. Vorteilhaft ist: Alles ist wohnungsnah oder nicht weit vom Arbeitsplatz entfernt. Und preiswert sind die Wanderungen auch: Start und Ziel der Routen liegen immer im Tarifgebiet Köln (1b) der Kölner Verkehrsbetriebe. Und beginnen sowie beenden kann man die Wanderungen öfters.

Wandern ist Gehen in der Landschaft. Genau so! Und Landschaft ist, wie sie ist. Wir können uns natürlich Landschaften, Landschaftsausschnitte aussuchen, aber das wäre nur die Hälfte der Idee des Wanderns. Wer nur das will, was er Natur nennt – oft genug ist sie das Produkt kultivierender Tätigkeit –, der verkürzt Wandern aufs Romantisch-idyllische. Fürs Wandern ist zentral, die Wirklichkeit eigenständig in Augenschein zu nehmen. Wo Du zu Fuß warst, warst Du wirklich, heißt ein Wanderslogan. Wandern als Alltagsflucht, Stadtflucht ist eine besondere Weise, Wandern zu verstehen und zu leben. Originär gilt Wandern als Entdeckungstour: Seume, Darwin, Humboldt.

Für unsere Wanderungen im Wald in Köln gilt: Die ganze Stadt ist mit dabei – ihr Grün und die bunten Parks, genauso wie die Autobahnen, die Kranhäuser am Rhein, der Dom in der City und der Eisenbahn- und Autobahnring sowie das Anfliegen des Flughafens über die Stadt hinweg. Stadt ist impulsives Leben und in Köln verbunden mit Inseln der Erholung im Grünen. Das Grün der Bäume, Büsche, Felder und Wiesen an sich ist schon beeindruckend, die verschiedenen Facetten der Stadt, die man zu Gesicht bekommt, erzeugen Heimatgefühle.

Der Slogan „Liebe deine Stadt" wird erst lebendig, wenn man sie kennt. Traumhaftes gibt es unterwegs: Fernblicke auf die City, Sichten auf die den Rhein überspannenden Brücken und Waldlandschaften, die einerseits verbergen und andererseits den Reiz erzeugen, zu schauen, was dahinter haust. Mächtige Bäume an Alleen und als

Solitäre in Parks machen Eindruck und werden erst richtig wahrgenommen, wenn es Winter ist: Entlaubte Bäume sieht man besser. Bevor dieser Zustand jedoch erreicht ist, kommt der bunte Herbst und ganz davor das frische, zarte Grün der jungen Blätter und das Blühen von Kastanien, Vogelkirschen und Weißdornbüschen. Da haben wir noch gar nicht an die Blumenbeete im Rheinpark gedacht.

Und jetzt noch ein, zwei oder drei Hinweise: Köln erlebt man auch auf dem 170 Kilometer langen Kölnpfad, auf dem Rundweg „Mein Grüngürtel" – hierzu Steffi Machnik: Grüngürtel-Rundweg –, auf Frangenbergs Stadtwanderungen und auf den Feierabendwanderungen – alle in Buchform erhältlich und selbstständig gehbar. Köln ist wandertechnisch sehr gut erschlossen. Man muss nur selber losgehen und Staunen und Glücksgefühl und Kenntnis der Stadt stellen sich von selber ein.

Und nun noch etwas Wandertechnisches: Die Routen sind so angelegt, dass auch die Verbindungen zwischen den Waldarealen und den Parks durchs Grün laufen oder unter Alleebäumen. Dazu sind immer wieder Verschwenkungen im Straßennetz notwendig. Zur besseren Orientierung verhilft eine Karte. Bei den Wanderbeschreibungen wird immer wieder auf die Kölnpfad-Wanderkarte verwiesen. Ersatzweise kommen auch große Stadtpläne in Frage, die das Stadtgebiet Kölns abdecken. Für die Routen innerhalb des Grüngürtels und der Abschnitte auf ihm selber sei auf die Karte „Köln. Mein Grüngürtel, Rundweg" hrsg. von der Kölner Grün Stiftung verwiesen.

Und ich danke den Wanderfreundinnen und -freunden, die mich inspiriert und denen, die mich beraten und unterstützt haben: Markus Bouwman (Leiter der städt. Forstverwaltung), Hans-Jürgen Brockmeier (Ex-Revierförster), Brigitte Czernik (Förderverein Dünnwalder Wald und Wildpark e.V.) Michael Hundt (Stadt-Förster und Vorsitzender der Kölner Jägerschaft) und Max Wolters (Kurator am Haus des Waldes). Alles Geschriebene geht auf meine Verantwortung. Besonders danke ich meiner Frau, die es zwar schön findet, dass ich wandere, mich dann aber auch vermisst und die mich zum Schreiben immer wieder ermuntert.

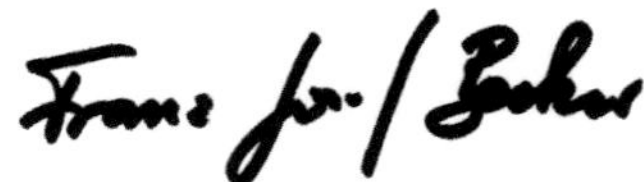

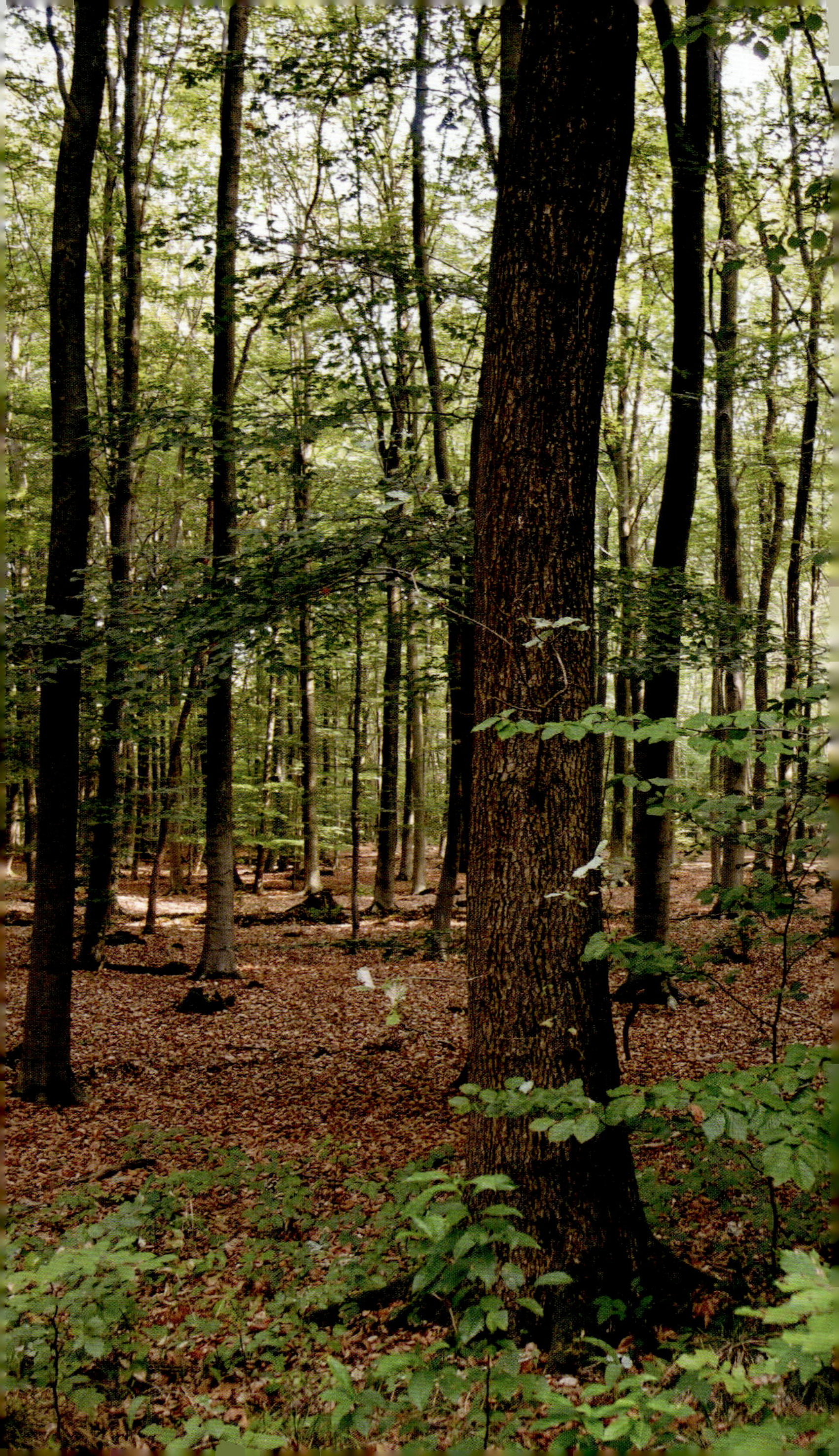

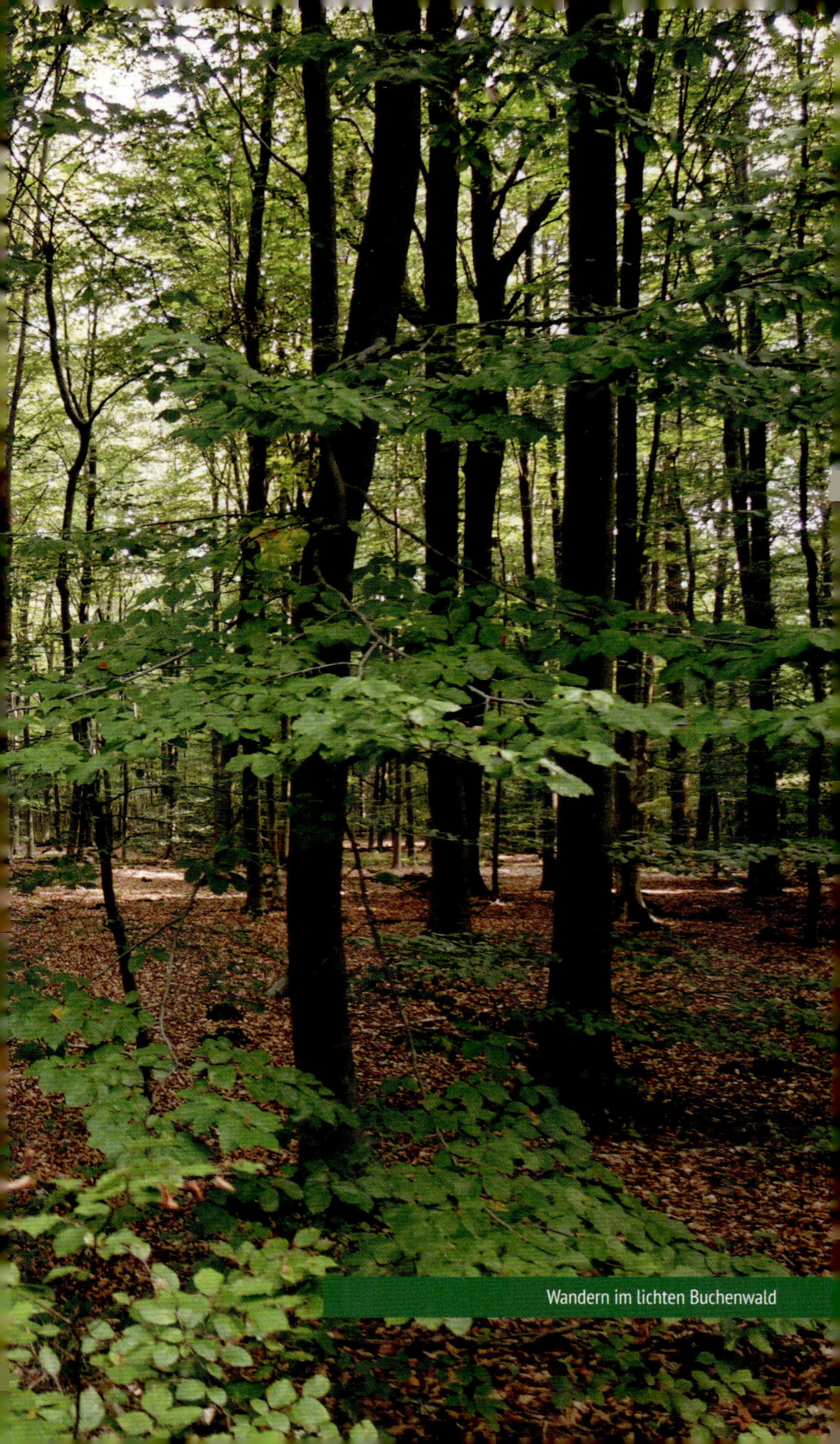

Wandern im lichten Buchenwald

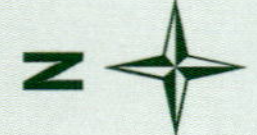
N

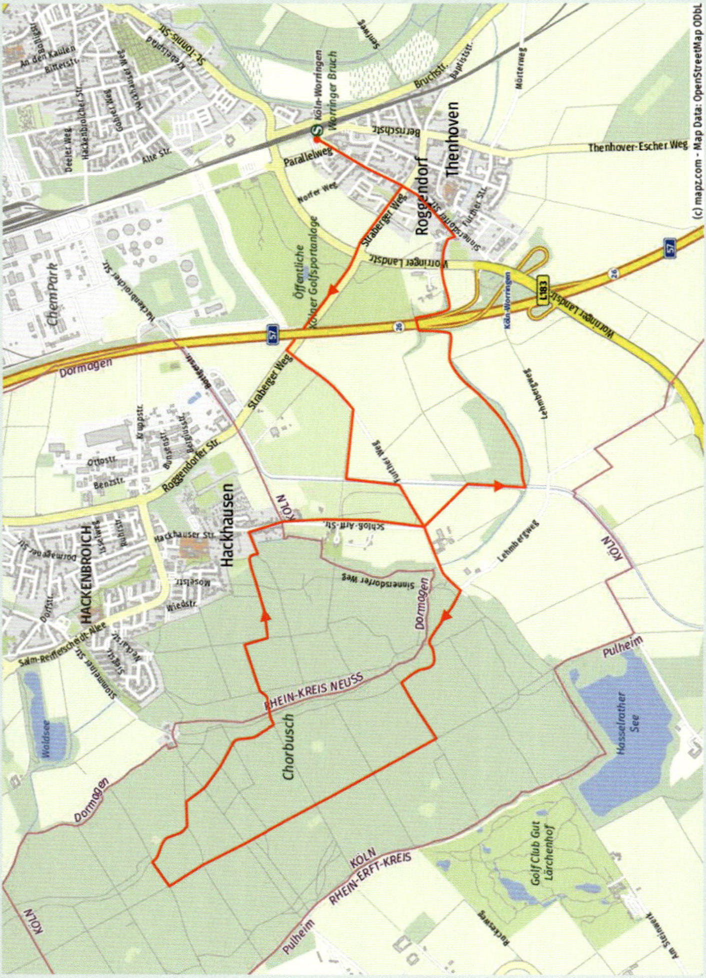

Rundweg von Worringen bis Worringen

Länge	16 Kilometer
Wanderzeit	ca. 4,5 Stunden
Start/ Ziel	Rückseite des Bahnhofs Köln-Worringen
Track	WiK-T1-Chorbusch.gpx
Wanderkarte	Pulheim, Topographische Karte 4906, 1:25.000, hilfsweise: Rhein-Erft-Kreis, Stadt Köln (Blatt 43) – Radwanderkarte 1:50.000
Einkehren	**Pizzorro** Baptiststr. 1, 50769 Köln-Roggendorf Tel.: 0221 70006667 Öffnungszeiten: Di – So und Feiertage 16.00 – 22.00 Uhr **Haus Hesemann** Sinnersdorfer Str. 125, 50769 Köln Tel.: 0221 9782919 Öffnungszeiten: So – Mo 16.00 – 1.00 Uhr, Ruhetag: Dienstag **Hotel-Restaurant Haus Odendahl** Sinnersdorfer Straße 80, 50769 Köln-Roggendorf Tel.: 0221 784256 Öffnungszeiten: Mi – So 11.30 – 14.30 Uhr und 17.30 – 22.30 Uhr, Ruhetag: Dienstag

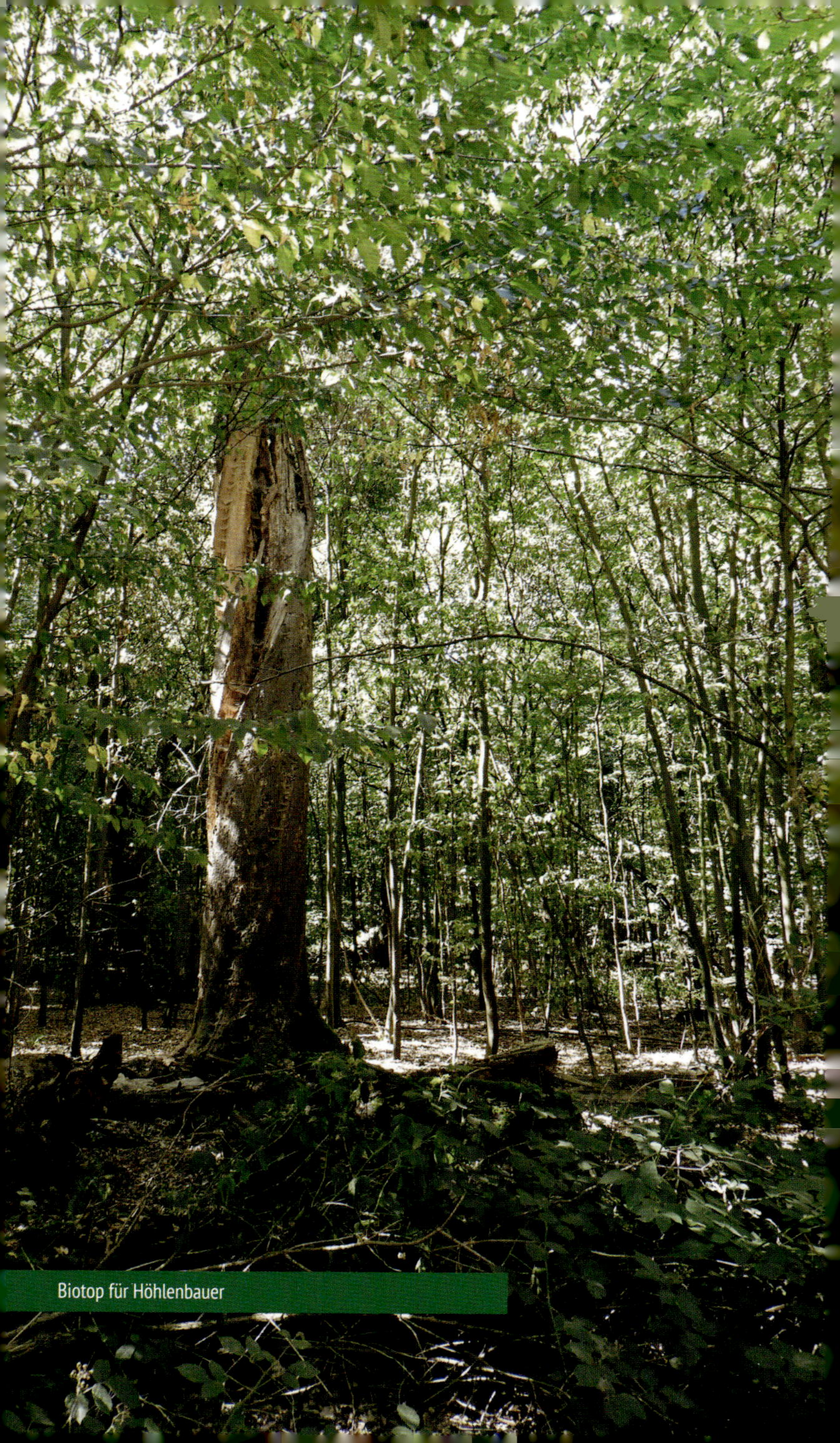

Biotop für Höhlenbauer

Wandern vor der Haustür – so ordnete die Regio 2000 auf einer Infotafel die Region des Chorbuscher Waldes ein. Gewandert wird im ausgedehntesten Altwaldgebiet Kölns. Dass der Chorbusch zum größten Teil zu Köln gehört, ist den meisten Kölnern und auch im Umland unbekannt. In der Regel wird das Waldgebiet mit dem Kloster Knechtsteden in Verbindung gebracht, aber das Kloster ist bei der Route nicht das Ziel. Wir erleben auf dieser Route Wald und Wald und Wald – Wald in Köln. Das Ganze ist eine Meditation in Wald und offener Landschaft.

Der Chorbusch im Norden Kölns ist neben Gremberger Wäldchen und Nüssenberger Busch ein weiterer Altwald im Stadtgebiet Kölns. Er umfasst den südlichen Teil eines Wald- und Heidegebietes, Knechtsteden-Chorbusch-Wald, das von Neuss bis in den Kölner Norden reicht. Kennzeichnend sind der Artenreichtum mit Ahorn, dominierenden Buchen, Eichen, Linden und Nadelgehölzen in Mischbeständen und die Altersverschiedenheit des Baumbestandes. Das Bodenprofil wird durch Reste des ehemals hier mäandrierenden Rheins gebildet. Entsprechend weist das Waldgebiet vereinzelt Feuchtbiotope auf. Am Sandweg liegt eine Naturwaldzelle, in der sich der Wald ohne menschlichen Eingriff entwickeln und zum „Urwald der Zukunft" werden soll. Bedeutsam ist das Waldgebiet wegen seiner Ausdehnung, seines Alters, seiner einzigartiger Pflanzengesellschaften und wegen seines Tierreichtums: Fünf Spechtarten sind nachgewiesen und Nachtigall und Priol erheben hier ihre Stimmen. Zudem sind verschiedene Reptilienarten vertreten, besonders prominent ist die Ringelnatter.

Ein gepflegtes Wegenetz in flachem Gelände lädt zu ausgedehnten Wanderungen ein. Weil der Chorbusch Naturschutzgebiet ist, gelten die für Wanderungen einschlägigen Gebote: Laufen nur auf Wegen, Verbot, dem Wald irgendetwas zu entnehmen und alles wieder mitzunehmen, was man ins Gebiet hineingebracht hat. Vom Klima her ist das Waldgebiet ganzjährig zu bewandern.

Wir starten an der Rückseite des Bahnhofs Köln-Worringen und laufen auf der **Sinnersdorfer Straße** stadtauswärts. Auf der linken Straßenseite beschattet uns anfänglich eine Baumallee, dann geht es auf breiter Straße zwischen Abstand wahrenden Vorstadthäusern

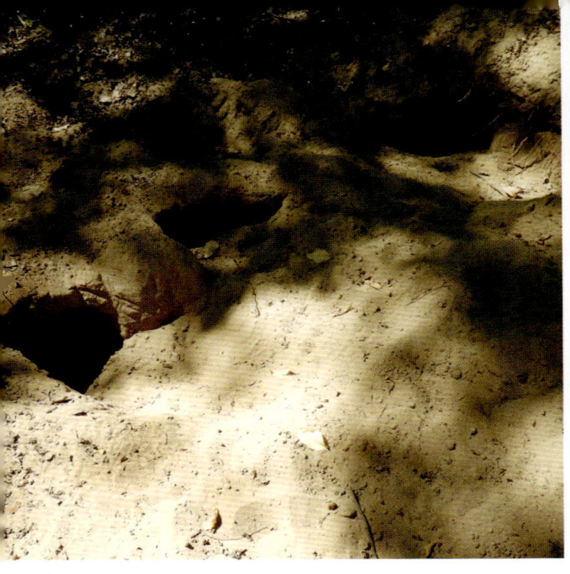

Dachsbauten im Chorbusch

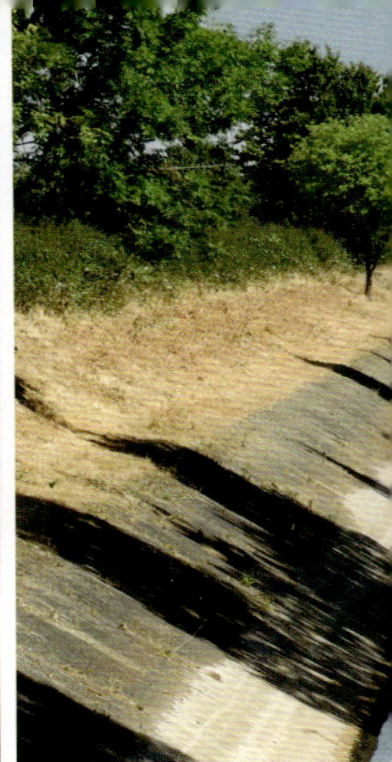

Nördlicher Kölner Randkanal

und deren Vorgärten weiter bis zum **Straberger Weg**. In ihn biegen wir rechts am früheren Quettingshof ein. Über das Hofgut gibt es Nachrichten seit dem 11. Jahrhundert, als es dem Kölner Johanniterorden übergeben wurde. Auf den ehemaligen Äckern nordwestlich des Hofes wird derzeit ein Neubaugebiet entwickelt. Bis zum Verkehrskreis bei der Kreuzung mit der **Worringer Landstraße** eröffnet sich ein weiter Blick über offenes Land. Den Kreis umrunden wir auf der rechten Seite und setzen geradeaus unsere Wanderung auf dem Fuß- und Radweg des **Straberger Weges** fort. Rechts und links begleitet uns das Grün des städtischen, vereinsfreien Golfplatzes.

Nach Unterquerung der A 57 geht es ungefähr 150 Meter weiter und dann links in den **Further Weg**. Hier laufen wir parallel zur Straße links auf dem Wiesenweg bis zu dessen eindeutigem Ende, an dem er wieder in die Straße einbiegt. Gegenüber führt ein für Anlieger geöffneter Teerweg auf Schloss Arff zu. Zum Schloss gelangen wir jedoch nicht, weil uns am Kölner Randkanal ein Gatter ausbremst. Vor dem Kanal biegen wir nach links ab und begleiten ihn auf 350 Metern.

Der linksrheinische Kölner Randkanal in Kölns Westen und Norden wurde von 1954 bis 1959 gebaut. Er führte die für den Braunkohletagebau abgepumpten Wassermassen dem Rhein zu, diente aber auch der Entlastung der Erft bei deren Hochwasser und der Ableitung

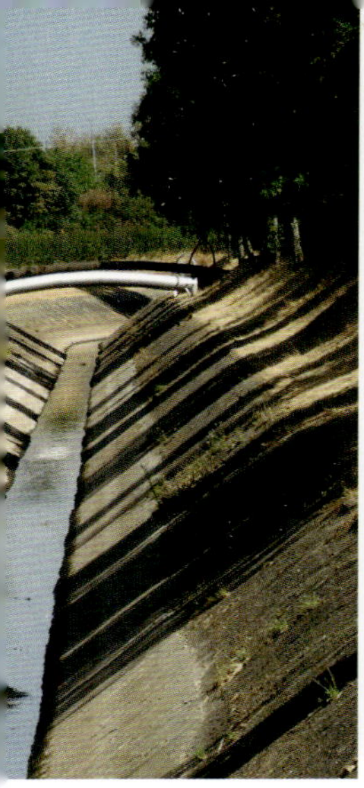
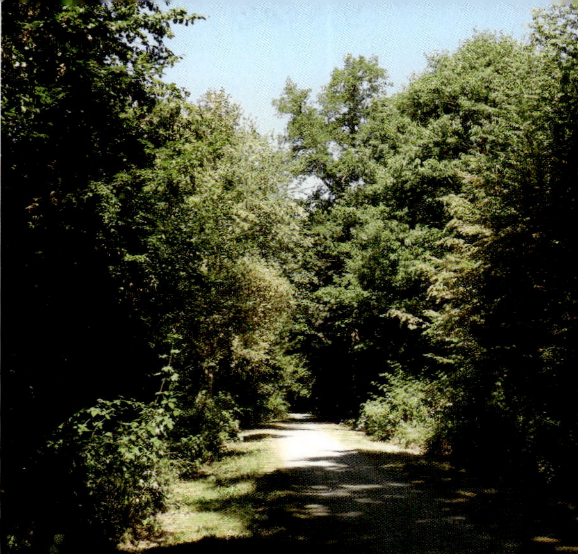

Im Chorbusch sind die Wege breit

gereinigter Abwässer mehrerer Stadtteile Kölns. Mit der Nordwestwanderung des Tagebaus verringerten sich die anfallenden Wassermengen. Heute erfüllt er Aufgaben der Abwasserentsorgung, des Hochwasserschutzes im Raum der Erft und der Entlastung des Kanalsystems bei lokalen Starkregen.

Auf unserem kurzen Weg längs des Kanals bieten sich wieder weite Sichten und bei entsprechender Wetterlage sehen wir den Abdampf der Kühltürme der Braunkohlekraftwerke über Feldrand und Bäumen aufsteigen. Es geht rechts über den Kanal und weiter auf dem **Further Weg**. Vorbei an Pferdekoppeln und dem Turm einer Überlandstation aus den Anfängen des 20. Jahrhunderts streifen wir das alte Hofgut der Reitanlage Haus Furth am Rande des Chorbuschs. Wir treffen auf unser Waldgebiet und sind bereits vier Kilometer gewandert.

Eine Lektion konnten wir lernen: Wandern ist in erster Linie entdecken, wie eine Landschaft beschaffen ist. Wir haben ein reich gegliedertes Areal erlebt: Alt- und Neubesiedlung, Felderwirtschaft, hinter Baumstreifen und Waldarealen verborgen Chemieindustrie, erahnte Standorte der Elektrizitätserzeugung, Stromtrassen und deren Masten und eventuell über die Nordwestroute nach Köln/Bonn einfliegende Flugzeuge. Und wir konnten bewundern, wie vielfältig die Landschaft mit Baumstreifen, -inseln und Waldarealen aufgelockert ist.

Bei Haus Furth gehen wir geradeaus auf dem Further Weg weiter. Den parallel laufenden Sandweg vermeiden wir, weil er ein Reitweg ist diese für Fußgänger verboten sind. In einer Linskurve ändert sich der Straßenname in **Lehmbergweg**. Rechts liegt ein Parkplatz und von diesem aus gehen wir in den Wanderweg 3 und 5. Von nun an laufen wir ein längeres Stück auf dem **Sandweg**. An heißen Tagen spüren wir sofort angenehm: Im Wald ist es kühl. Rechts und links stehen mächtige Bäume, deren Kronen die Wege überwölben und die zusammen mit heranwachsenden Bäumen Schatten spenden. Nur zwei Prozent der Sonnenstrahlung erreicht unter dem geschlossenem Laubdach den Boden. Da ein großer Laubbaum bis zu 400 Liter Wasser am Tag verdunstet und somit Verdunstungskälte entsteht, haben wir auch eine Erklärung dafür, warum es sich an heißen Tagen im Wald oder unter Bäumen in abgekühlter Umgebung gut wandern lässt.

Dem Beobachter fällt auf, dass sich besonders rechts des Weges im flachen Chorbusch einige Rinnen hinziehen – manche deutlich um mehrere Meter mit steilerem Rand eingetieft. Die Erklärung für diese Bodenformen ist einfach: Wir wandern, wo der Rhein vor 8000 Jahren einmal in einer breiten Flussaue Flußrinnen grub. Eine besonders deutliche Ausspülung sehen wir nach 260 Metern. Hier haben Kinder aus Stangenholz mehrere Tippis gebaut. Wir queren auf dem Sandweg nach links hin den **Unterweg** und gehen den **Sandweg** weiter bis zum nächsten Querweg. Hier biegen wir nach links ab. An der Wegkreuzung links steht eine Infotafel, die uns darauf hinweist, dass wir bisher auf der linken Seite des Weges eine Naturwaldzelle passiert haben. Markant für die Zelle im Chorbusch ist deren Bestockung mit besonders großen Stileichen und Hainbuchen sowie dem naturnahen Charakter der Fläche. Die Tafel gibt uns weiter Auskunft über die Bedeutung solcher Zellen und mit welchen Baumarten wir es hier zu tun haben. Wir gehen auf dem eingeschlagenen Weg bis zum nächsten Querweg und schlagen hier den Weg nach rechts ein. An der Kreuzung steht links noch einmal eine Tafel, die über die Naturwaldzelle informiert. Auf dem nach rechts eingeschlagenen Weg laufen wir jetzt eineinhalb Kilometer. Wir sehen Altbaumbestände, Buchen, Eichen, Fichten mit lamettaartig herabhängenden Zweigen, Lichtungen mit Neuanpflanzungen – vermutlich nach Windbruch – teils auch wuchernde Krautschicht mit dominierendem Farn. Und hin und wieder radelt jemand, meist rücksichtsvoll, an uns vorbei. Wanderer treffen wir eher selten. Wir genießen die Ruhe und die wunderbare Atmosphäre des Waldes. Diesen ruhigen Weg laufen wir geradeaus, vorbei an Strauchwerk

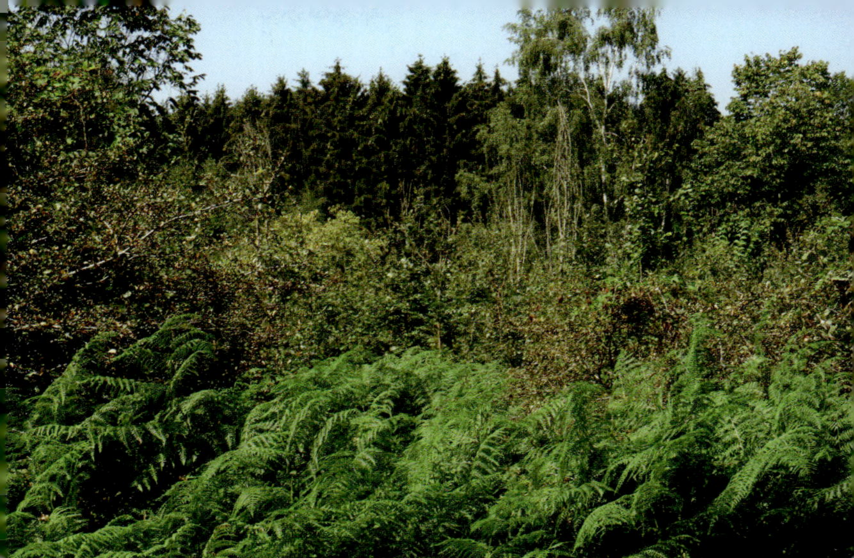

Waldaufbau Krautschicht - Strauchschicht-Baumschich

links und dahinter liegender junger Buchenanpflanzung. Überhaupt ist der Wald auf der linken Seite anders als rechts eher gekennzeichnet durch altersverschiedene Bestockung. Rechts des Weges stocken Eichen und Buchen. Auf unserem geradeaus führenden Weg legen wir von der letzten Abzweigung 1300 Meter bis zum querenden **Hackenbroicher Weg** zurück. Wir erreichen ihn kurz nachdem wir über einen Reitweg hinweggegangen sind. An der rechten Seite der Wegkreuzung mit dem Hackenbroicher Weg sehen wir ein rechtsweisendes Fahrradzeichen. Wir jedoch laufen über den querenden Weg geradeaus und biegen am zweiten querenden Weg, der mehr den Charakter eines Wiesenwegs hat, nach rechts ab. Nach 200 Metern geht es nach rechts in den **Sandweg**. Wenig später erreichen wir auf dem Teerweg wieder den **Hackenbroicher Weg**, queren ihn und behalten unsere Richtung bis zu einer Wegspinne bei. Dem Wegweiser folgend gehen wir geradeaus weiter. Nach ca. 280 Metern bemerken wir eine Wegkreuzung, von der unscheinbar nach links ein leicht abwärts führender Pfad abgeht. Alsbald queren wir einen Reitweg, hinter dem unser Pfad auf wenigen Metern etwas steiler abfällt. Weiter geht's durch versumpftes Terrain zum **Unterweg**. Ein kurzes Stück gehen wir am südlichen Rand dieses Feuchtbiotops vorbei.

Wir überschreiten den querenden **Unterweg** und biegen am nächsten Querweg, dem **Oberweg**, nach rechts ab. Nach 160 Metern

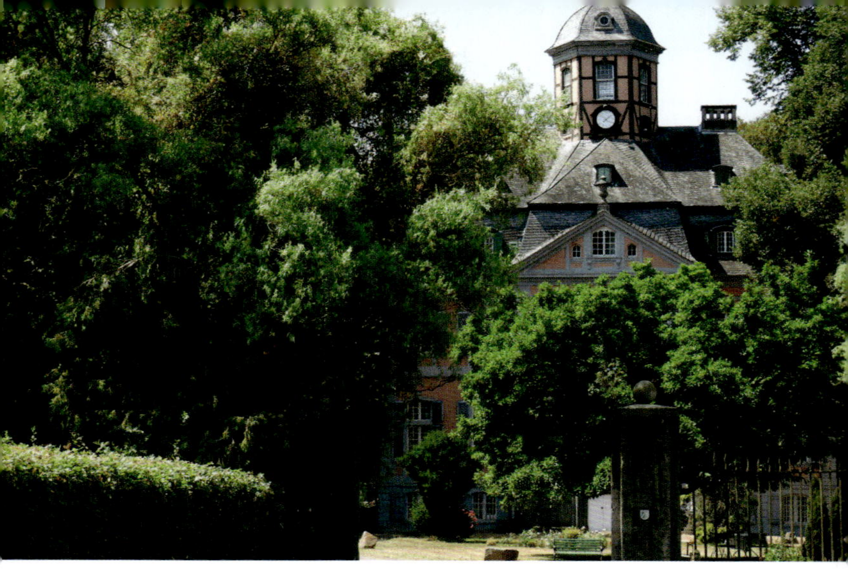

Schloss Arff

verlassen wir nach links abbiegend den Wanderweg A3. Es geht geradeaus über den nächsten Querweg, als **Sinnersdorfer Weg** bezeichnet. Geradeaus erreichen wir den Siedlungsrand von Domagen-Hackhausen. Zwischen den Kleingärten hindurch laufen wir in Richtung der Häuser und treffen auf die **Hackhauser Straße**. Diese Straße nehmen wir nach rechts und gehen an deren Ende über die Kreuzung in die **Schloss-Arff-Straße** am Reiterhof Mettmann vorbei in Richtung Köln-Roggendorf.

Schloss Arff ist ein ehemaliges Wasserschloss. Die Ritter van der Arffe, 1366 erstmals urkundlich erwähnt, gaben dem Schloss seinen Namen. Im Kölner Krieg 1586 bis 1588 wurde das Vorgängergebäude zerstört. 1750 bis 1755 erfolgte die Neuerrichtung als barockes Lustschloss für die adeligen Besitzer. Es befindet sich noch immer im Privatbesitz und wird derzeit für exklusive Veranstaltungen genutzt.

Wir passieren Schloss Arff. Nach einem halben Kilometer überschreiten wir den **Further Weg** bei Haus Furth, gehen an den Pferdekoppeln vorbei und erreichen eine Brücke über den Randkanal. Über sie gehen wir auf die andere Seite des Kanals. Dort schlagen wir den Weg nach rechts ein. Kurz vor einem Hinweis auf das links liegende Landschaftsschutzgebiet geht ein Weg spitzwinklig nach links ab. Diesen Weg wandern wir durch ein Waldstück und vorbei an

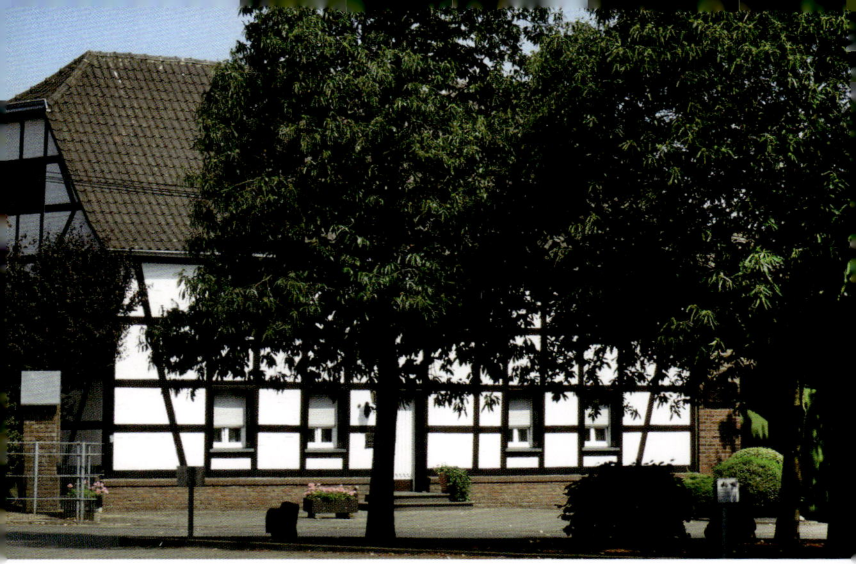

Gilleshof in Roggendorf-Thenhoven

rechts liegenden Feldern auf die Autobahn A 57 zu. Wir nehmen die Brücke über die Autobahn, blicken dabei in die städtische Golfanlage und sehen nach links schauend das Türmchen von Schloss Arff. Unser Weg führt uns in Richtung Roggendorf/Thenhoven. Es geht am Gelände des Kölner Pferdesportvereins vorbei und unter der **Worringer Landstraße** hindurch.

Geradeaus laufen wir zum links liegenden Baudenkmal Gilleshof. Nachgewiesen ist der Hof ab 1373. Er war im Besitz des Stifts St. Cäcilien in Köln und zu Abgaben an die Abtei St. Heribert in Deutz verpflichtet. Wir gehen am Hof vorbei und dann nach rechts durch die **Further Straße**. Am Gut Bachof, bis zur Säkularisation Eigentum des Klosters St. Andreas in Köln, treffen wir auf die **Sinnersdorfer Straße.** Hier geht es nach links zum Bahnhof Köln-Worringen.
Nach viereinhalbstündiger Wanderung, dreiviertel davon durch Wald, ist uns der Wald des Kölner Nordens nun nicht mehr ganz fremd.

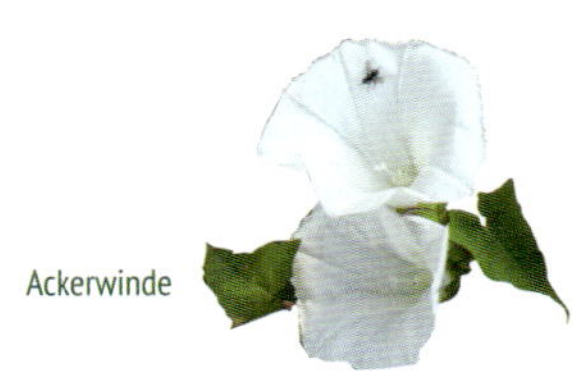
Ackerwinde

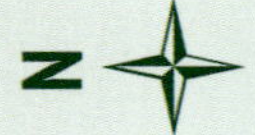
N

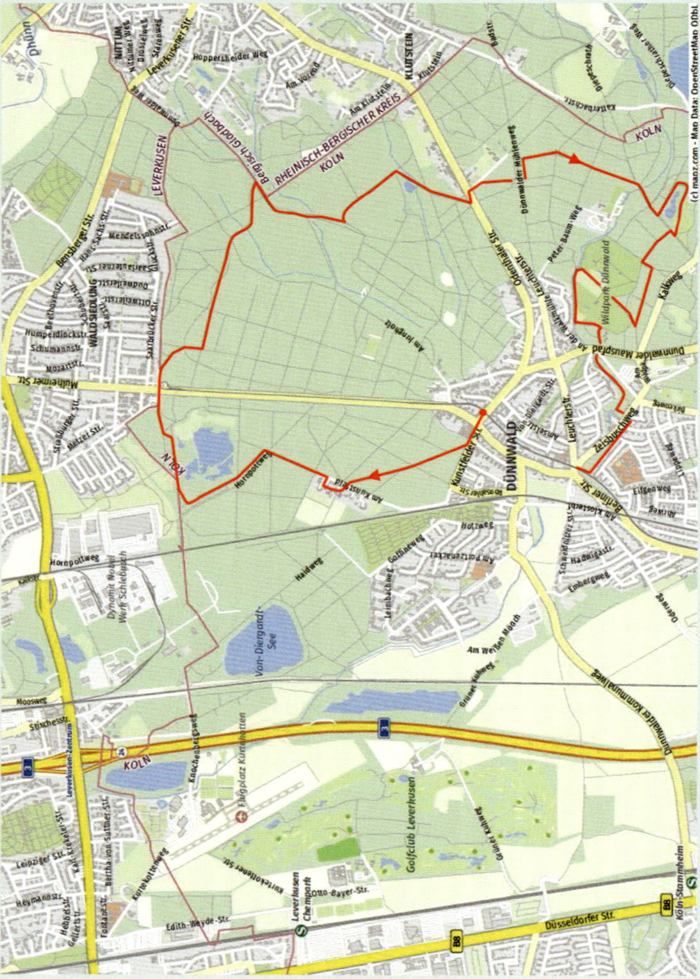

Wanderung durch den Dünnwald

Länge	13 Kilometer
Wanderzeit	3,5 Stunden
Start	Odenthaler Str., Köln-Dünnwald Haltestelle von L 4 und Bus 260
Ziel	Leuchterstr. Köln-Dünnwald Haltestelle von L 4 und der Busse 104, 154, 155, 156, 157, 260, 434
Track	WiK-T2-Duennwald.gpx
Wanderkarte	Kölnpfad. Der Kölner Rundweg, 1:25.000
Einkehren	**Waldschenke** Am Kunstfeld 41, 51069 Köln Tel.: 0221 97771699, info@waldschenkekoeln.de www.waldschenkekoeln.de Öffnungszeiten: Di – So 11.00 – 23.00 Uhr Ruhetag: Montag **Wildwechsel** (Gasthaus am Waldbad) Peter-Baum-Weg 24, 51069 Köln Tel.: 0221 96812638 info@wildwechsel-koeln.de www.wildwechsel-koeln.de Öffnungszeiten: Di – So 11.00 – 22.00 Uhr Ruhetag: Montag **Bürgerhof** Odenthaler Str. 24, 51069 Köln Tel.: 0221 601840 Öffnungszeiten: Mo – So 10.00 – 14.00 Uhr und ab 17.00 Uhr

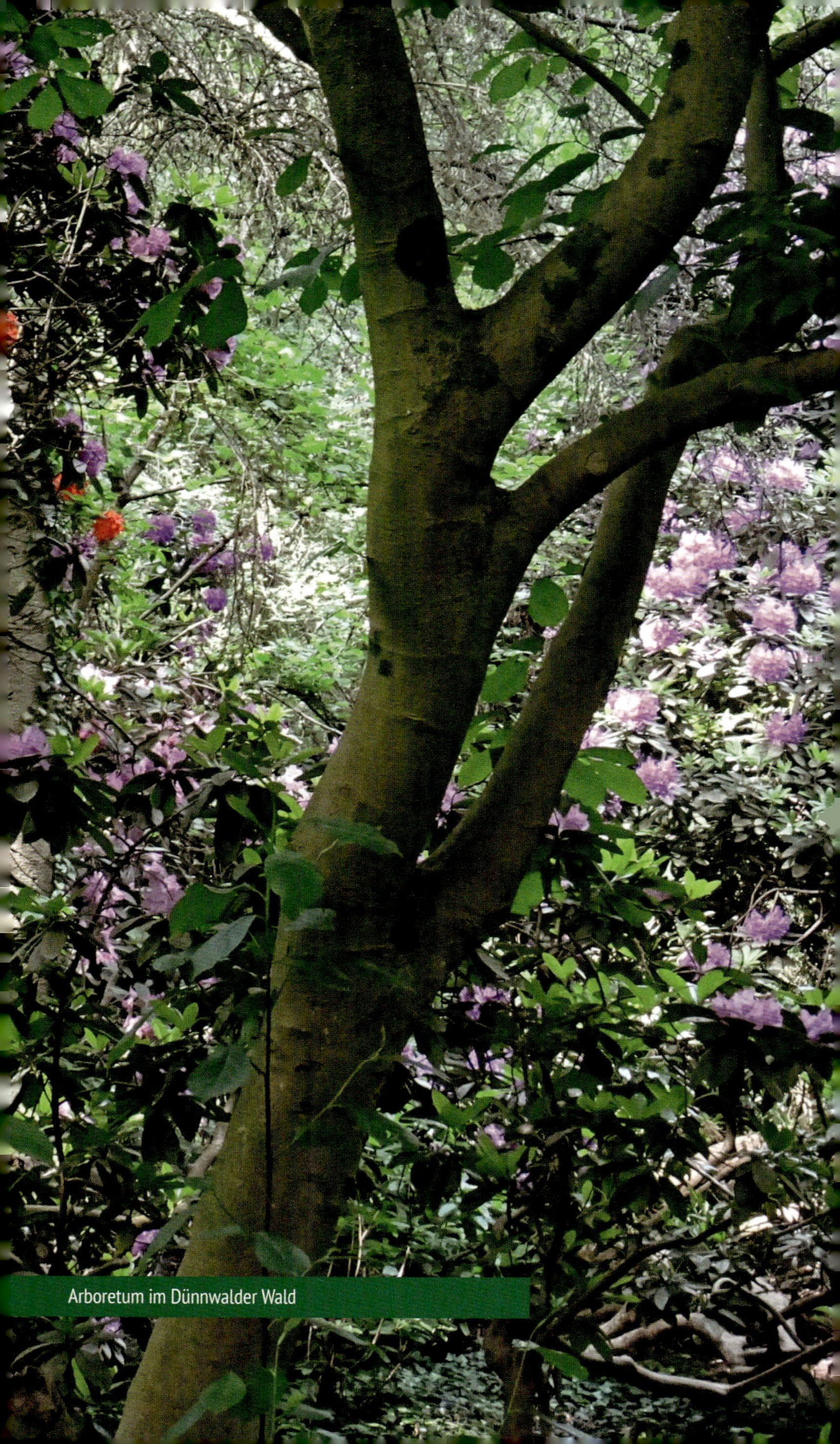

Arboretum im Dünnwalder Wald

Unsere Wanderung verläuft durch das größte zusammenhängende Waldgebiet auf Kölner Boden. Der Wald ist jung. Er entwickelte sich, weil zur Preußenzeit nach 1815 die dortige Heide aufgeforstet wurde. Im Wald liegen eine historische Industrieansiedlung, die uns heute heimelig anmutet, das Naturschutzgebiet des Hornpottsees, Gänsewiese und Gänseweiher, ein Rhododendronwald, der Tierpark Dünnwald und das kleine Dünnwalder Arboretum. Das Waldgebiet ist hochwertig: Autobahnlärm ist hier fern. Und das Wandergebiet ist leicht erreichbar.

Der Dünnwalder Wald liegt auf der Bergischen Heideterrasse, einer erdgeschichtlich gewachsenen Landschaft mit tiefgründigen, nährstoffarmem Sand- und Kiesböden. Bis ins 19. Jahrhundert hinein war das Gebiet des Dünnwaldes Heide. Bedingung für den Heidecharakter war der nahrungsarme Boden der Bergischen Heideterrasse und die Übernutzung durch zwischen Heideterrasse und Rhein wirtschaftende Ackerbauern, die ihr Vieh in den Wald trieben, Laub entnahmen und als Stallstreu verwendeten, die Humusschicht ablösten und zur Düngung auf ihre Äcker brachten. Die erwähnte preußische Aufforstung schuf ein Immissionsschutzgebiet und den heutigen, stadtnah attraktiv erschlossenen Naherholungswald. Alte Buchenbestände und Nadelbäume aus preußischer Zeit sind Merkmale dieser Waldlandschaft. Große Teile des heutigen Waldbildes gehen auf Aufforstung vor 70 Jahren zurück. Das Waldgebiet ist besonders durch seine Gewässerlandschaft, das 1961 von der Schutzgemeinschaft Deutscher Wald angelegte Arboretum und noch mehr durch den Wildpark Dünnwald, den Rhododendronwald an dessen Rand und durch die Naturschutzgebiete: Hornpottsee, Nittum-Hoppersheider Bruch und Mutzbach geprägt.

Indisches Springkraut

Wir starten an der Haltestelle **Odenthaler Straße** und gehen zur Einmündung der **Berliner Straße**. Nach deren Überquerung wenden wir uns der **Kunstfelder Straße** zu. Auf deren rechter Seite biegen wir nach Überschreitung eines Teerweges nach rechts in den Waldweg ab. Buchen und Föhren und ein Wald, der mit mehreren Baumgenerationen bestockt ist, umgeben uns. Wir laufen stracks geradeaus bis zu einer Wegschranke, um die wir herumgehen, wenden uns nach rechts und gehen dann sofort nach links. Wir sind bei der Ansiedlung Kunstfeld. Mit wenigen Schritten sind wir nach der Querung der Straße **Am Kunstfeld** am Rand der Siedlung, gehen in sie hinein, biegen nach rechts ab und passieren

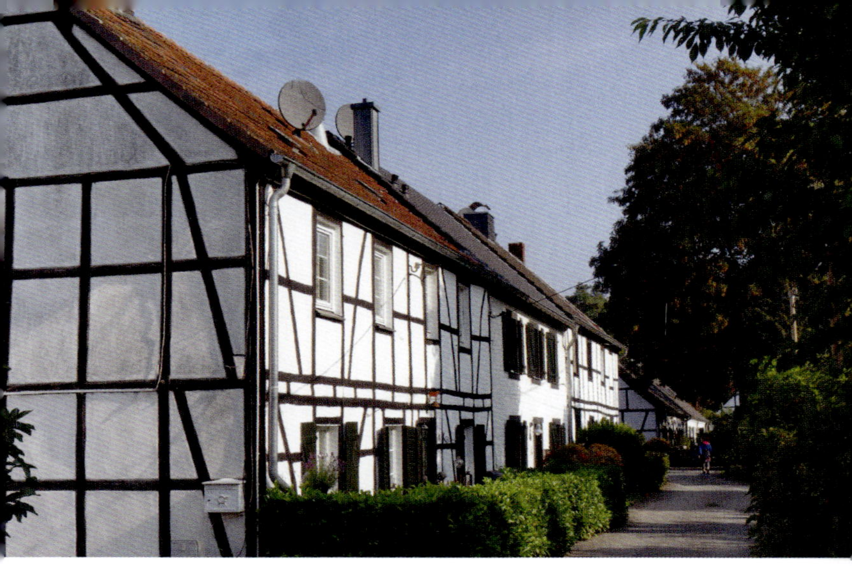

Kunstfeld - Arbeitersiedlung aus dem 19. Jahrhundert

die ehemaligen Arbeiterhäuser. In die Freifläche an der rückspringenden Häuserfront wandern wir hinein und treffen auf die rechts etwas verborgen stehenden Außentoiletten, Häuschen mit Herz. Wie der ganze Altteil der Siedlung, stehen auch sie unter Denkmalschutz und sie sind „die einzigen denkmalgeschützten Klohäuschen in Deutschland", wie es heißt.

Kunstfeld wird auch als Waldidylle bezeichnet. Der Ortsname verweist auf einen ehemaligen Gewerbestandort. Der Schluss, es sei dort Kunstgewerbe betrieben worden, ist wohl falsch. Wie man ehemals bei Wassermühlen und ihren weiteren technischen Anlagen von Mühlenkunst und Wasserkunst sprach und damit Technik meinte, denn Kunst und Technik sind historisch nicht scharf geschieden, so wird auch hier mit dem Namen eher auf Technik verwiesen. Vor der Industrialisierung war Kunstfeld ab den 1820er Jahren ein bedeutender Ort des Chemiegewerbes für die Erzeugung von Berliner Blau, Salmiak, Kali und Soda. In Heimarbeit webte man Samt und Horn wurde gemahlen und gekocht, um dann daraus aus der Masse Gegenstände zu formen, z. B. Kämme. Auf das Kochen von Horn verweist auch der Name Hornpott. 1869 entstand eine Pulverfabrik, die im folgenden Jahr explodierte. 15 Arbeiter wurden getötet. Die Chemiephase der Siedlung war damit zu Ende.

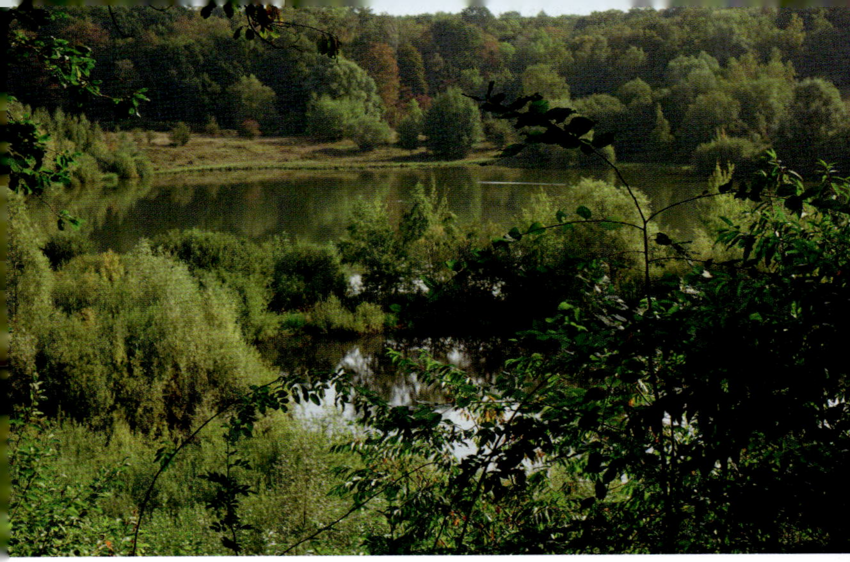

Hornpottsee - naturgeschützte ehemalige Kiesgrube

Von den Herzchenhäusern gehen wir zu unserem Durchgangsweg zurück, umgehen den Biergarten der Waldschenke nach links und dann rechts weiter zur Straße **Am Kunstfeld**. Auf ihr laufen wir nach links in den Wald und geradeaus bis zu einem Querweg, an dem eine etwas seltsam gestaltete Bank unsere Aufmerksamkeit auf sich zieht. Der Riesenpott an der Bank verweist noch einmal auf den Namen, den die Siedlung Kunstfeld trägt und den wir am Eingang in die Siedlung auf eine Art Wetterfahne gemalt sahen. Die Bezeichnung Hornpott hat, wie gesagt, einen industriegeschichtlichen Ursprung.

Neben der Bank zeigt ein Schild an, dass das Terrain hinter ihm in Richtung Hornpottsee Naturschutzgebiet ist. Wegen der Vorschrift, in Naturschutzgebieten auf den Wegen zu bleiben und da unklar ist, ob es sich auf dem Pfad in Richtung See wirklich um einen Weg handelt, wenden wir uns nach links und nehmen den **Hornpottweg**. Vor allem am Anfang sehen wir deutlich Spuren der Wühltätigkeit von Wildschweinen – angesichts von Eichen am Wegesrand und Eicheln auf dem Weg wundert das nicht.

Wir gelangen zu einem leichten Rechtsknick des Weges und seiner Kreuzung mit einem Waldpfad. Rechts sehen wir, wenige Schritte vom Hornpottweg entfernt, einen Hinweis auf die Nutzungseinschränkung eines Forstweges. Auf das Schild gehen wir zu und dann links in den Pfad am See. Auf diesem Pfad erhalten wir auf Tafeln der Unteren Landschaftsbehörde Infos zur ökologischen Bedeutung des Sees und können an offen gehaltenen Blickachsen in die sich entwickelnde Seelandschaft schauen. Der Hornpottsee ist das Ergebnis der Kiesgewinnung in der Bergischen Heideterrasse. Zeitweilig bestand die Absicht, die Kiesgrube wieder zu verfüllen. Der lange Zeitraum zwischen dem Ende der Abbaggerung und der beabsichtigten Verfüllung führte allerdings dazu, dass sich eine schützenswerte Fauna-Flora-Besiedlung entwickelte. Dieser Entwicklung wurde mit der Ausweisung als Naturschutzgebiet entsprochen.

Wir passieren die Aussichtspunkte und sehen einen See, der von Jahr zu Jahr stärker überwuchert wird und zu verlanden beginnt. Das saftige Grün war gerade im Hitzesommer 2018 eine wahre Pracht und bot dem von braungebrannten Blättern ermüdetem Blick des Großstädters einen erholsamen Kontrast. Der Pfad biegt an der Nordseite des Sees nach rechts und führt zum Kölnpfad, der uns nun längere Zeit mit leichten Abweichungen bis nahe des Dünnwalder Waldbades begleiten wird. An der **Berliner Straße**, Haltestelle Schlebusch, verlassen wir diesen Teil des Dünnwalder Gebietes und gehen an der Haltestelle **Schlebusch/Nittumer Weg** vorbei weiter auf dem Kölnpfad.

An der Haltestelle gibt es Fahrmöglichkeiten nach Köln mit L4 und Bus 260 sowie 202 und 215 zum innerörtlichen Verkehr Leverkusens. Bis zur Haltestelle sind es 3,5 km.

Nach Querung der **Berliner Straße** verschaffen wir uns anhand der Karte des Kölnpfades einen Überblick über unser weiteres Wandergebiet. Der Kölnpfad führt in den **Nittumer Weg** hinein. Nach einer Orientierungskarte zum Erholungsgebiet Dünnwald biegen wir nach rechts in den Wald. Linker Hand wird das Waldgebiet offensichtlich von Mountainbikern genutzt. Unser Pfad läuft schräg nach rechts und ist gut markiert. Am Hauptweg geht's rechts und danach links. Wir laufen ungefähr 800 Meter und überqueren einen Weg. Alsbald wird unsere Route von einem von links nach rechts wechselnden Reitweg geschnitten. Der Reitweg verläuft nun rechts von uns. Vor einer Rechtsabbiegung teilen wir unseren Wanderweg auf den letzten Metern mit diesem. An der Bank nehmen wir den nach rechts führenden Wanderweg und werden nun rechts von einem anderen Reitweg begleitet. Nach dem überquerten **Hommelsgraben** schwingt der Weg in eine Links- und dann in eine Rechtskurve. Am folgenden Querweg laufen zwei Reitwege zusammen. Das Kölnpfadzeichen weist nach rechts und wir folgen dieser Weisung. Wir laufen jetzt nahe der Kölner Stadtgrenze am sich links befindenden Naturschutzgebiet Nittum-Hoppelsheider-Bruch entlang. Geschützt werden der Lebensraum der Bachaue des Hoppesheider Baches, gefährdete Altbäume sowie nicht näher bezeichnete Pflanzengesellschaften des Bruchs.

Graureiher

Nachfolgend geht der Kölnpfad links ab und wir laufen geradeaus. Nun präsentieren sich verstärkt Nadelbäume. Wir überqueren den Hoppersheider Bach und biegen nach ungefähr 200 Metern links ab. Als nächstes Etappenziel haben wir den Katterbachteich vor uns. Kurz vor dem Katterbach treffen wir wieder auf das Kölnpfadzeichen und wandern weiter auf dessen Route. Wir gehen an der nächsten Wegkreuzung halb rechts, queren den Katterbach und sehen den Teich rechts vom Weg. Oftmals stehen hier Graureiher beharrlich am Ufer und lauern auf Beute. Aber das sehen nur die Wanderer, die Stille bewahren können. An der folgenden Weggabelung läuft der Kölnpfad nach links und geht stracks auf die **Odenthaler Straße** zu. Dort geht es kurz links und dann rechts über die Straße.

An diesem Punkt der Wanderung können wir an der **Odenthaler Straße** von der Haltestelle „In der Hardt" mit Bus 434 nach 7 km Wanderstrecke bequem nach Bergisch Gladbach (S-Bf.) oder nach Köln-Mülheim, Wiener Platz, fahren.

Nach Querung der **Odenthaler Straße** geht es bald nach rechts in den Wald. Wir stoßen auf den Dünnwalder Mühlenweg, gehen dort, begleitet von einer heranwachsenden Buchenhecke zwischen Wander- und Reitweg nach links und nehmen den nächsten Weg nach rechts. Geradeaus gehend schimmert kurz nach dem geteerten Peter-Baum-Weg zwischen Bäumen und Laub das Dünnwalder Waldbad. Eine Brücke führt uns über den kräftig fließenden Mutzbach. Er schafft es bis zum Rhein, während mehrere andere Gewässer in unserem bewanderten Wald, typisch für die Bergischen Heideterrassen, in der Kies- und Sandschicht versickern.

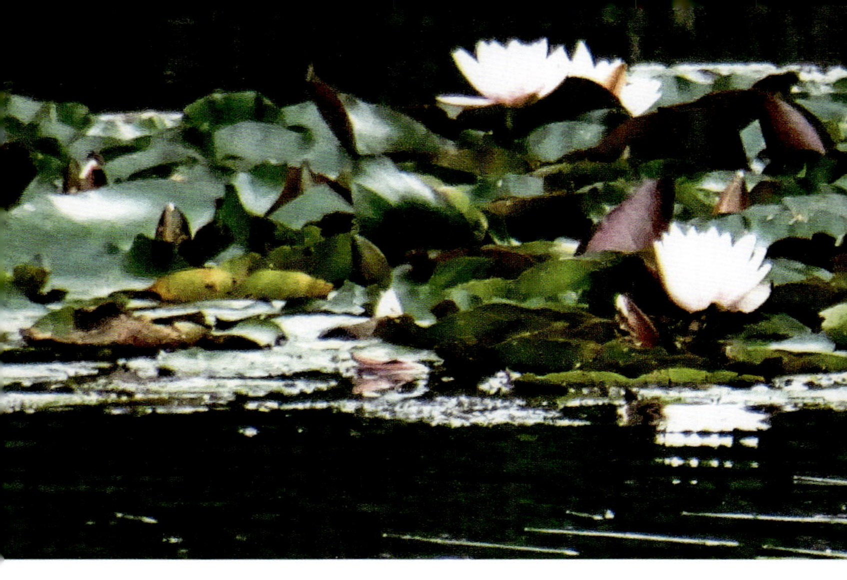

Seerosenteppich auf dem Gänseweiher

Das Dünnwalder Waldbad verdankt seine Existenz seit den 1920er Jahren der Eigeninitiative des Ortskartells Dünnwald – ein Zusammenschluss von Vereinen und Verbänden der lokalen Arbeiterschaft. Sie gruben einen Teich in die Aue des Mutzbaches, der es auch speiste. 1933 lösten die Nationalsozialisten das Ortskartell auf und übernahmen das Bad. Die Besatzungsmächte erteilten nach dem Zweiten Weltkrieg die Erlaubnis zu seiner Wiedereröffnung. Wiederum in Eigeninitiative des wiedergegründeten Ortskartells wurde das Waldbad Anfang der 1950er Jahre restauriert. Heute ist es ein beheiztes Schwimmbad mit Wasser aus dem Trinkwassernetz der öffentlichen Wasserversorgung Kölns.

Nach der Überquerung des Mutzbaches geht der Kölnpfad links ab, wenige Meter nach dem Reitweg. Wir laufen jedoch noch knapp 90 Meter weiter und gehen erst dann links ab. Rechts unterhalb unseres Weges glänzt das Wasser des Gänseweihers. Am Unterstand mit geschnitzten Uhus am Wege gehen wir nach rechts und dann wieder rechts auf den talwärts führenden gepflasterten Weg. Er verläuft zwischen Gänsewiese und Gänseweiher. Auffällig ist der Gänseweiher durch sein urwüchsiges Aussehen mit bleichem Totholz an den Ufern, in Buchten und im Weiher. Anlockend, aber unerreichbar, ist die schwimmende Seeroseninsel nordöstlich der Mitte des Gewässers. Nachdem wir am Gänseweiher vorbeigezogen sind, gehen wir am

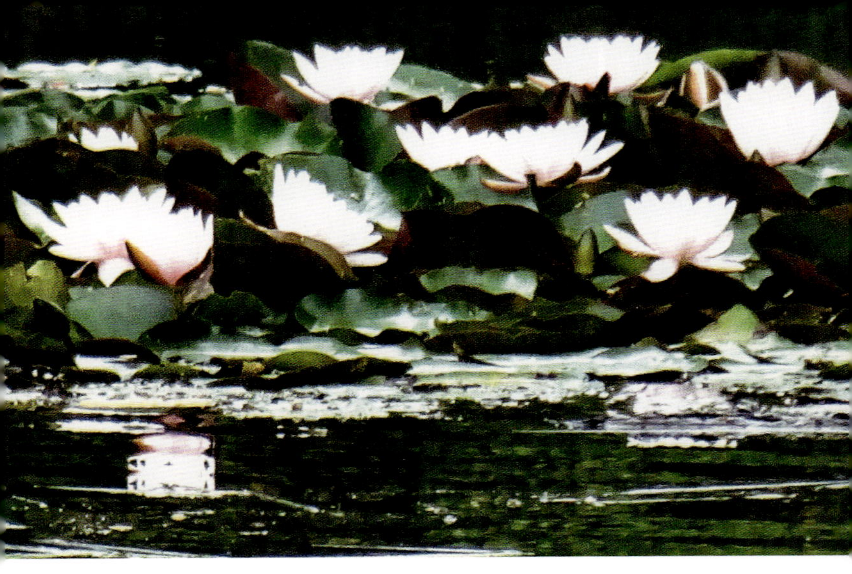

nächsten Querweg nach rechts und dann als nächstes nach links. Unser Weg führt uns quer durch eine Reihe parallel verlaufender Erdwälle. Die Wälle sind an die 600 Meter lang und trennten Schießbahnen voneinander. Die Anlage entstand unter den Preußen 1887 für militärische Übungen und wurde nach 1918 demilitarisiert. Ab 1936, nach der Wiedebesetzung des Rheinlandes, nahm man die Schießübunben wieder auf. Im Zweiten Weltkrieg wurden die Bahnen auch Hinrichtungsstätte für Deserteure und „Wehrkraftzersetzer“. Nach dem Krieg wuchs Gras über Hügel und Geschichte. Noch in den 1970er Jahren übten hier belgische Streitkräfte, Bundeswehr und Polizei. Nach der Passage dieser historischen Stätte erreichen wir auf einem Waldpfad den südöstlichen Begrenzungsweg des Wildparks. In ihm begegnen wir Wisenten, Damwild, Mufflonwild, Wildschweinen, Nilgänsen und Enten.

Hier gehen wir nach links zur Fortsetzung unserer Wanderung oder rechts, um beim Waldbad im Restaurant Wildwechsel einzukehren. Nach der Einkehr dort gehen wir zurück über den Mutzbach, dann sofort rechts und stoßen bei den Wisenten auf die beschriebene Route.

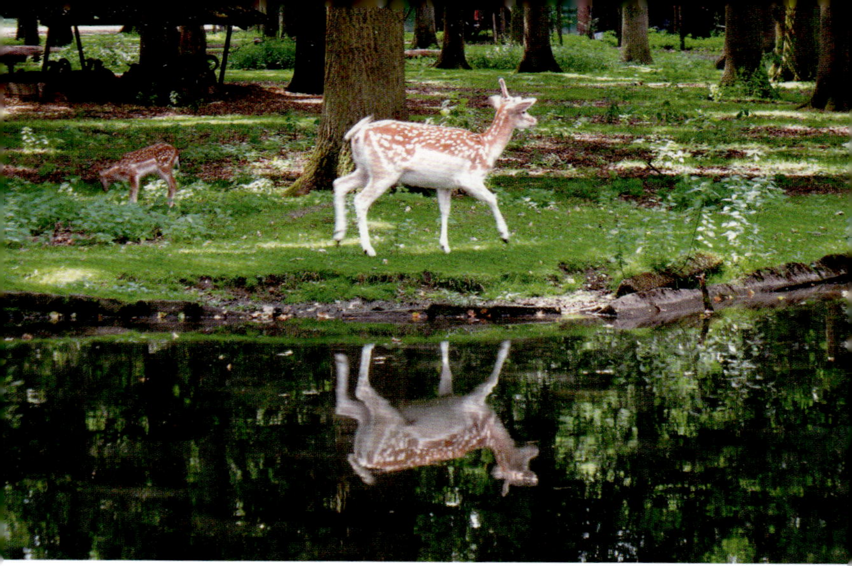

Damwild im Wildpark Dünnwald

Am Begrenzungsweg biegen wir erst nach links und in den darauf folgenden Weg nach rechts ab. An den Wegrändern stehen mächtige Rhododendronbüsche derart zalreich, dass auch vom Rhododendronwald gesprochen wird. Von Ende April bis Juni wandert man hier an strahlender Blütenpracht vorbei. Vom Wegweiser zur Förster-Scheibweiß-Kanzel aus wandern wir auf dem den Wildpark teilenden Weg ganz durch bis zu den Wisenten, gehen dabei vorbei an Mufflon und Damwild – Rehe gibt es hier nur in freier Wildbahn – und erreichen den Mutzbach. Hier führt unsere Route nach links am Zaun entlang – kurze Zeit ist der Mutzbach an unserer rechten Seite. Wir biegen am Mufflongehege nach links ab und laufen an den Wildschweinen vorbei bis zum Portal des Baumpfades, in den wir einbiegen. Auf weichem Waldboden passieren wir einige Tafeln, die uns über verschiedene Baumarten informieren.

Am Forstbetrieb endet der Baumpfad. Über den **Dünnwalder Mauspfad** hinüber geht es in den schräg abgehenden **Birkenweg**. Sofort biegen wir nach rechts in den durch Felsbrocken versperrten Waldweg ein. Wir öffnen links das Tor zum Dünnwalder Arboretum, gehen den Weg rechts und am Ende durch das Tor hinaus in Richtung des Rittergutes Haus Haan. Das Arboretum ist eine Ansammlung verwilderter Baum- und Straucharten. Es wurde 1961 von der „Schutzgemeinschaft Deutscher Wald Köln e. V." angelegt. Seine Pflege teilen sich

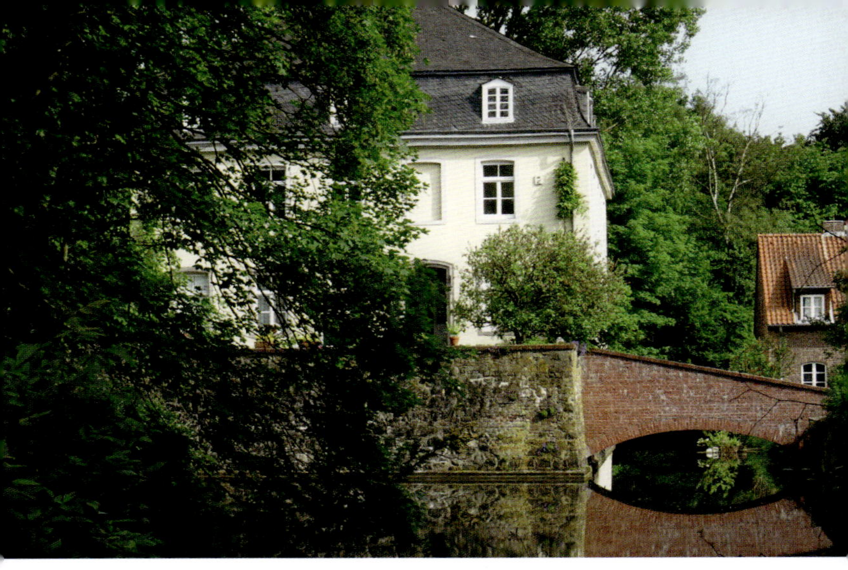

Rittergut Haan

das Forstamt der Stadt Köln und eine Schülergruppe. Wenige Schritte nach Verlassen des Arboretums schimmert durch die Bäume das ehemalige Rittergut Haus Haan. Es findet 1203 erstmalig Erwähnung, wird 1264 bei Streitigkeiten über Nutzungsrechte am Mutzbach mit dem Kloster Dünnwald genannt und wurde 1588 im Truchsesschen Krieg um die Macht im Erzbistum Köln geplündert. Im Dreißigjährigen Krieg wurde es niedergebrannt. Das jetzt bestehende Gebäude wurde im 18. Jahrhundert durch die Familie Droste zu Vischering errichtet. Das Haus steht auf einer Insel, die mit dem Umland durch eine ansteigende Bogenbrücke verbunden ist. Heute ist das Anwesen zu Eigentumswohnungen umgebaut

Vor dem Herrenhaus biegen wir nach links ab zur Straße **Zeisbuschweg**. Dort gehen wir nach rechts und vor dem Haltestellenzeichen am **Imbacher Weg** nach links in den Pfad, den wir geradeaus bis zur Haltestelle Leuchterstraße nehmen. Hier können wir die Wanderung beenden. Zu einer Schlusseinkehr gehen wir von der **Leuchterstraße** zur **Berliner Straße** und dort rechts in Richtung **Odenthaler Straße**, wo wir nahe unseres Startpunktes den Bürgerhof finden. Auf dem Weg dorthin passieren wir zwei Cafès.

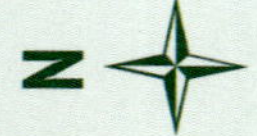

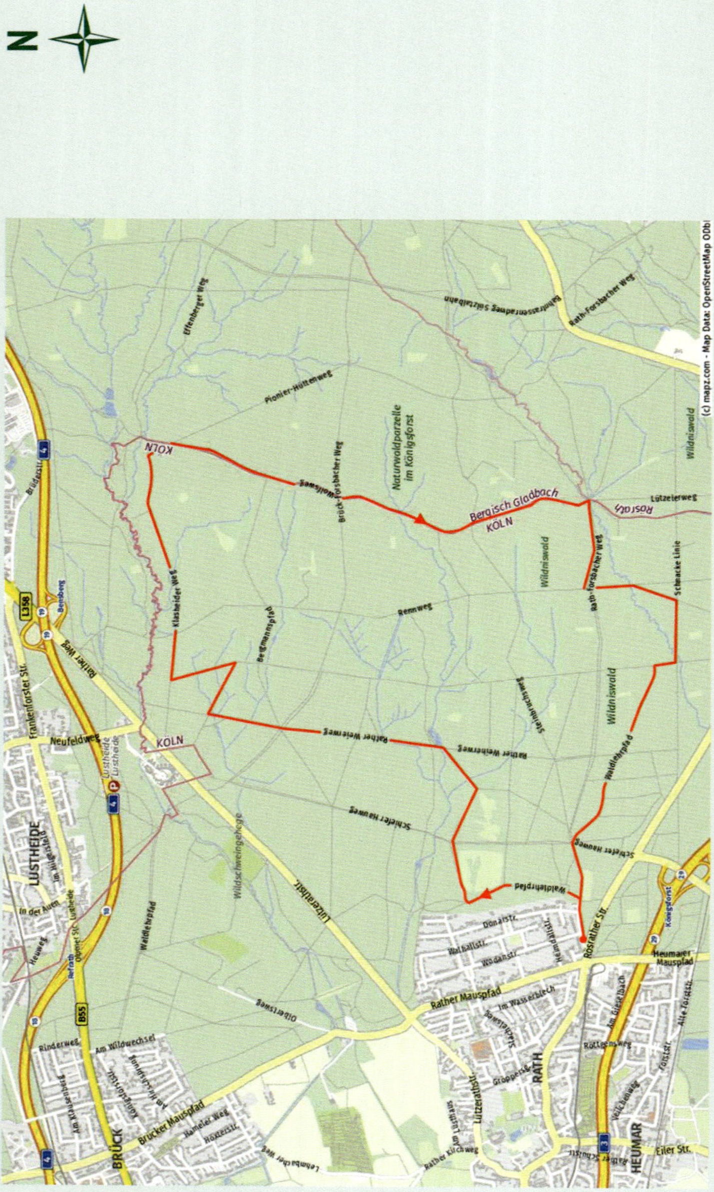

Rundwanderung von Königsforst nach Königsforst

Länge	Rundweg Königsforst: 15 Kilometer Waldlehrpfad: 5 Kilometer
Wanderzeit	4,5 Stunden / Waldlehrpfad 1,5 Stunden
Start	Haltestelle Königforst
Ziel	Haltestelle Königforst
Track	WiK-T3-Koenigsforst.gpx
Wanderkarte	Köln-Mülheim, Topografische Karte 5008, 1:25.000
Einkehren	**Gaststätte Schwalbennest** Rösrather Str. 760, 51107 Köln Tel.: 0221 861189 schwalbennest@ymail.com www.schwalbennest-am-koenigsforst.de Öffnungszeiten: Mo – Sa 11.00 – 23.00 Uhr, So 11.00 – 22.00 Uhr, Biergarten **Cafe am Königsforst** Rösratherstr. 759, 51107 Köln-Rath Tel.: 0221 862320 admin@cafe-am-königsforst.de www.cafe-am-königsforst.de Öffnungszeiten: Mo – Sa 9.00 – 18.00 Uhr, So und Feiertags 11.00 – 18.00 Uhr **Eiscafé PICCOLA GELATERIA** Rather Mauspfad 19, 51107 Köln Tel.: 0221 866915 Öffnungszeiten: Mo – So 10.30 – 22.00 Uhr

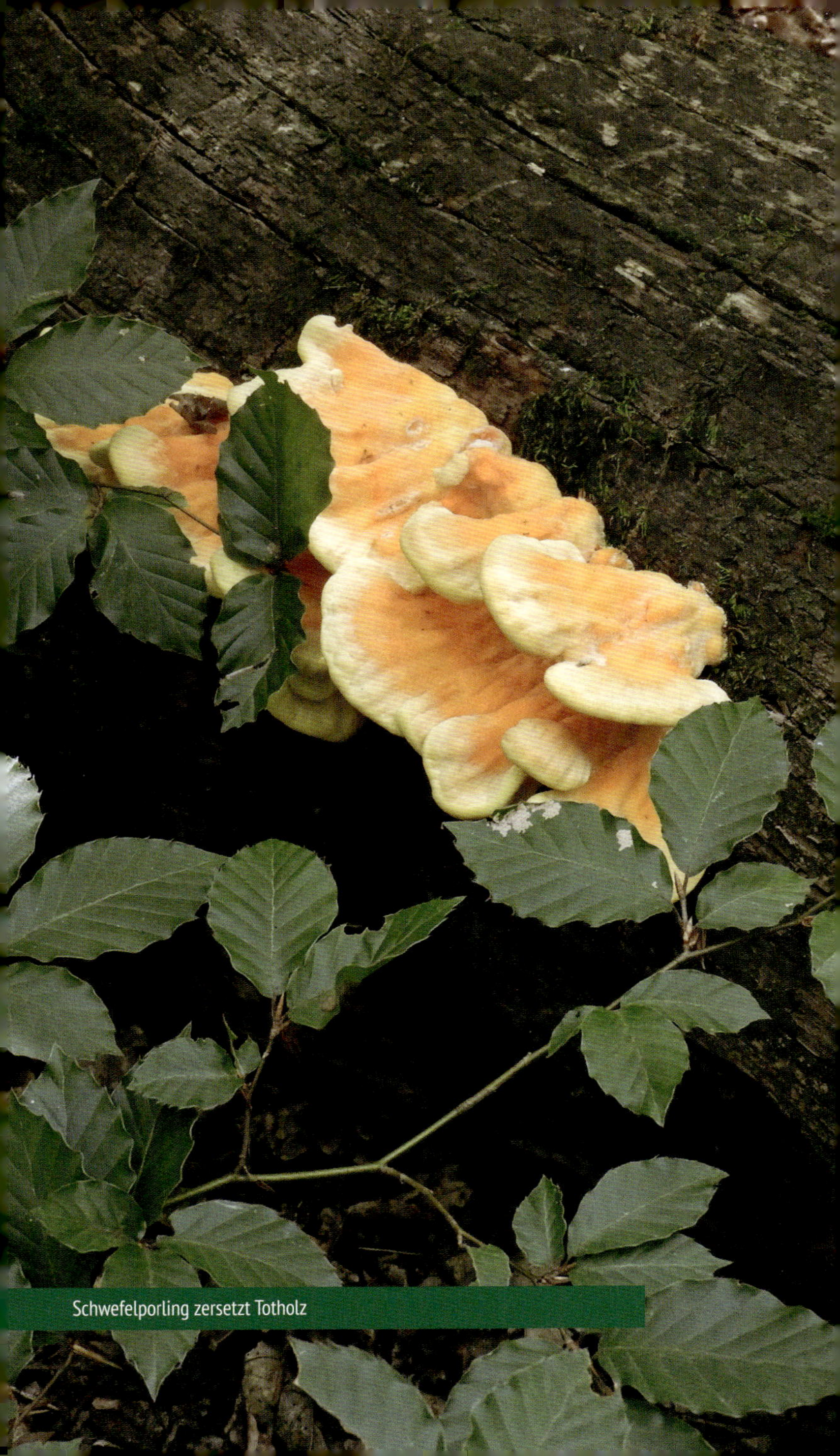

Schwefelporling zersetzt Totholz

Wanderungen und Abenteuer hängen irgendwie zusammen. Ist der Königsforst ein Abenteuer? Normalerweise nicht. Ein Erlebnis ist er jedoch immer. An Hügelgräbern – Überreste von vor 2500 Jahren – vorbei, werden wir auf einem Abschnitt des Waldlehrpfades sehr grundsätzlich über die Natur des Waldes, seine Pflanzen, Tiere, Pilze und deren Lebensgemeinschaften informiert. Der höchste Punkt Kölns über dem Meeresspiegel liegt an unserem Weg und ebenso ein Wassertretbecken, in unseren Breiten eher eine Seltenheit. Wir erleben einen Wald im Umbau und lernen bei einiger Aufmerksamkeit, wie viele Nuancen die Farbe Grün hat.

Der Königsforst war zur Zeit der Frankenkönige Krongut, mit deren alleinigem Recht zu jagen und zu fischen. Im 10. Jahrhundert schenkte Kaiser Otto I. seinem Bruder, dem Kölner Erzbischof Bruno (von 953 bis 965) das gesamte Waldgebiet. Erzbischof Heribert (von 999 bis 1021) vermachte den halben Wald dem Kölner Kloster Pantaleon und ein weiteres Viertel dem von ihm in Deutz gegründeten Benediktinerkloster. Ein Viertel des Forstes verblieb beim Erzbistum. Die Grafen von Berg wurden zu Verwaltern des ganzen Waldes bestellt. Ihnen gelang die stetige Ausdehnung ihrer Befugnisse. Schon vor der Säkularisation 1803 wurde über mehr als zwei Jahrhunderte der schlechte Zustand des Königsforsts beklagt. Die Grafen und Herzöge von Berg ließen verschiedene Schädigungen zu oder betrieben sie selber. Vor allem kam es aus jagdlichen Gründen zu einer Überzahl an Rotwild, das die Bäume verbiss. Der jährlich wiederholte Eintrieb von Schweinen zur Mast verhinderte die Selbstverjüngung des Waldes, wobei sich negativ verstärkend das Laubstreurechen und die Entnahme von Waldboden zu Düngezwecken auswirkte. Im Übermaß wurde Nutzholz geschlagen. Bei der Säkularisation 1803 fiel das Waldgebiet an das französisch beherrschte Großherzogtum Berg. Dem Wald wurden massenhaft Buchen und Eichen entnommen und zu Baumaßnahmen nach Frankreich abgeführt. Als die Preußen 1815 in den Besitz der Rheinlande kamen, begannen sie forstwirtschaftlich orientiert mit der Aufforstung und bestockten das Waldgebiet vorwiegend mit schnell wachsenden Nadelbäumen. Seit Jahrzehnten findet die Umwandlung des Waldes zu einem potentiell naturnahen Laubmischwald statt.

Wir starten an der Haltestelle Königforst, gehen hinüber zum Kiosk Schmitzebud und dann die **Forsbacher Straße** hinauf, vorbei am Forsthaus Rath bis zur holzgeschnitzten Informationstafel, die einen nicht mehr ganz so deutlichen Überblick über den Königsforst gewährt. Da

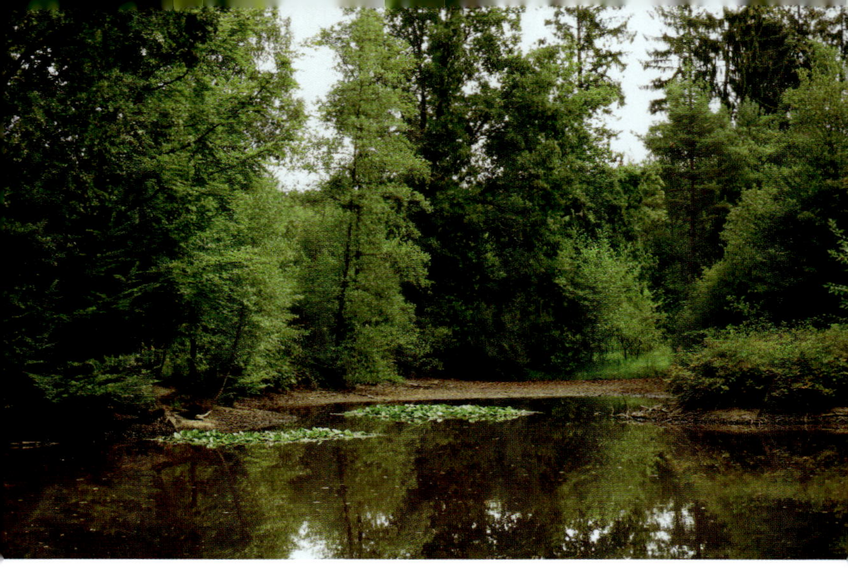

Seerosen auf dem Rather Weiher

gilt es, etwas richtig zu stellen. Wir haben es hier in der Nachbarschaft nicht mit Hünengräbern zu tun. Es sind vielmehr Hügelgräber aus einer Zeit vor ungefähr 2500 Jahren. Nach aktuellen Gesichtspunkten der Archäologie wurden sie nicht sehr sorgfältig ergraben.

Wir steigen links die neu angelegten Stufen hinauf und sind sowohl bei den Überresten der damaligen Bestattungskultur – erkennbar an den schwach ausgebildeten Hügeln – als auch schon im Königforst. Der Anmarsch ist denkbar kurz. Wir sind nun im größten Erholungswald am Rande Kölns. Die Millionenstadt Köln teilt sich den Wald mit der Großstadt Bergisch Gladbach und der Stadt Rösrath. Das ist insofern von Belang, als die für das Naturschutzgebiet Königsforst zuständige Untere Umweltbehörde beim Rheinisch-Bergischen-Kreis in Bergisch Gladbach sitzt.

Wir nehmen unsere Wanderung auf dem Waldlehrpfad auf, gehen am Hinweis zu den Hügelgräbern vorbei, lesen Hinweisschilder und Informationstafeln zum Thema Wald und gelangen zu einem abbiegenden Weg und einer dort befindlichen Bank. Hier wandern wir auf dem Waldlehrpfad weiter geradeaus und am nächsten nach rechts abgehenden Weg in diesen hinein. Das Richtungsschild „Waldlehrpfad" ist unser deutlicher Weiser. Nachfolgend überqueren wir den **Schiefer Hauweg**, gehen wenig später halblinks und steuern auf den

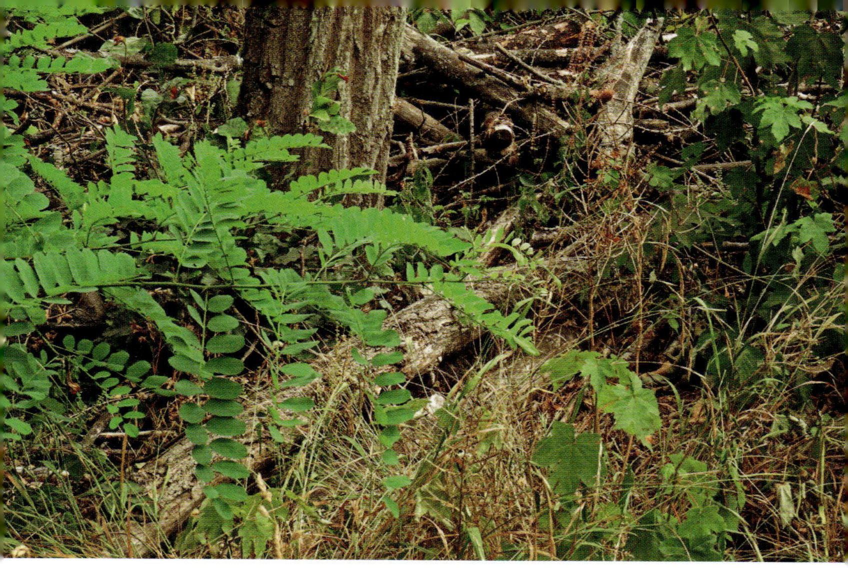

Totholz – Zeichen nachhaltiger Waldwirtschaft

Rather Weiher zu. Er wird vom Sellbach durchflossen. Der Bach entspringt westlich des 136 Meter hohen Mergelberges. Im verlandenden Rather Weiher liegt in seiner östlichen Ecke eine Vogelinsel – Brutort und Fluchtpunkt für Wasservögel.

Auf den Bänken am Weiher oder unterm Wetterpilz gönnen wir uns einige romantisch-idyllische Betrachtungsminuten. Dann setzen wir unseren Weg aus der bisherigen Gehrichtung betrachtet nach links abbiegend fort. Nach wenigen Schritten fällt uns links ein Quarz-Kieselstein-Konglomerat auf. Das Felsstück ist wahrscheinlich eiszeitlich herantransportiert worden. Eineinhalb Kilometer laufen wir jetzt auf dem **Rather Weiherweg.** Wir erkennen hin und wieder ableitende Gräben, die seit preußischer Zeit der Entwässerung des wasserreichen Königsforsts dienten, bewundern prächtige Totholzablagerungen, die noch vor kurzer Zeit den Ordnungssinn manchen Wanderers bzw. Spaziergängers gestört hätten und von diesen auf Faulheit oder doch mangelnden Ordnungssinn zurückgeführt wurden. Jedoch: Totholz ist für den Wald biologisch überaus wichtig, denn es bietet allerlei Lebewesen eine Heimat und ist Kennzeichen einer auf Artenvielfalt und Nachhaltigkeit abstellenden Forstwirtschaft. Die enorme Vielfalt an Kleintieren, Insekten, Pilzen und Mikroben sorgt letztendlich für eine intakte Waldnatur.

Waldmistkäfer - tagaktiver Saubermacher

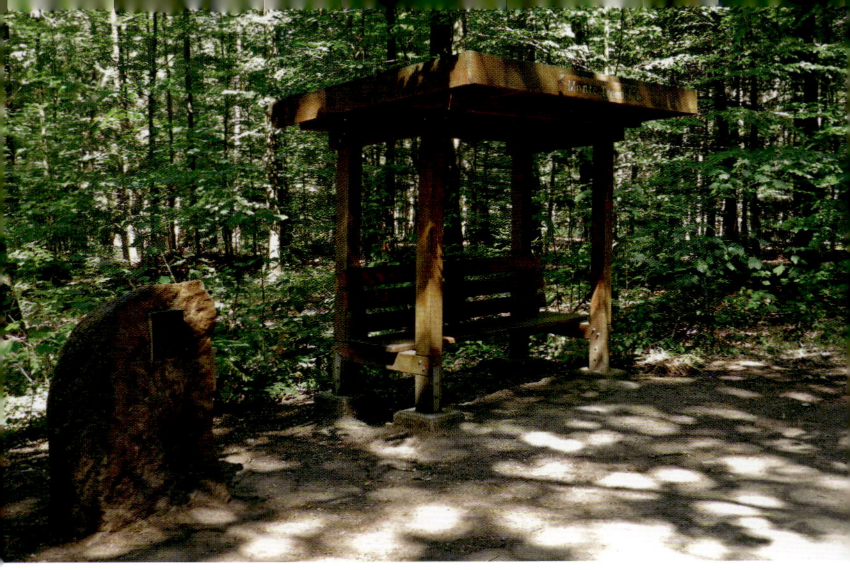

Höchster Punkt Kölns - Monte Troodelöh

An einem Querweg, an dem uns als Fußgänger die Geradeausstrecke durch ein Reiterschild versperrt ist, gehen wir nach rechts und nehmen den nächsten Querweg an einer Bank nach links. So gelangen wir zum **Klasheider Weg**, den wir nach rechts hin benutzen müssen, um unsere geplante Route in Richtung des höchstens Geländepunktes im Gebiet der Stadt Köln zu erreichen. Den **Rennweg** übequeren wir. Für den Wegnamen gibt es zwei Erklärungen. Er bezieht sich auf die frühzeitliche Eisenerzverhüttung in Rennöfen oder auf das Jagdgebaren der Herzöge von Berg, die angeblich auf dieser Strecke Hetzjagden veranstalteten. An der Kreuzung mit dem **Wolfsweg** biegen wir rechts in diesen ein, machen gegebenenfalls eine Wanderpause und bewundern die alte Eiche – ausgehöhlt und dennoch grünend – direkt gegenüber der Schutzhütte. Weiter führt unsere Strecke geradeaus auf den Monte Troodelöh zu. Der Monte – gleich Berg – hat seinen Namen scherzhaft von drei Kölner Landvermessern (Troost, Dedden, und Löhmer), die den höchsten Punkt Kölns mit 118,04 Metern feststellten.

Bis zur Wassertretstelle im Giesbach bleiben wir auf dem **Wolfsweg**, der hier auch als der Kölnpfad des Kölner Eifelvereins ausgewiesen ist. Bevor wir den jungen Sellbach überqueren, werden wir auf eine Naturwaldzelle aufmerksam gemacht. Sie wurde 2004 rund um den Großen Steinberg auf einer Fläche von 45 ha eingerichtet. Unseren Weg begleitet sie bis zum **Steinbruchsweg**. Naturwaldzellen sind

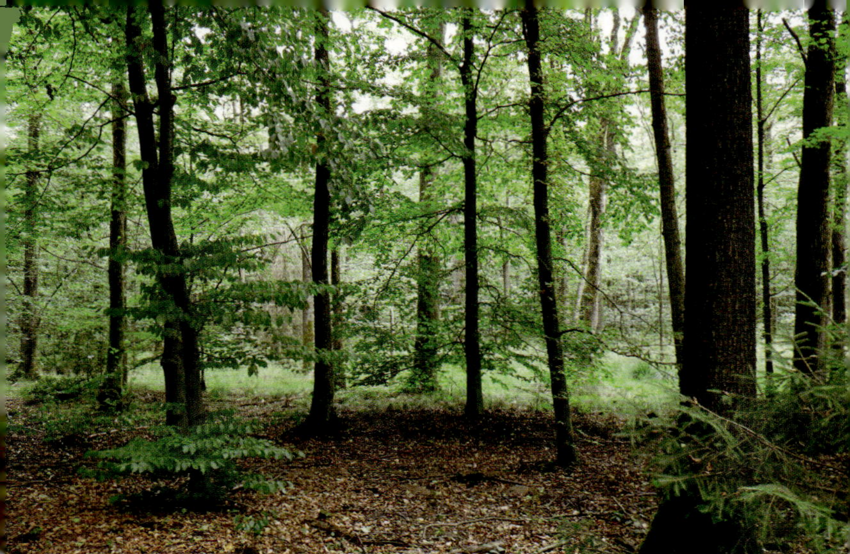

Lichter Laubmischwald

ausgegrenzte Waldareale, in denen die forstwirtschaftliche Nutzung verboten ist. Der Wald in diesen Reservaten soll der natürlichen Entwicklung überlassen bleiben. Angestrebt wird die Entfaltung urwaldähnlicher Strukturen. In den Naturwaldzellen werden die Prozesse eines sich selbst überlassenen Waldes wissenschaftlich beobachtet.

Die wissenschaftliche Beobachtung einer natürlichen Waldentwicklung wurde 1936 vorgeschlagen. In der Naturwaldzelle, durch die wir auf dem Wolfsweg im Gelände des Großen Steinbergs laufen, konnten sich naturgemäß seit 2004 noch keine urwaldähnlichen Zustände entwickeln. Vorwiegend ist die 45 ha große Zelle mit jüngeren Buchen und vereinzelten 200 Jahre alten Eichen bestanden. Augenfällig ist das Totholzvorkommen. Holzwirtschaftliche Tätigkeiten sind ausgeschlossen, zugelassen ist die Bejagung von Rehen, Hirschen und Wildschweinen.

Auf der weiteren Strecke von **Steinbruchsweg** bis **Rath-Forsbacher Weg** laufen wir durch sogenannten Wildniswald. Als Wildniswald wird ein Gebiet bezeichnet, das sich selbst überlassen bleibt, in dem aber forstliche Tätigkeit zugelassen ist. Diese dient der Sicherung eines definierten Gehölzbestandes durch Ausräumung unerwünschter Arten, Holzbereitstellung für Produzenten, Energieumwandler und Forstaktivitäten zur Verkehrssicherung. Jagd ist auch hier erlaubt.

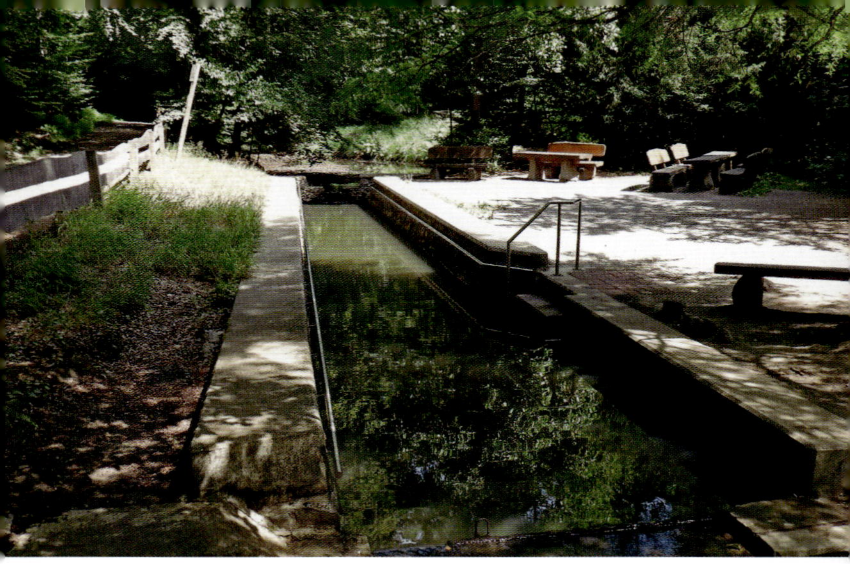

Wassertretbecken im Giesbach

Unser nächstes Etappenziel ist die Wassertretstelle im Giesbach, dort wo der **Wolfsweg** auf den **Rath-Forstbacher Weg** trifft. Wir finden eine Schutzhütte, das Becken und einen ihm vorgelagerten Teich mit einer Bankgruppe. Wassertreten nach Kneipp ist ganz einfach: Schuhe und Strümpfe aus, storchartig ein oder zwei Runden im Becken gehen, dann ans Ufer, Wasser von Beinen und Füssen abstreifen und rein in die Wanderschuhe. Und dann geht's weiter. Wochentags wird das Becken nur spärlich genutzt – selbst an heißesten Tagen.

Vom Wolfsweg aus kommend gehen wir an der Wassertretstelle in den rechtwinklig nach rechts abgehenden Weg **Forsbacher Straße** – als wollten wir zum Ausgangspunkt zurückgehen. Das beabsichtigen wir jedoch nicht. Wir wandern vielmehr bis zum **Rennweg** und biegen dort links ab. Am querlaufenden Weg **Schnacke Linie** orientieren wir uns nach rechts und laufen bis zur Giesbachüberquerung. Dort gehen wir rechts und dann bald nach links in einen Pfad. Wir betreten Altwald. Und das ist auch der Zweck dieser Wegführung. Wir vermeiden so, dass wir von der Wassertretstelle aus auf einer Art Rennstrecke zum Ziel unserer Wanderung unterwegs sind. Stattdessen erleben wir alten Baumbestand, teils mit urtümlicher Anmutung.

Unser breiter Waldpfad quert den **Rather Weiher Weg**. Von da an laufen wir wieder auf dem Waldlehrpfad bis zur neu gezimmerten

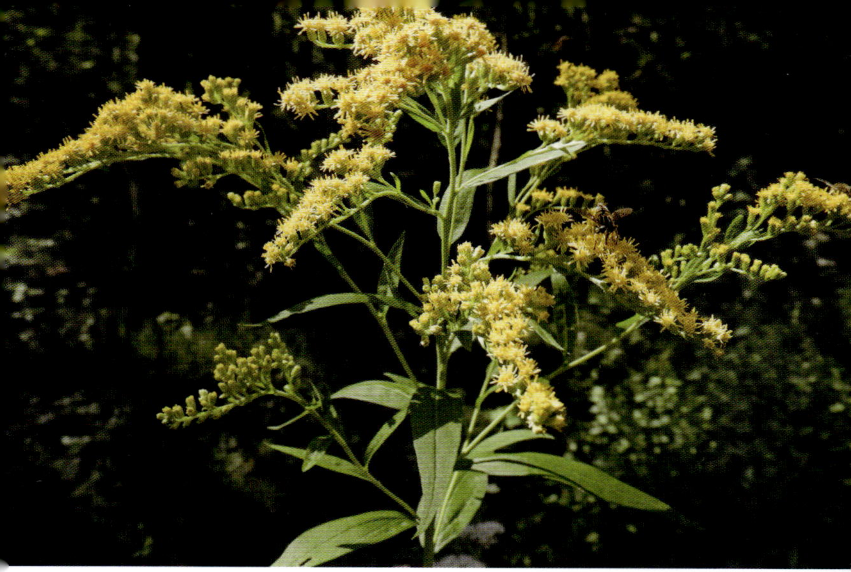

Fremdländische Riesengoldrute

Schutzhütte – mit Holzskulpturen am Boden – an der Wegspinne von **Schiefer Hauweg, Steinbruchsweg, Rath-Forsbacher Straße** und unserem Waldlehrpfad. An dieser Wegspinne biegen wir in den rechwinklig nach links gehenden Weg zum Rather Forsthaus und der Haltestelle Königsforst ein.

Für die beschriebene Königsforstrunde mit ihren ca. 15 km benötigen wir zwischen vier und fünf Stunden bei einer durchschnittlichen Wandergeschwindigkeit von vier Kilometern in der Stunde und einigen Pausen. Wer es kürzer und auch lohnend will, dem sei der Waldlehrpfad empfohlen, ein Rundweg von ca. vier km. Wir laufen ihn entgegen der vorgeschlagenen Richtung und steigen von der Haltestelle Königsforst kommend nach dem Rather Forsthaus links den gestuften Weg hoch und sind sofort im Kiefernwald. Und Wald wollen wir ja. Von nun an müssen wir nur den groß beschrifteten Wegweisern des Waldlehrpfades folgen. Bis zum Ende des Rundweges erhalten wir erholsam eine Menge Informationen über 30 Baumarten, das Leben der Bäume, über Aufbau des Waldbodens und über die Tiere des Waldes. Renner brauchen für die Strecke eine Stunde. Wer die Informationen aufmerksam liest und Vergleiche anstellt, der kann auch gut zwei bis drei Stunden unterwegs sein bis er wieder an der Haltestelle Königsforst ankommt. Das Schöne an dieser Strecke ist ihre zeitlich dehnbare objektive Kürze von fünf Kilometern.

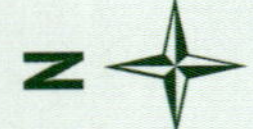
N

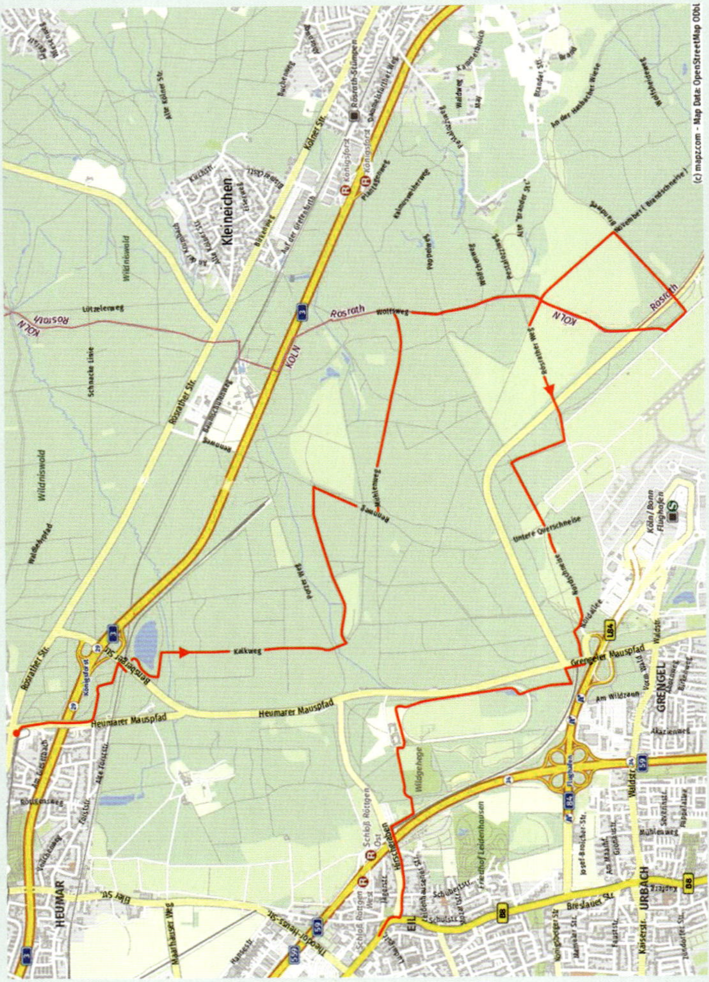

Ein Schatz für Köln – Wandern in der Wahner Heide

4

Von Königsforst über Geisterbusch nach Gut Leidenhausen

Länge	17 Kilometer
Wanderzeit	ca. 5 Stunden
Start	Haltestelle Königsforst, Köln-Rath/Heumar Anfahrt: L 9 und Busse 154 und 423
Ziel	Haltestelle Eil Heumarer Str., Köln-Eil Abfahrt: Busse 151, 152 und Spätbus 165
Wanderkarte	Wahner Heide Karte, 1:12.500
Track	WiK-T4-Leidenhausen.gpx
Einkehren	**Café Leidenhausen Gut Leidenhausen 1A** 51147 Köln, Tel.: 0177 9565479 www.gut-leidenhausen.de/gastronomie-leidenhausen.php Öffnungszeiten: März – Okt.: Mi – Fr 12.00 – 18.00 Uhr, Sa – So 11.00 – 18.00 Uhr Nov. – Feb.: Mi – Fr geschlossen Sa – So 11.00 – 16.00 Uhr, in der Regel Mitte Dezember – Mitte Januar geschlossen

Einkehren nahe der Haltestelle Eil Heumarer Straße

Restaurant Imperial
Frankfurter Str. 641, 51145 Köln (Porz-Eil)
Tel.: 02203 9171966
imperial.porz@gmail.com
www.restaurant-imperial-koeln.de
Öffnungszeiten: 17.00 – 23.00 Uhr

Gasthaus „Zur Lindenwirtin“,
Frankfurter Straße 660, 51145 Köln (Porz-Eil)
Tel.: 02203 32299
claudia.t68@gmx.de
www.lindenwirtin.com,
Öffnungszeiten: So – Fr 11.30 – 14.30 Uhr und
17.30 – 22.30 Uhr, Sa 17.30 – 22.30 Uhr

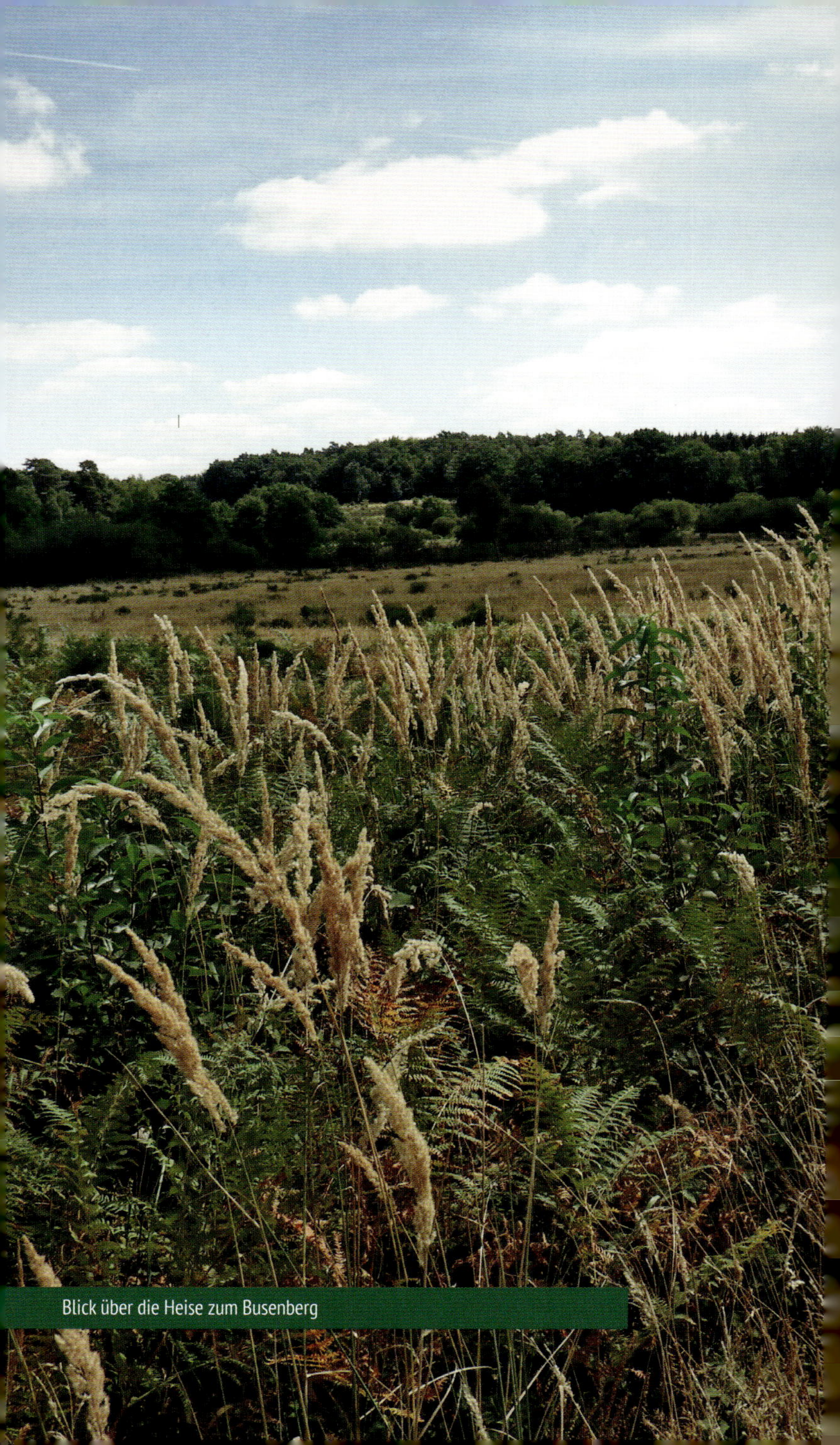

Blick über die Heise zum Busenberg

Perlmuttfalter

Eine Heidelandschaft, die uns ein neues Verständnis der Heide ermöglicht, drei mit Tricks entstandene Bodendenkmäler, Wasserbüffel, Schafe, Ziegen, Esel und Rinder, Ausblicke auf den Flughafen, einen versickernden Bach, die vielleicht schönste Pferderennbahn Deutschlands ohne Tribünen und ein altes Rittergut erwarten uns auf dieser Wanderung in der Wahner Heide. Wir lernen die Wahner Heide – in Köln startend und dort auch endend - als einen Schatz für Stadt und Menschen im Großraum Köln kennen.

Die Wahner Heide ist Teil der Bergischen Heideterrasse. Diese reicht von der Sieg bis an die Ruhr und liegt zwischen Rhein und Bergischem Land. Sie entwickelte sich in den Jahrmillionen der wechselnden Eis- und Warmzeiten, in denen Sand und Kies abgelagert wurden und Dünen entstanden. Das Teilgebiet Wahner Heide der Heideterrasse umfasst ungefähr 5000 Hektar und ist das zweitgrößte Heidegebiet und auch das zweitgrößte Naturschutzgebiet in NRW. Zudem genießt die Heide als Fauna-Flora-Habitat europäischen Rang. Ihre heutige Erscheinungsform verdankt sie den Gegebenheiten der Eiszeit, der bäuerlich betriebenen Übernutzung und militärischer Verwendung als Artillerieschießplatz und Truppenübungsplatz von 1816 bis 2004.

An der Haltestelle Königsforst starten wir, gehen auf die Kreuzung zu und wechseln auf die gegenüberliegende Straßenseite des **Heumarer Mauspfades**. Dort gehen wir rechts, überqueren die Autobahn und biegen gegenüber der **Forststraße** nach links in einen Pfad. Wir sind im Wald oder im Bereich der alten Heumarer Viehtrift – dort, wo die Bauern einstmals das Vieh zur Weide in den Wald trieben. Wir wandern auf dem gut sichtbaren Pfad geradeaus. Kaum 300 Meter von der Straße entfernt nehmen wir den Pfad nach rechts. Am nächsten Weg, der parallel der Eisenbahnstrecke Köln – Overath entlang läuft, gehen wir nach links zur **Bensberger Straße**. Sie überqueren wir, gehen nach rechts und dann hinter der die Eisenbahn überquerenden Brücke nach links in den Wald. Unübersehbar weist uns eine große Infotafel auf die Wahner Heide hin, die wir hier an einem erschreckenden Warnschild, welches vor Explosionsgefahr warnt, betreten. In dem Naturschutzgebiet, in dem es sowieso untersagt ist, die Wege zu verlassen, um Fauna und Flora nicht fußläufig zu schädigen, werden wir mit Rücksicht auf die Gefahren durch Altmunition verschärft vor dem Betreten des vom Weg abseits liegenden Geländes gewarnt. Der Grund dafür ist sehr einfach: Die Wahner Heide war mehr als 200

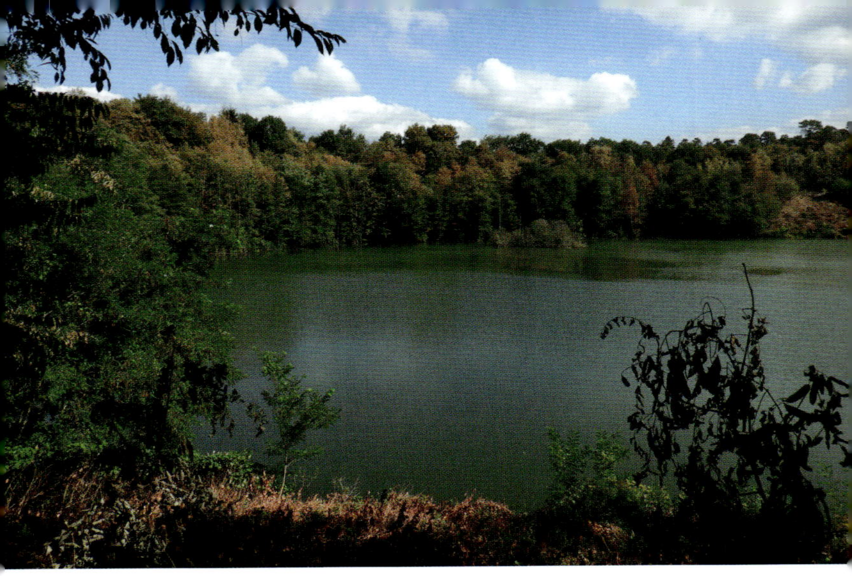

Pionierbecken III

Jahre militärisches Übungsgelände. Da robbten nicht nur junge Soldaten, da ballerten auch weit reichende Kanonen. Nicht alle Munition, die verschossen wurde, explodierte. Und das in 200 Jahren immer mehr von Wahn her wachsende Militärgelände systematisch nach Munition abzusuchen, ist einfach zu teuer. Aber die Wege sind sicher und durch Pfähle mit roten Köpfen kenntlich gemacht.

Nachdem wir die Regeln kennen, können wir getrost unsere Wanderung fortsetzen. Über ein Wildgatter hinweg und dann rechts geht unser Weg, auf dem wir die Vielgestaltigkeit der Heide, den Erlebniswert eines großen Waldgebiets und einer typischen Heidelandschaft erleben können. Unser Weg wird auf der linken Seite von schimmerndem Wasser begleitet – auch dann noch, als wir links abbiegen. Es offenbart sich die große Wasserfläche – schon mehr See als Teich – von Pionierbecken III. Bei ihm handelt es sich, wie bei den beiden anderen, – I und II – um das Ergebnis einer Trickserei. Über den militärischen Bereich der Wahner Heide verfügten nach verlorenem Krieg und der Besetzung Deutschlands die Siegermächte – zunächst die Briten und dann die Belgier. Nach dem Deutschlandvertrag von Mai 1955 und der damit erworbenen Souveränität der Bundesrepublik Deutschland sowie mit deren Beitritt zur NATO, mussten die Verhältnisse zu den ehemaligen Besatzungstruppen neu geregelt werden. Das geschah mit dem Truppenstatut vom Juni 1963. Für die Wahner

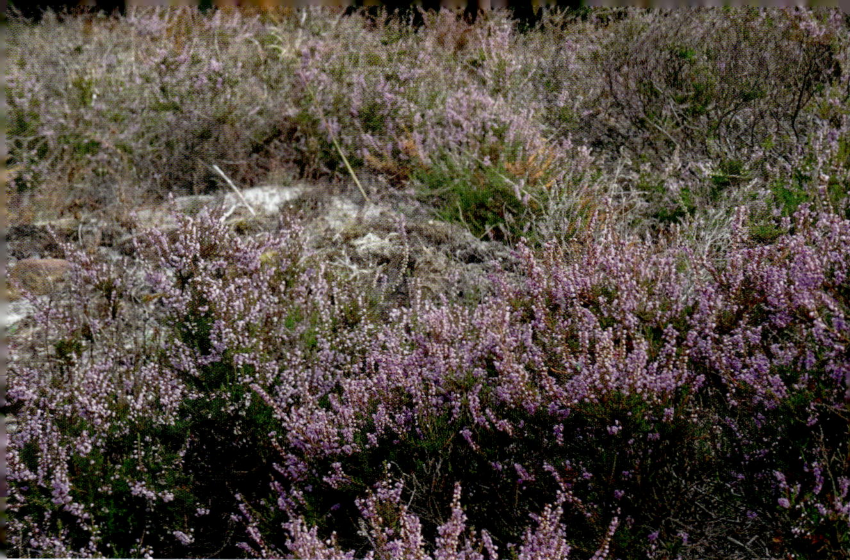

Prachtvoll blühende Besenheide

Heide bedeutete dies: Den in der Heide übenden Truppen war die wirtschaftliche Nutzung der Heide untersagt. Allerdings durften sie alle Maßnahmen ergreifen, die für die Wahrnehmung der Verteidigungspflichten notwendig erschienen. Zugriffe auf den Boden waren im Rahmen des Wegbaus sowie bei Bauerhaltungsmaßnahmen und für militärisch notwendige Baulichkeiten (z. B. Verladerampe) zulässig. Die Notwendigkeit dieser Maßnahmen war der Prüfung durch bundesrepublikanische Institutionen, Verwaltungen und Gerichte entzogen. Die eher großen als kleinen Becken gehen auf Anträge der Belgier zurück, Einrichtungen zum Training von Pioniertruppen zu schaffen. Der Name Pionierübungsbecken überdeckt, dass die Gruben niemals aus militärischen Gründen angelegt wurden. Sie dienten vielmehr dazu, aus Kies „Kies" – oder wie man auch sagt „Kohle" – bzw. Geld zu machen. Der Sand- und Betonhunger der wirtschaftlich prosperierenden Republik schuf den entsprechenden Markt. Ungefähr ein Jahrzehnt lang wurde in der Heide Sand und Kies gebaggert.

Wir stehen vor dem Pionierübungsbecken III. In seinem Zustand ist es das Ergebnis einer Fehleinschätzung. Als man den Kiesabbau begann, vermutete man eine Sand- und Kiesschicht von 150 Metern Mächtigkeit. Tatsächlich aber war nach ungefähr fünf Metern Schluss. Das Baggergerät stieß auf Felsgestein. Das war das Ende der Kiesmacherei an dieser Stelle. Die Grube füllte sich mit Grundwasser und

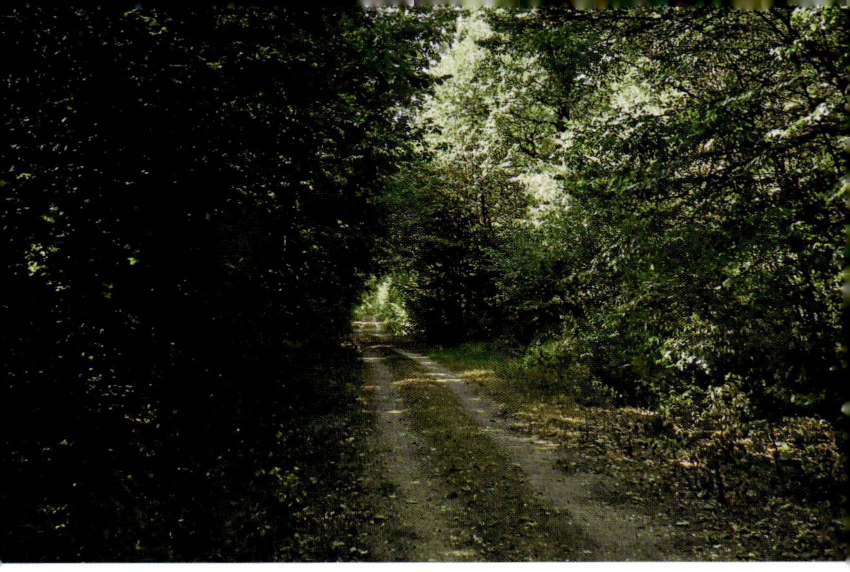

Weg zur offenen Heidelandschaft

entwickelte sich zu einem bedeutsamen Biotop. Sie ist Lebensraum für Wasservögel – unter anderem brüten hier Graureiher.

Wir wenden uns am Aussichtspunkt vom Becken ab und gehen aus unserer bisherigen Gehrichtung betrachtet nach rechts in den **Kalkweg**. Bis zur nächsten Abzweigung unserer Route haben wir einen 1300 Meter langen geraden Weg unter Eichen, Buchen und Föhren zurückzulegen. Nach Querung des **Porzer Weges** und Übergang über den Kurtenwaldbach biegen wir nach links ab und laufen entlang von Pionierbecken I, dessen Bezifferung nichts anderes besagt: Hier begann das „Kiesmachen", und zwar erfolgreich. Verbraucht wurde der Rohstoff für die Umfriedungsmauer von Gestüt Röttgen. Vom Weg aus haben wir mehrfach Einblick in das Becken. Der Blick auf Grasland und Einzelbäume ist nur deshalb möglich, weil Pflegemaßnahmen die Verbuschung und unregulierte Waldentwicklung verhindern. Eindrucksvoll ist die Schau in die Grube an mehreren Stellen auf unserem Weg auf jeden Fall. Dicht erhebt sich junges Buschwerk und Baumbestand an den Hängen. Auf halber Länge des Weges an der Grube entlang queren wir die Überlaufeinleitung des Kurtenwaldbaches.

Nach dem Ende von Pionierbecken I setzen wir unsern Weg geradeaus bis zum **Rennweg** fort, in den wir nach rechts einbiegen. Auf einem kurzen Abschnitt des Kölnpfades laufend, passieren wir

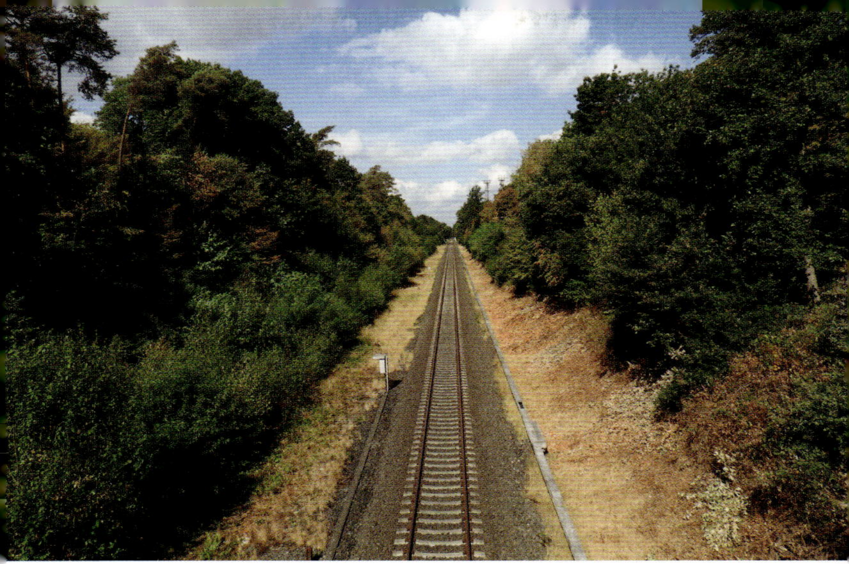

Königsforst und Wahner Heide trennender Schienenstrang

das Pionierbecken II mit einem Ausblick in die ehemalige Kiesgrube und erreichen den kreuzenden **Mühlenweg**. Dort geht es nach links. Wir laufen jetzt durch einen Laubmischwald, in dem uns prächtige Eichen beeindrucken. Nach fast zwei Kilometern treffen wir auf den querenden **Wolfsweg**. In ihn biegen wir nach rechts ein und werden weiterhin von einer eindrucksvollen Waldlandschaft begleitet. Ab dem von links kommenden **Wölfchenweg** lichtet sich der Wald bis wir nach ungefähr 500 Metern nach Querung des **Pestalozziweges** an eine Wegverzweigung gelangen, an der schwach links stumpfwinklig der Heideweg **November** abgeht. Wir sind nun wirklich in offener Heidelandschaft.

Hier am Treffpunkt von **Wolfsweg** mit dem Weg **November** können wir unsere Wanderung abkürzen und haben trotzdem einen Blick auf den Heidecharakter. Wir gehen in den **Rösrather Weg** und sind weiterhin, nach Auslassung von 3 km, auf der beschriebenen Route.

Es stellt sich die Frage, wieso wir, obwohl wir vor ungefähr sieben Kilometern die Wahner Heide betraten, erst jetzt auf dieselbe zu treffen scheinen. Die Wahner Heide ist ursprünglich nicht scharf vom Königsforst getrennt. Die heute bestehende Trennung wurde durch die Aggertalstrecke der Eisenbahn und die Autobahn 3 herbeigeführt. Die

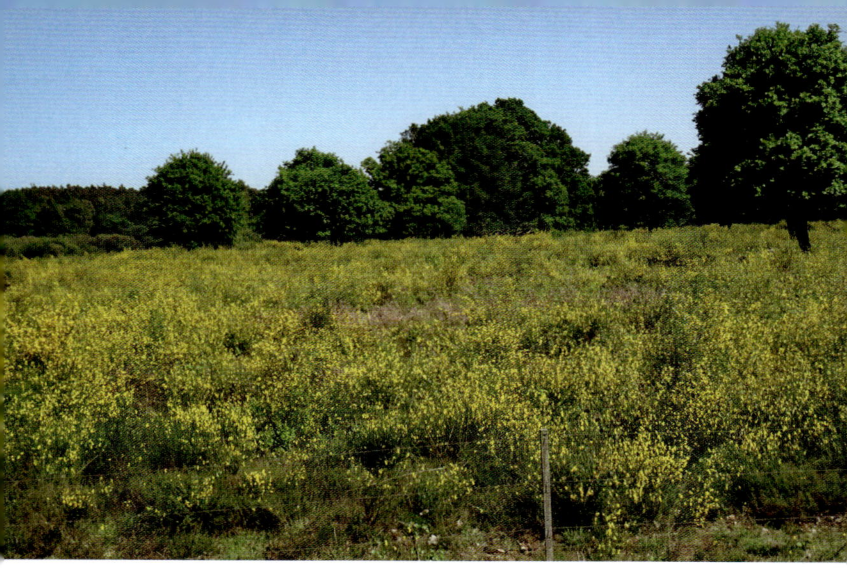

Besenginster

historische Trennlinie ist bestimmt durch die unterschiedliche Nutzung beider Gebiete. Der Königsforst diente als Bannwald vornehmlich der adeligen Jagd – gegebenenfalls auch der Holzentnahme –, während außerhalb des Königsforsts der ungeschützte Wald beweidet wurde. Wir erinnern uns: An der Heumarer Viehtrift haben wir erstmals auf unserer Wanderung Wald betreten. Dort trieben die Bauern früher ihr Vieh zur Weide in den Wald.

So wird vorrangig auch die Herkunft der Wahner Heide beschrieben: Sie entstand, indem der natürlich vorkommende Wald von Vieh beweidet wurde, das die Schößlinge der Bäume wegfraß. Außerdem wurde Laub für die Stallstreu entnommen und fruchtbarer Waldboden abgetragen und als Düngung auf die Äcker verbracht, was die,für das Überleben der Bäume notwendige Humusschicht zerstörte. Weide, Streu und Plaggenwirtschaft erzeugten die Heidelandschaft. Demnach ist sie eine Kulturlandschaft zwischen den Ackerböden in Rheinnähe und den Waldgebieten des Bergischen Landes. Für die Wahner Heide kann man sagen, dass das Vorkommen sandiger Böden und die Übernutzung die Heide hervorgebracht haben. Sie ist ein von Menschen geschaffenes Kulturprodukt.

Wir gehen die Wegstrecke, die den Namen **November** trägt. Es handelt sich um eine Brandschneise aus der Preußenzeit, die die

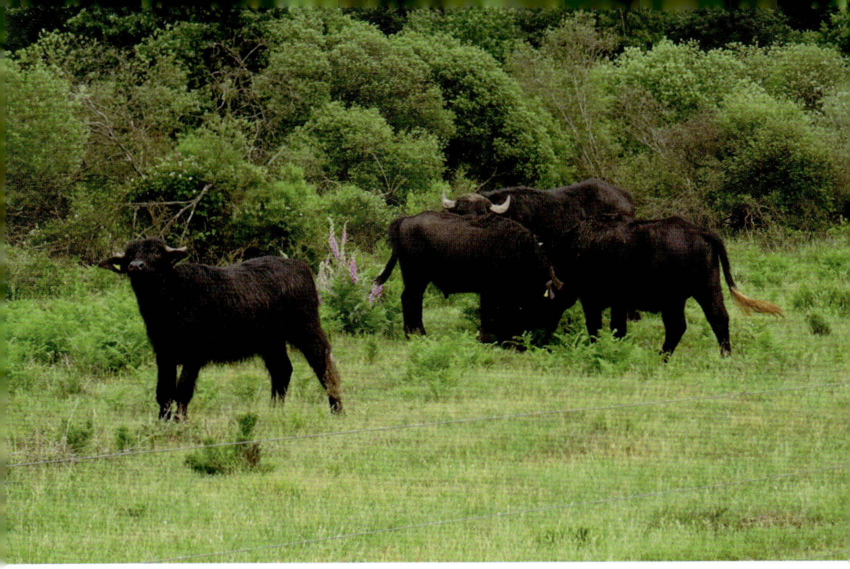

Wasserbüffel schaffen Biotope für Amphibien

Belgier nach dem NATO-Alphabet „November“ nannten. Der Weg führt durch offenes Land und wir erkennen den sandigen Boden. Neben Gras nehmen wir – nach rechts hin stark und am östlichen Rand unseres Blickfeldes ausgeprägt – Ginsterbewuchs wahr und dazwischen weniger dominant, dennoch vorhanden, Heidekraut. Ginster zieht sich in östlicher Richtung ansteigend bis zum Busenberg (100 m NN) hin. Nach Westen reicht er fast bis zum Flughafen Köln/Bonn. Wir wandern zwischen den Flurstücken „Geisterbusch“ und „Unter den dicken Hecken“. Auf dem zuletzt genannten Flurstück kann man hin und wieder Wasserbüffel antreffen, gelegentlich auch weidende Ziegen. Am **Rösrather Weg** trifft man auch auf Esel. Infotafeln am Wegrand informieren uns über die Heidewirtschaft.

An der Wegkreuzung geht es nach rechts in den **Brandweg**, wo uns links die Wolfsheide begleitet. Wir überqueren achtsam die **Alte Kölner Straße** und erblicken links über den Bäumen eine rotierende Radarantenne. Bei Querwindverkehr sehen wir auch startende und landende Flugzeuge in sehr geringer Höhe. Jenseits der **Alten Kölner Landstraße** weist uns ein Schild auf den uns bereits bekannten Sachverhalt hin, dass wir in einem Naturschutzgebiet sind. Der mit roten Pfählen markierte Weg führt auf kurzer Strecke bis zur Umzäunung des Flughafengeländes, wo wir beim Frachtzentrum Flugzeuge sehen können. Es geht nach rechts und am nächsten abzweigenden Weg

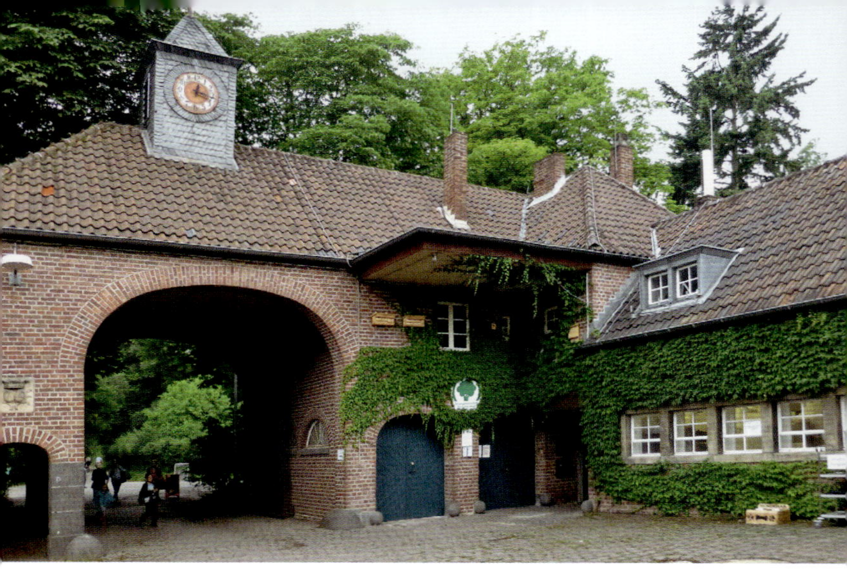

Gut Leidenhausen – ehemals wasserumwehrter Rittersitz

– wieder den roten Pfählen folgend – rechts ab vom Zaunpfad und dann schräg links wieder zur **Alten Kölner Straße** und jenseits von ihr wieder in den Geisterbusch. Auf dieser Wegstrecke begegnen wir mit großer Sicherheit Eseln, manchmal auf beiden Seiten des Weges. Wir treffen auf eine uns bekannte Wegstelle, an der wir in den Novemberweg eingebogen sind, gehen jetzt schräg links und dann in den **Rösrather Weg**. Häufig befinden sich auf der rechten Seite des Weges Glanrinder. Links zum Geisterbusch hin wird der Weg von Stieleichen gesäumt.

Der Wanderweg setzt sich jenseits der Alten Kölner Straße in den Waldstreifen hinein fort. Auf diesem Weg gelangen wir an die nordöstliche Seite des Flughafengeländes. Wir gehen normalerweise den markierten Weg. Um aber den Flugbetrieb näher zu erleben, nutzen wir den Zaunpfad. Regulär geht es auf dem Weg, der als **Mittlere Querschneise** bezeichnet wird – und ohne Kenntnis des Namens an der Markierung mit rot markiertem Pfahl und einem Eichenblatt als Wegzeichen erkennbar ist – geradeaus bis zum Querweg. In ihn biegen wir nach links ab und laufen nun auf einer Strecke, die **Nordschneise** genannt wird. Dieser Wegabschnitt führt zu einem Punkt, der sich bei Flugbetrieb auf der Hauptbahn besonders zur hautnahen Beobachtung und Fotografie landender und startender Flugzeuge eignet. Wir überqueren die den Flughafen berührende, im Tunnel verlaufende

ICE-Strecke. Wir achten auf die Wegmarkierung mit dem Eichenblatt und laufen bis zur Straße **Grengeler Mauspfad**. Dort wenden wir uns nach rechts und queren an der Ampel die Zufahrt zur **Alten Kölner Straße.** An der Ampel wechseln wir über den **Grengeler Mauspfad** hinein in den Waldstreifen. Dort nehmen wir den nächsten Weg nach rechts. Das nächste deutliche Merkmal ist die Pferderennbahn des Gestüts Röttgen. Wieder geht es rechts und dann am Kurtenwaldbach entlang. Er beendet sein Bachleben mittig der schönsten Pferderennbahn Deutschlands ohne Tribüne in einem Teich. Wir wandern nun auf Gut Leidenhausen zu. Nach 950 Metern müssen wir unser Augenmerk auf einen nach links abgehenden Pfad richten. Weiter vor uns können wir an dieser Stelle eine Infotafel und eine Schutzhütte bei belaubten Bäumen nur erahnen. Direkt vor Ort gehen wir zwischen einer Robinie und einer Hainbuche hindurch nach links und beobachten den Verlauf des Pfades, der uns zur Streuobstweise – Obstmuseum genannt – von Gut Leidenhausen führt. Das Obstmuseum ist eine verdichtete Streuobstwiese mit vielen einst im Rheinland verbreiteten alten Obstsorten – und vor allem Beschilderungen, die uns Auskunft über die Obstsorten geben.

Von der Wiese aus passieren wir das Areal der Imker– rechts eine Anschauung der Vielfalt von Insektenhotels mit einem Wildbienenpfad – in Richtung der Gebäude von Gut Leidenhausen. Zuerst sehen wir den Zugang zum Naturmuseum im „Haus des Waldes“. Rechts davon laufen wir durch einen Torbogen in den Innenhof des Gutes mit seiner mächtigen Linde, gepflanzt ca. 1938, und dem barocken Herrenhaus. Das Kölner Heideportal „Gut Leidenhausen“ präsentiert sich außerdem mit einer interaktiven Ausstellung zum Thema „Natur ist anders – Kontraste“. Und schließlich gibt es im Innenhof die so wichtige Einrichtung eines Cafés. Durch das Tor mit der Turmuhr hindurch gehen wir nach links zur Greifvogelschutzstation. Auf dem Weg dorthin passieren wir ein Wildgehege mit Rotwild.

Die Wegweisung zu den beiden Haltestellen der Busse 151 und 152 auf grünen Schildern führt uns vom Gut zur Straße **Hirschgraben** und auf ihr weiter bis zur Haltestelle Heumarer Straße auf der **Frankfurter Straße** in Köln-Eil. In diese Straße biegen wir rechts ein und sehen sofort die Haltestellenzeichen in der Straßenkurve.

Käuzchen

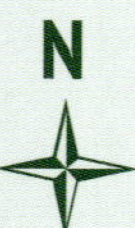
N

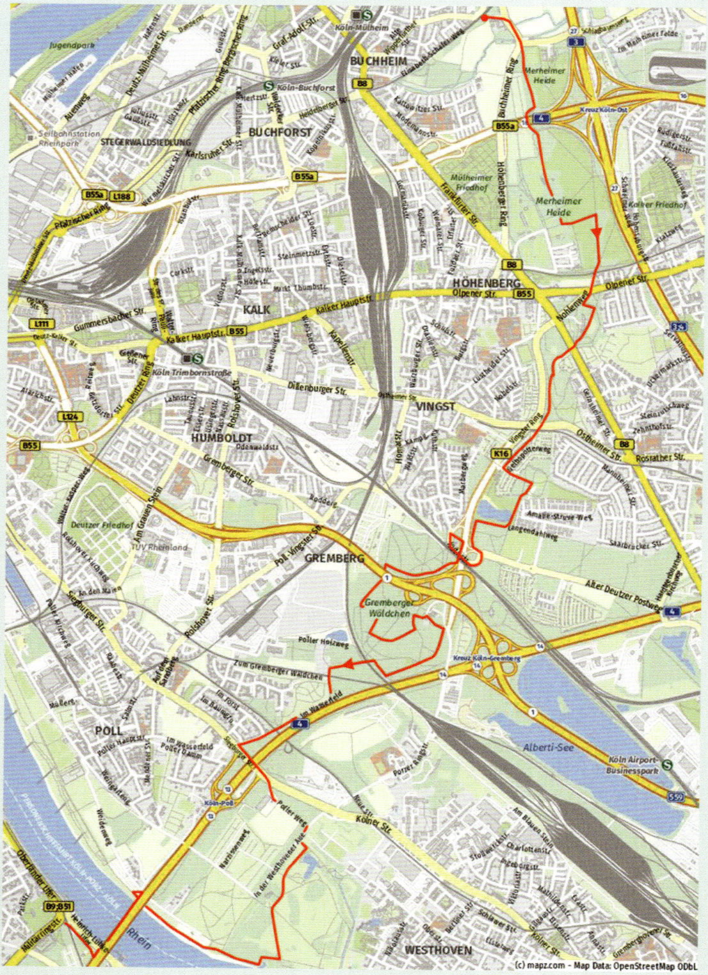

Im Altwald zu alten Buchen und weiter zum Rhein

5

Von Buchheim nach Rodenkirchen

Länge	16 Kilometer
Wanderzeit	ca. 4,5 Stunden
Start	Buchhheim, Herler Str., Haltestelle von KVB-Linien 3, 13 und 18 sowie von Bus 159
Ziel	Heinrich-Lübke-Ufer, Haltestelle von KVB-Linien 16 und 17 sowie von Bus 130
Track	WiK-T5-BuchhRodenk.gpx
Wanderkarte	Kölnpfad. Der Kölner Rundwanderweg 1:25.000
Einkehren	**Ristorante Zur Merheimer Heide,** Merheimer Heide 2 51103 Köln, Tel.: 0157 72662273 Öffnungszeiten: Di – Sa 16.00 – 23.30 Uhr So 16.00 – 21.30 Uhr, Ruhetag: Montag
	Pizzeria A Modo Mio, Rösratherstr. 759, 51107 Köln-Rath, Tel.: 0221 862320, admin@cafe-am-königsforst.de, www.cafe-am-königsforst.de, Öffnungszeiten: Mo – Sa 9.00 - 18.00 Uhr, So und Feiertags 11.00 – 18.00 Uhr
	Bootshaus Rodenkirchen, Rodenkirchener Leinpfad 50996 Köln-Rodenkirchen, Tel.: 0221 395184 ahoi@ms-rodenkirchen.de, http://ms-rodenkirchen.de/ Öffnungszeiten: Tgl. 15.00 – 24.00 Uhr, Dez. – Feb.: Mo und Di geschlossen
	Bootshaus Albatros, Am Rodenkirchener Leinpfad 50996 Köln - Rodenkirchen, Tel.: 0221 3508589 info@bootshaus-albatros.de www.bootshaus-albatros.de/index.html
	„Achterdeck“, Im Marienburger Bootshaus, Oberländer Werft 50968 Köln,Tel.: 0221 37628797 u. 01515 4724851 Öffnungszeiten: ab 11.00 Uhr info@achterdeck.koeln, www.achterdeck.koeln

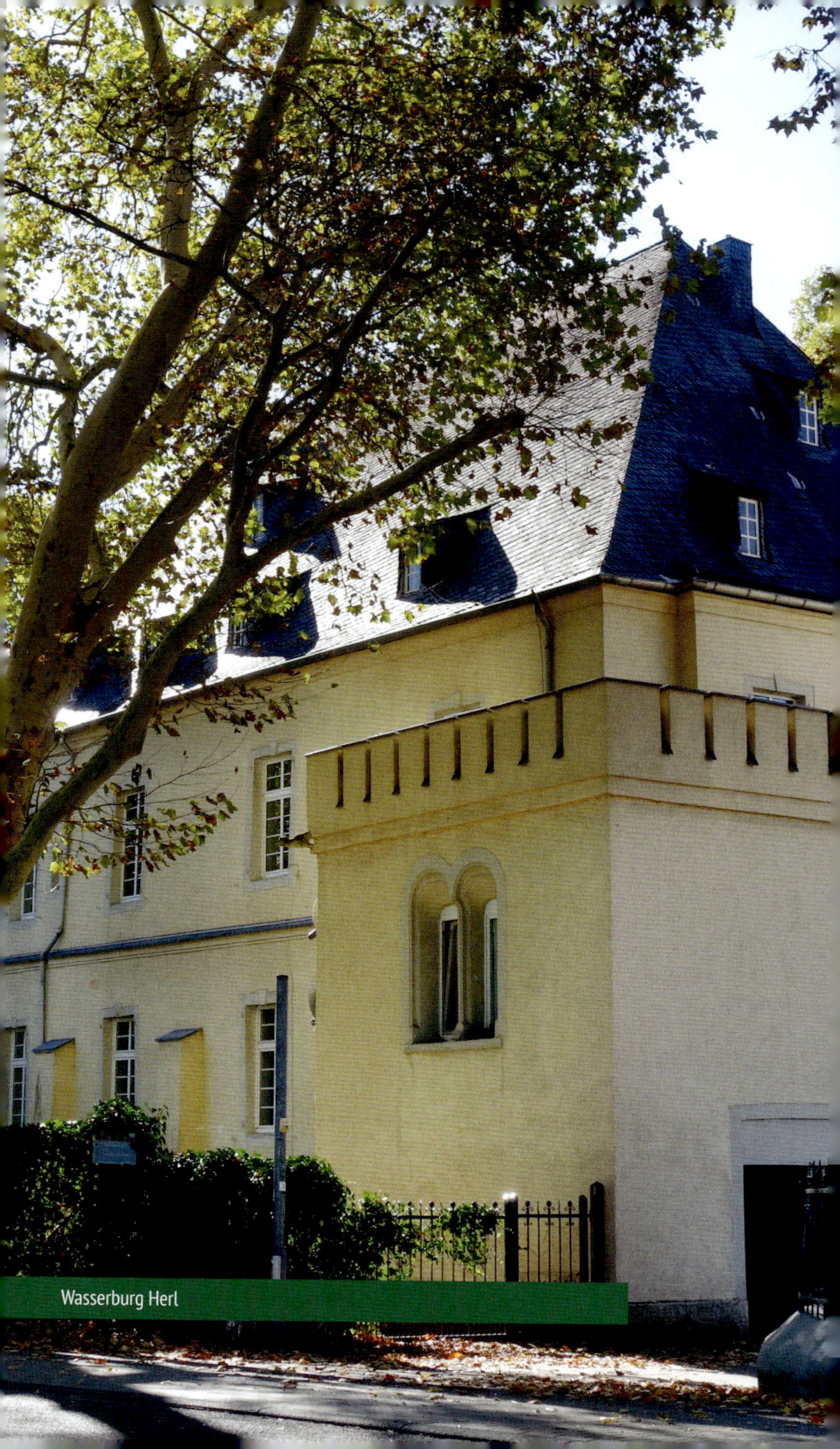

Wasserburg Herl

Die Route startet bei Haus Herl, der ältesten Wasserburg im Rheinland, geht durch einen offenen Park mit zahlreichen Waldstreifen und Waldinseln, durchläuft das Gremberger Wäldchen, trifft in der Westhovener Aue auf den Rhein und endet nach Querung des Stroms über die Rodenkirchener Rheinbrücke am Heinrich-Lübke-Ufer in Marienburg. Uns winken schneeweiß blühende Flächen im Frühjahr, eine gepflegte Kleingartenanlage, Einblicke in das Naturfreibad Vingst, deutliche Spuren der rechtsrheinischen Festungsbauwerke, der Rhein selber und Ausblicke auf Köln von der hohen Warte der Rodenkirchener Rheinbrücke aus.

Das Gebiet unserer Route entspricht zu großen Teilen dem rechtsrheinischen Äußeren Grüngürtel. Er hat seinen Ursprung im frei gehaltenen Gelände für die rechtsrheinischen Forts. Anders als beim linksrheinischen Festungsring, haben wir es hier stärker mit Unterbrechungen des Grüngürtels durch Ansiedlungen zu tun. Eine der bedeutenden zum Park gestalteten Flächen ist die Merheimer Heide. Sie war zur Preußenzeit Exerziergelände. Als Folge der Demilitarisierung durch den Versailler Vertrag wurde das Gelände von 1929 bis 1932 zu einer Parkanlage umgestaltet – unter anderem auch mit Sportanlagen und Kleingärten ausgestattet. Das zweite bedeutende Terrain ist das Gremberger Wäldchen – ein Altwald auf der rechten Rheinseite. Zum Abschluss der Route haben wir es mit der Westhovener Aue zu tun. Auch sie wurde lange Zeit militärisch genutzt. Am Ostrand standen Kasernen und das Gelände zum Rhein hin war Übungsgelände.

Wir starten unweit der Wasserburg Herl an der Haltestelle Herler Straße, gehen von ihr über den beampelten Überweg nach rechts in den **Schützengildenweg** und laufen auf den **Buchheimer Ring** zu. In ihn biegen wir nach rechts in Richtung Burg und nehmen an der Ampel den Weg nach links über den Faulbach hinweg. Jenseits des Brückchens orientieren wir uns nach rechts und blicken auf das Herrenhaus von Burg Herl aus dem Jahr 1663. Die Burg war ein altfränkischer Lehnhof – nachgewiesen im 9. Jahrhundert. In der umgebenden Parkanlage sehen wir Reste eines Wassergrabens und entdecken je nach Belaubung die Burgkapelle. Sie war Ausgangspunkt eines Pilgerpfades mit sieben Fußfällen bis zur Kirche St. Gereon in Merheim. Nach links blickend sehen wir die benachbarte Herler Mühle – Mahlort für Produkte des Hofgutes und der Landwirte der Umgebung. Burg und Mühle bilden ein historisch wertvolles kulturlandschaftliches Ensemble und stehen unter Denkmalschutz.

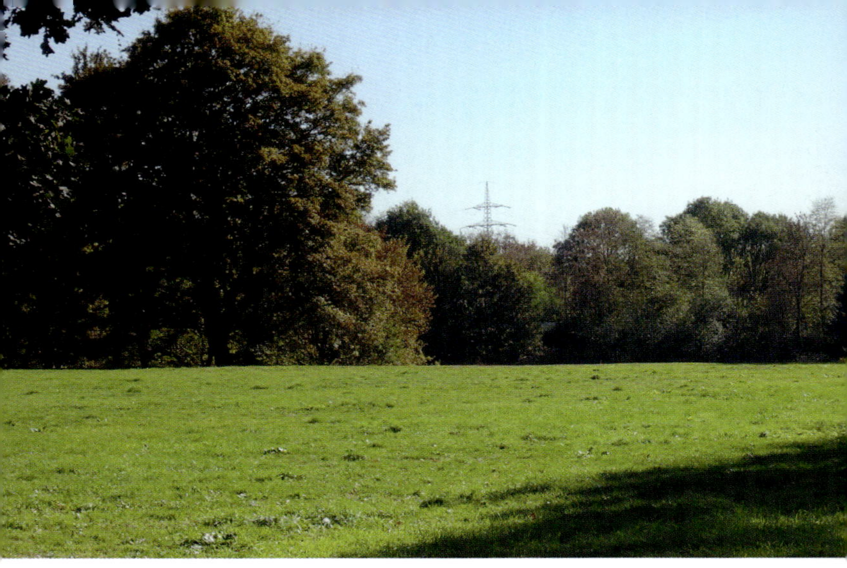

Merheimer Heide – offene Parklandschaft mit Waldrändern

Wir gehen weiter, erblicken linker Hand den Zusammenfluss zweier Bäche, von denen der stärker wasserführende der Faulbach ist und das eher dürftige Gewässer die Strunde. Dürftig zu sein und dem Faulbach zuzufließen ist schon eine Demütigung für einen Bach, der von einem Historiker des Bergischen Landes – Zuccalmaglio, genannt Montanus – als fleißigster Bach Deutschlands bezeichnet wurde. Wir laufen bis zur Querung des **Schlagbaumweges** an dem Restbach der Strunde entlang, sehen linker Hand eine Pferdekoppel und die Herler Mühle. Gute Augen erblicken auch bei belaubten Bäumen das Wasserrad, im Winterhalbjahr ganz eindeutig. Vor der Ampel sehen wir die trocken fallende Ableitung der Strunde hin zu ihrem Schwundloch in Buchheim.

Den **Schlagbaumweg** überqueren wir an der Ampel und gehen auf den Bildstock zu. Er ist einer von den sieben Fußfällen am Bittprozessionsweg von der Kapelle der Burg Herl nach Sankt Gereon in Merheim. Bittprozessionen gegen Fieber und Pest wurden ab dem 16. Jahrhundert von einer Bruderschaft der sieben Schmerzen Mariens initiiert, die an die 1000 Mitglieder erreichte. Der Bildstock am **Schlagbaumweg** hat die Leidensankündigung des greisen Simeon bei der Darstellung des Jesuskindes im Tempel zum Thema.

Weiter laufen wir unter Eichen in eine mit Waldstreifen gerahmte und Waldinseln besetzte Landschaft hinein. Wir sind in der Merheimer

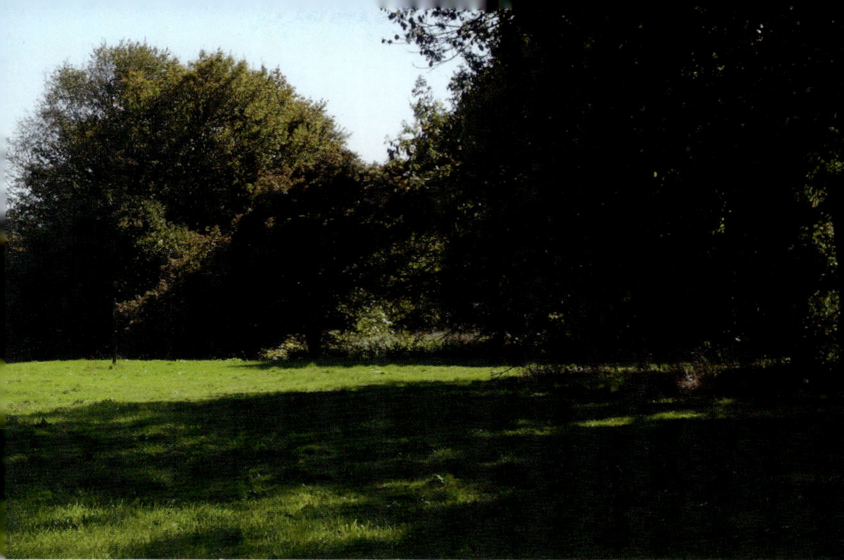

Heide angekommen. Linker Hand befinden sich noch Baulichkeiten des geschleiften Zwischenwerks Xc. Die Gebäude werden vom Ländlichen Reiterverein Köln genutzt. Sein Übungsgelände in der Heide tangiert die Wanderer nicht. An der Überquerung über die A4 stößt man auf eine Kuriosität. Vor der Brücke steht ein Gebotsschild, wonach Mutter und Kind jeweils rechts oder links von einem in der Mitte liegenden Reitweg zu gehen haben. „Wo aber bleiben die Männer?", ist die oft spöttisch gestellte Nachfrage bei Gruppen, die dieses Schild bemerken.

Jenseits der Brücke sind wir im Zentrum der Merheimer Heide. In manchen Karten findet sich bei dem von uns passierten Sportfeld auf der rechten Seite die Markierung „Flughafenstadion". Ja, was macht denn hier ein so benanntes Stadion, wenn der Köln-Bonner-Flughafen ungefähr 10 km Luftlinie entfernt ist? Die Erklärung für die Bezeichnung: In den 1930er und 1940er Jahren gab es in der Heide einen wichtigen militärischen Flughafen. So nebenher sei bemerkt, dass die Kirche St. Gereon aus Gründen der Flugsicherheit seinetwegen der Turmspitze beraubt wurde.

Nach einem Kinderspielplatz an einer Grenze zwischen Wald und Wiese stoßen wir auf einen Querweg. Rechts werden wir zum Ristorante „Zur Merheimer Heide" gewiesen. Wir aber gehen links in

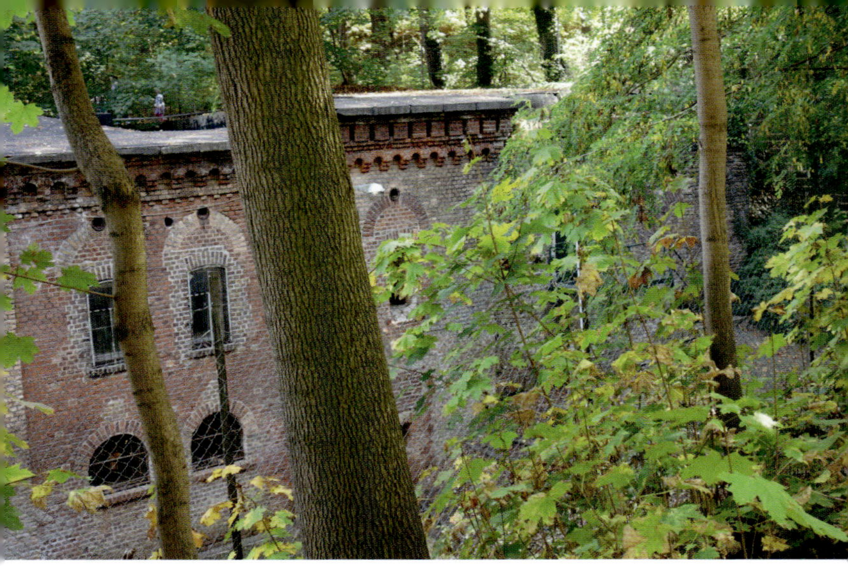

Fort X - rechtsrheinisch

Richtung A3, biegen auf halber Strecke bis zur A3 – nach Überlaufen eines rechts abgehenden Weges – am folgenden Querweg rechts ab. Bevor wir abbiegen, blicken wir zurück auf die zurückgelegte Wegstrecke und beachten die gelungene Landschaftsgestaltung aus schwingenden Waldrändern, weiträumigen Wiesen und darin eingepflanzten Baumgruppen und Solitären. Fast schon wünscht man sich einen autofreien Sonntag, um den Blick in diesen Landschaftspark in aller Ruhe genießen zu können. Die klassische Wanderidee propagiert die Erkundung der Landschaft so wie sie ist. Sie ist daher eher nicht romantisch, sondern an dem Erleben der Realität interessiert – mit eigenen Augen sehen, was ist. Die geschaffene Realität, die wir sehen, nötigt uns angesichts der Einspannung der Heide in das Verkehrssystem und der Militärgeschichte der Heide Bewunderung für die Landschaftsplaner ab. Die Heide wird von vielen Menschen in vielfältiger Weise genutzt. Spielplätze, Trimmgeräte und Laufstrecken tragen dazu bei.

Wir laufen nach rechts am linken Waldrand entlang, mit Blick auf die Wiese und die deren Rand begrenzenden Waldstreifen. Wir steuern auf den Übergang über die Gleise der Linie 1 zu. Anschließend queren wir die **Olpener Straße**, gehen nach links und dann sofort rechts. Wir gehen knapp 100 Meter, dann links und den nächsten direkt rechts abgehenden Weg. Er führt an der Feindseite von Fort X vorbei. Wer einen Abstecher ins Gelände wagt – nur für Trittsichere geeignet –, der blickt auch auf die Baulichkeiten der entfestigten Anlage, die heute von Vereinen mietweise genutzt wird.

Nach Querung der **Frankfurter Straße** sehen wir rechts im Gelände eine erklärungsbedürftige Anlage – ein Stahlgerüst mit lautsprecherartigem Abschluss hoch oben und am Boden einen Kessel und ein verrußtes Rohr. Hier steht eine Hochdrucksirene, ursprünglich mit Druckluft betrieben und in jüngster Zeit auf elektrischen Betrieb umgestellt mit einer Schallweite bis zu 1200 Metern. Direkt nach der Anlage sehen wir rechts hinter Bäumen – im belaubten Zustand sehr verborgen - einen stählernen Riesenball. Es handelt sich um einen Hochdruck-Gasbehälter.

Der Weg unserer Route schwingt sich nach links hin aufwärts. Wir bewegen uns in einem Waldstück zwischen **Vingster Ring**, **Frankfurter-** und **Ostheimer Straße**. An der Gabelung gehen wir leicht schräg nach rechts in den Weg, der zur Kreuzung von Vingster Ring mit der Ostheimer Straße führt.

Alternative: Zur möglichen Mittagseinkehr verlassen wir unsere Route, gehen auf dem Fuß-/Radweg nach links die **Ostheimer Straße**, queren die **Frankfurter Straße** und laufen noch ca. 270 Meter bis zum Ristorante. Von dort erhalten wir Anschluss an die Route, indem wir an der Haltestelle Ostheim die Frankfurter Straße in Richtung Apotheke queren, in die **Offenburger Straße** hineinlaufen und dann nach links in die **Bruchsaler Straße** abbiegen. Von der gehen wir an der **Schwetzinger Straße** rechts ab. Wir gehen bis die Schwetzinger Straße rechts schwenkt und nehmen in der Kurve links den Fußweg hin zum Spielplatz auf den überdeckten Resten des Festungsbauwerks Xa. Hier haben wir wieder Anschluss an unsere Route.

Von der Kreuzung aus laufen wir ein wenig links schwenkend in den **Burgwiesenweg** des Kleingartenvereins Köln-Vingst e. V. Wir haben keine Scheu, diese öffentliche Anlage zu benutzen und gehen den Hauptweg durch den Block D bis zum nächsten Tor. Dort geht es nach links in den **Hövilandweg**. Die Gartenanlage ist nicht ganzjährig geöffnet. Alternativ gehen wir von der Kreuzung aus unsere Gehrichtung

Efeu

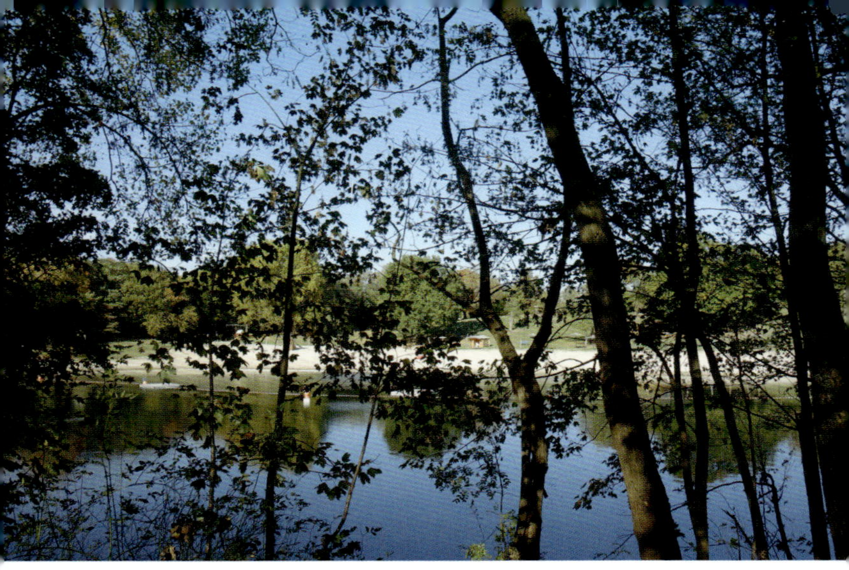

Waldeingebettet – Naturfreibad Vingst

auf dem **Vingster Ring** fortsetzend bis zum **Hövilandweg** und dort links abbiegend weiter.

Den **Hövilandweg** nehmen wir geradeaus. Zwischen den beiden Teilen der Kleingartenanlage hindurch gelangen wir in eine Grünanlage mit hügeligem Gelände und Spielplatz. Hier werden die Bodenreste des geschleiften Zwischenwerks Xa überdeckt. In der Anlage nehmen wir den zweiten Weg nach rechts, biegen anschließend wieder nach rechts und gehen dann links zwischen Waldstreifen und Naturfreibad Vingst einerseits und dem Waldbadviertel – mit 240 Einfamilienhäusern und 450 Mietwohnungen seit 2012 entstanden – andererseits hindurch auf einen Querweg namens **Langendahlweg** zu. Dort geht es nach rechts. Links liegt junger Wald und rechts das Freibad. Es ist gut gesichert und den Blicken fast verborgen. Kurz bevor der **Langendahlweg** auf den **Vingster Ring** trifft, geht es nach links ab. Wir biegen noch einmal kurz links ab und gehen dann rechts zum Fuß- und Radweg an der Straße **Alter Deutzer Postweg**. Auf dem Fuß- und Radweg geht es einige Meter nach links und am nächsten Überweg hinüber in die spannende Strecke eines Spaghettiknotens. Wir laufen in die **Kuthstraße** hinein und folgen der Radfahrerorientierung nach Rodenkirchen. Nach der Brücke über die mehrspurige Straße, die hier den Namenswechsel von **Vingster Ring** zu **Gremberger Ring** erlebt, und nach Unterlaufung der Eisenbahnstrecke von Köln nach Troisdorf, gehen wir rechts hinauf. Wir kommen im Gremberger Wäldchen an und wandern nach links. Hier orientieren wir uns letztmalig am Hinweis nach Rodenkirchen. Wir bleiben auf diesem Weg, ignorieren alle abgehenden Wege und laufen durch, bis wir bei der Kleingartenanlage Gremberg vor dem hochgelegten östlichen Zubringer ankommen. Die Unterquerung durchlaufen wir und gelangen in den zweiten Teil des Gremberger Wäldchens. Halblinks gewandt erkennen wir hinter der Unterführung einen abgehenden Weg, den wir nehmen. Sofort anschließend wenden wir uns nach rechts.

Den ersten von diesem Teerweg nach links abgehenden Weg wählen wir. Im Nahbereich unserer Abbiegung stehen alte Buchen. Der eingeschlagene Weg führt zu einem Unterstand und einer Wegspinne. Der erste rechts von dem Platz abgehende Weg ist unsere Strecke – vor allem, wenn wir eine Anemonenwanderung machen möchten. Das Gremberger Wäldchen hat wahrscheinlich den schönsten Anemonenbesatz in Köln und reizt deshalb Ende März, Anfang April – auf jeden Fall bevor sich das Laubdach der Buchen schließt – zu eindrucksstarken Wanderungen. Auf dem angesprochenen Weg laufen wir ungefähr 300 Meter und dann links. Es geht jetzt auf einem Pfad, der im Herbst und frühen Winter unter Laub verborgen ist, mäandrierend zu einem breiteren Weg, in den wir nach links einbiegen. Am nächsten Weg wenden wir uns nach rechts zur alten Försterei und dem späteren Waldlokal. Es verlor wegen des Autobahnlärms seine Gäste und wurde deshalb aufgegeben. Die ehemals geschätzte Idylle lässt sich immer noch erahnen. Beim alten Forsthaus führt unser Weg nach rechts und auf den Parkplatz am Zusammentreffen des Fahrweges **Im Gremberg** mit der Straße **Gremberger Ring** zu. Dort finden wir einen Hinweis zu den Gräbern der Opfer von Krieg und Gewaltherrschaft. Den Weg dorthin schlagen wir ein. Wenn wir den Jägerzaun sehen und Eiben im Buchenwald, dann haben wir die Gedenkstätte erreicht. Eine Bronzeplastik eines Mannes, der eine leidende Frau hält, mahnt uns. Im Sockel der Plastik steht ein Spruch von Bertolt Brecht: „Und alles Mitleid, Frau, nenn ich gelogen, das sich nicht wandelt in den roten Zorn, der nicht mehr ruht, bis endlich ausgezogen, dem Fleisch der Menschheit dieser alte Dorn." Und an dieser Stelle erinnern wir uns an den Epilog in Bertolt Brechts „Der aufhaltsame Aufstieg des Arturo Ui", der lautet: „Ihr aber lernet, wie man sieht statt stiert. Und handelt, statt zu reden noch und noch. So was hätt einmal fast die Welt regiert! Die Völker wurden seiner Herr, jedoch: Daß keiner uns zu früh da triumphiert – Der Schoß ist fruchtbar noch, aus dem das kroch." Die Toten, die hier im Massengrab liegen, starben an Auszehrung und Krankheit und ca. 30 von ihnen kamen ums Leben, als ihre Unterkunft 1945 in Brand gesetzt und auf Fliehende geschossen wurde.

Wir nehmen unsere Wanderung wieder auf, wandern weiter durch das alte Waldgebiet, machen eine Rechtsbiegung des Weges mit und gehen dann nach links durch die Eisenbahnunterführung für die Eisenbahnstrecke zwischen Köln-Kalk und einem der größten Güterrangierbahnhöfe Deutschlands in Gremberg. Das folgende Gleis, das wir unterqueren, kommt von der Südbrücke her. Es wird intensiv von Güterzügen befahren und dient auch als Umleitungsstrecke für Personenzüge. Wir passieren die Kleingartenanlage „Im Wasserfeld e. V." in Köln-Poll, gehen auf den Bahnübergang der Strecke der KVB-Linie 7 zu und kommen über die Straße **Im Wasserfeld** zur **Siegburger Straße**.

Kurz hinter dem Bahnübergang für die KVB-Linie 7 kann man die Wanderung abkürzen. Nach rechts geht die Straße **Im Forst** ab. Auf ihr gelangt man zur Haltestelle Baumschulenweg der KVB-Linie 7.

An der **Siegburger Straße** nutzen wir den beampelten Übergang rechts von uns und gehen auf der gegenüberliegenden Straßenseite nach links auf dem Fuß- und Radweg über die Straße **Poller Damm** hinweg auf die Autobahnzufahrt zu, queren sie, unterlaufen die Autobahn A4, passieren die nächste Auffahrt und gehen nach rechts ab in den **Poller Weg**. Das besiedelte Gebiete liegt wieder hinter uns. Links ist die bebuschte Böschung der **Kölner Straße**, vor uns ein schmaler Waldstreifen und rechts Ackerfläche, an die sich eine große Kleingartenanlage anschließt. Beim Blick nach rechts sehen wir bald die Pylone der Rodenkirchener Autobahnbrücke. Die Brücke ist unser ferneres Ziel. Wir wandern noch durch die Westhovener Aue. Dazu biegen wir am Ende des Poller Weges nach rechts in die wenig befahrene Straße **In der Westhovener Aue** ein. Nach 120 Metern geht es links ab in das ehemalige militärische Sperrgebiet, auf dem sich Kasernen und Übungsgelände für Flusspioniere am Rhein befanden. Seit 2005 ist die Aue Erholungsgebiet. Seine Gestaltung macht durch Blickachsen, schwingende Busch- und Waldränder sowie Solitäre und weite Blicke über große Wiesenflächen Eindruck. Am Horizont taucht im Westen über den Bäumen das Hochhaus des Wohnparks Rodenkirchen auf. Hin und wieder sieht man die hochragenden Bauten von Westhoven über dem Waldstreifen der Parklandschaft aufragen. Wir laufen nach

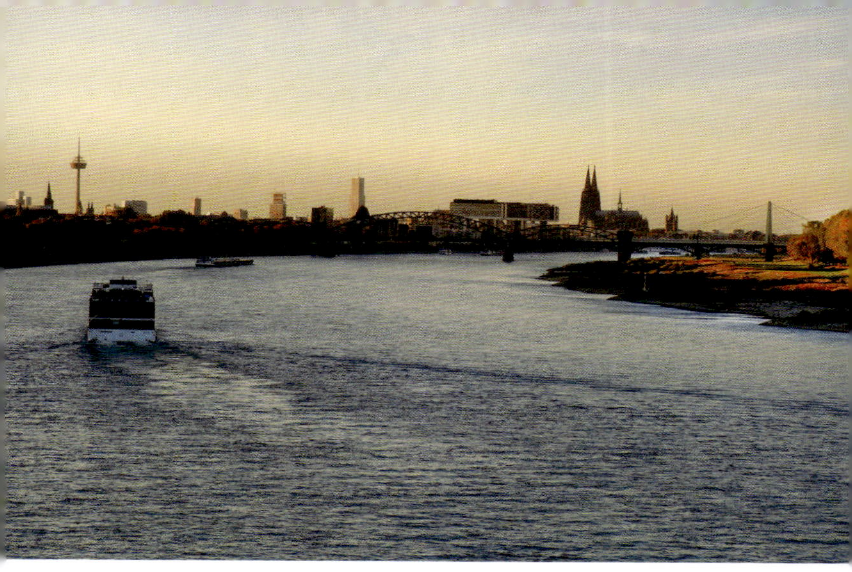

Abendstimmung über Köln

rechts auf gepflastertem Weg zum Rheinufer und biegen kurz vor dem ehemaligen Sturmboothafen der Flusspioniere nach rechts rheinabwärts laufend ab. Linker Hand strömt der Rhein und durch das Ufergebüsch werden das linke Rheinufer und Rodenkirchen sichtbar.

Bei Normalwasser können wir in Rheinufernähe auf dem Kölnpfad bis zur Autobahnbrücke durchlaufen. Bei Hochwasser nehmen wir vorsorglich nach dem Einbiegen in den Teerweg **In der Westhovener Aue** die ganze Strecke bis in Rheinnähe und gehen vor der Hochwasserlinie nach rechts auf dem **Weidenweg** zur Brücke hin. Wir unterqueren die Rodenkirchener Autobahnbrücke, steigen rechts zur Brücke hoch und laufen auf deren Nordseite – wegen des überwältigenden Ausblicks auf die Skyline Kölns – nach Rodenkirchen hinüber. Dort geht es von der Brücke abwärts zum **Heinrich-Lübke-Ufer**. Wer zur gleichnamigen Haltestelle will, wechselt unter der Brücke über die Straße **Heinrich-Lübke-Ufer** hinweg zum Rheinufer – auch hier wegen des Ausblicks –, läuft dort nach links und flussabwärts und geht an der Fußgängerampel zur Haltestelle hinüber. Andererseits: Mehrere Einkehrmöglichkeiten am Rheinufer zwischen dem Norden der Rodenkirchener Riviera und der Haltestelle locken zu einer ungezwungenen Schlusseinkehr. Dafür geht es unter der Brücke am Rheinufer nach rechts. Für Einkehrer ist dann später die erwähnte Haltestelle ebenfalls Ziel.

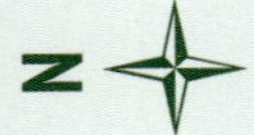
N

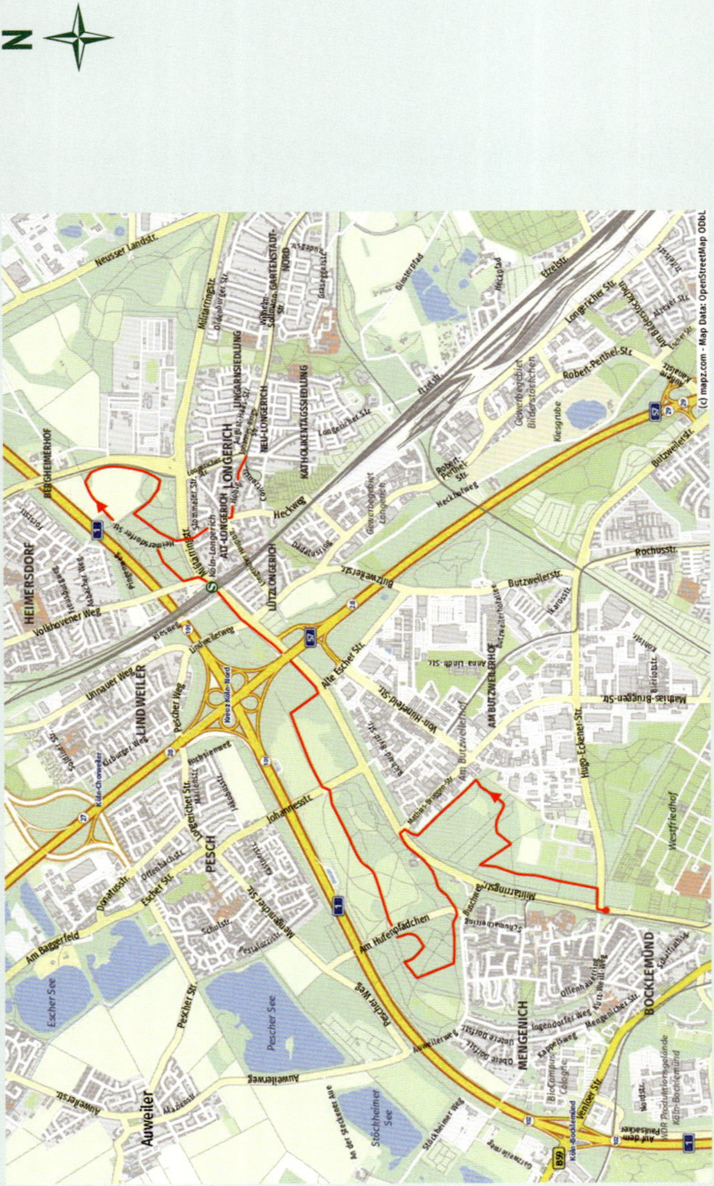

Durch linksrheinischen Altwald - Nüssenberger Busch 6

Wandern von Mengenich nach Longerich

Länge 12 Kilometer

Wanderzeit 3,5 Stunden

Start Haltestelle Ollenhauerring, Köln - Bocklemünd von KVB-Linie 3 und Bus 127

Ziel Haltestelle Longericher Str., Köln-Longerich von KVB-Linie 3 und Busse 121, 127, 139 - oder nah den Einkehrmöglichkeiten: Dionysstr., Köln – Longerich, Bus 121 bis Hst Longericher Str.

Track WiK-T6-MengeLonge.gpx

Wanderkarte Kölnpfad. Der Rundweg, 1:25:000

Einkehren

Alt Longerich
Kriegerplatz 2, 50739 Köln (Longerich)
Tel.: 0221 5991309
ab 11.00 Uhr durchgehend geöffnet
Ruhetag: Dienstag

Zum alten Brauhaus
Dionysstr. 16, 50739 Köln (Longerich)
Tel.: 0221 599 1500 / Handy: 0179 5316732
Zum-alten-brauhaus-lunke@netcologne.de
Öffnungszeiten: Di – Sa 16.00 – 01.00 Uhr,
So 11.00 – 14.00 Uhr, 17.00 – 23.00 Uhr,
Ruhetag: Montag

Restaurant Dalmatien
August-Haas-Straße 47 (bei Hst Longericher Straße),
50737 Köln (Longerich)
Tel.: 0221 5991781
Öffnungszeiten: Mo – Mi 11.30 – 14.30 Uhr, 17.30 – 22.30 Uhr
Ruhetag: Dienstag

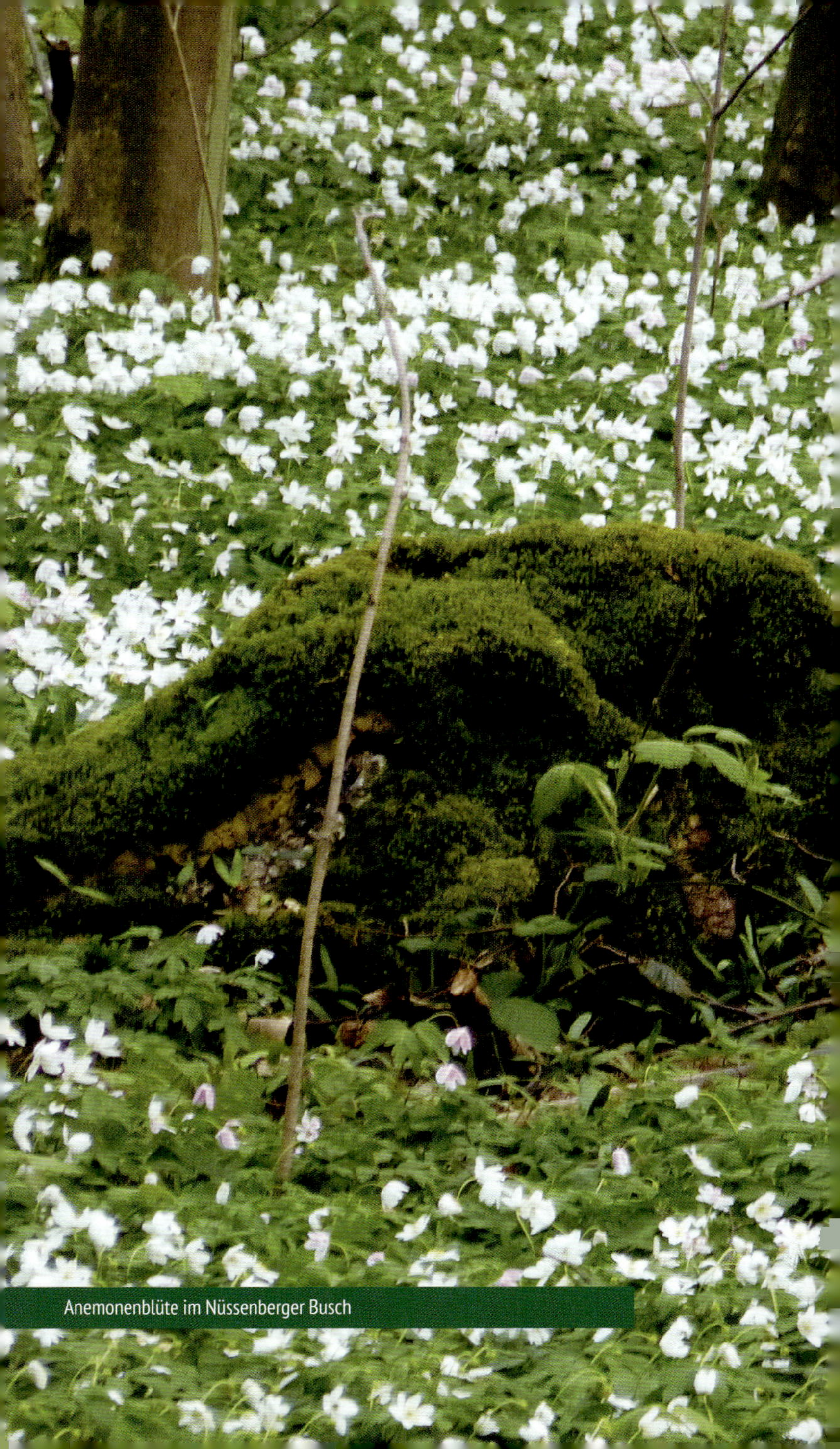

Anemonenblüte im Nüssenberger Busch

Der Wechsel von Neuwald und Altwald ist der Reiz dieser Wanderung, aber auch der Ehrgeiz, mit dem die Förster sich daran machen, eine echte Waldlandschaft in stadtnahem Gelände zu entwickeln. Es ist ein Abenteuer, in der Nähe zu Gewerbegebieten und beträchtlich beanspruchten Verkehrswegen in eine Wald- und Heidelandschaft einzutauchen. Wir erleben auf dieser Route, mit welcher Dynamik der junge Wald aufwärts strebt und wandern abschnittsweise durch eine Art „grüne Hölle". Stadtgeschichtlich interessant ist die Entwicklung des Grünausbaus des Äußeren Grüngürtels im Norden. Waldgeschichtlich besonders bedeutsam ist der Altwald Nüssenberger Busch und besonders attraktiv ist er zur Zeit der Anemonenblüte Ende März/Anfang April.

Der Nüssenberger Busch im Äußeren Grüngürtel lässt uns einen Wald erleben, der den potentiell natürlichen Baumbestand unserer Region – übrigens wie Gremberger Wäldchen und Chorbusch – dokumentiert und der als Altwald bezeichnet wird. Zur vorherrschenden Baumart entwickelte sich seit 3000 Jahren die Buche. Im Wäldchen finden sich mächtige Exemplare, die an die 200 Jahre alt sind. Der Wald des Nüssenberger Busches ist den örtlichen Bodenverhältnissen zu verdanken: Eine alte Hochflutrinne des Rheins – vom Stöckenheimer See herkommend und am Nüssenberger Hof vorbei nach Bickendorf ausgerichtet – hinterließ hier schwere und nährstoffarme Böden, die sich als wenig ertragreich erwiesen. Deshalb wurde die Waldinsel für Ackerbau nicht genutzt und blieb als Landmarke im Ackerland erhalten. Der Wald wird mit Ausnahme der Wegesicherung weitgehend sich selbst überlassen. Entsprechend ist Totholz vorhanden, dass zum intensiv durch Kleinlebewesen und Pilze belebten und belebenden Element eines Waldes gehört. Bekannt und beliebt ist der Nüssenberger Busch durch die jährlich flächendeckende Anemonenblüte.

Wir laufen von der Haltestelle **Ollenhauerring** in Mengenich aus in Richtung **Hugo-Eckener-Straße**. Nach Überquerung des **Militärrings** gehen wir ein kurzes Stück in Richtung Innenstadt und dann – dem Kölnpfadwegzeichen folgend – links ab. Schon sind wir im Wald. Unter dem Laubdach des jungen, nur ca. 60 Jahre alten Laubmischwaldes, erleben wir den kühlenden Schatten unter den Baumkronen. Die Feuchtigkeit des Bodens, die Abschirmung der Sonnenstrahlen durchs Laub und die Verdunstungskälte in den Baumkronen spenden uns die angenehme Temperatur. In diesem Wald orientieren wir uns für die kommenden dreieinhalb Kilometer am Wegzeichen des Kölnpfades.

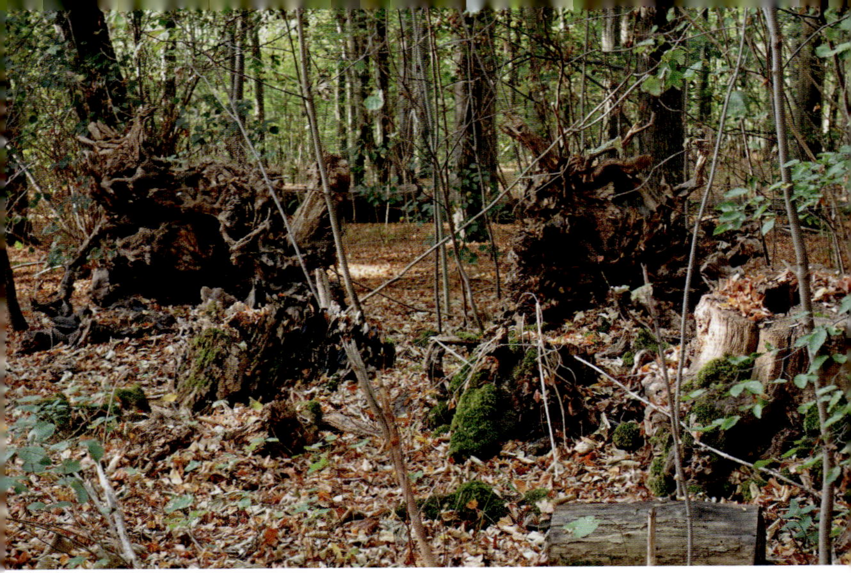

Totholz belebt den Wald

Begleitet werden wir von mächtigen, aber noch nicht alten Buchen – einer Baumart, die im Rheinland heimisch ist. Wir vergegenwärtigen uns: vor 60 Jahren war das alles Ackerland. 800 Meter geht es geradeaus bis wir in einen Querweg nach rechts einbiegen. An dieser Stelle fällt uns die grün-blaue Umhüllung der jüngeren Gehölze in deren Fußbereich auf. Auf diese Weise werden die jungen Baumpflanzen vor Wildverbiss geschützt. Eine andere auffällige Maßnahme auf der linken Seite unserer Wanderung, wo die jungen Dinger stehen – rechts ist im Vergleich schon Altwald – sorgt für eine beschleunigte Entwicklung „echten" Waldes. Zwischen den Pflanzenreihen liegen schön zusammengefasst und ausgerichtet junge Äste und Stangenholz. Sie bieten Kleingetier Schutz und auch dem Boden in der laubfreien Zeit von Herbst und Winter. Sie sind ein Beitrag zur waldtypischen Bodenbildung bei ihrem Zerfall.

Bis zum nächsten Querweg gehen wir einen Weg zwischen älterem Baumbestand rechts und jungem Holz links. Am Querweg sehen wir dicht stehende und frischgrüne, junge Bestände rechts und links des Weges. Durch die Pflanzlücke des geradeaus führenden Weges blicken wir auf eine Häusergruppe. Der heranwachsende Laubwald wird sie bald verdecken. Das ist überhaupt bei unseren Wanderungen nahe an den Siedlungen und Gewerbegebieten deutlich bemerkbar: Die Ansammlung einer Vielzahl von Bäumen schafft optisch eine grüne Landschaft und verhüllt die Stein-Stahl-Glaskulissen des modernen Siedlungsbaus und der Gewerbebauten. Den Querweg nehmen wir nach links, gehen zwischen einer jungen Laubholzmischung links und dominanter, ebenfalls junger Eichenanpflanzung rechts auf ein Waldterrain zu, das eindeutig durch den hohen Baumwuchs schon vor seinem Erreichen als älterer Bestand auffällt. Wir wandern tatsächlich in einem Baumbestand mit zwei Altersklassen – klar erkennbar an unterschiedlicher Wuchshöhe und am Stammdurchmesser.

Die Wegstrecke weist zwar die Markierung mit dem Kölnpfadzeichen auf, dennoch ist es ratsam – vor allen in der Zeit nach frischem Laubfall – den Pfadverlauf sorgsam zu beobachten. Wir laufen auf leicht rechts-links durchs Gelände schwingendem Weg geradeaus bis kurz vor das Gewerbegebiet an der **Mathias-Brüggen-Straße**. Deutlich ist das Wegzeichen an der Stelle, an der wir nach links abbiegen müssen. Wir wandern längs eines rechts liegenden Grünstreifens und dem bezeichneten Gewerbegebiet und links sich befindenden älteren Baumbestand geradeaus bis zum **Militärring**. Bald sehen wir diese Straße und den darauf rollenden Verkehr durchs Grün der Büsche und Bäume. Am Querweg, der parallel zum Militärring verläuft, biegen wir nach rechts ab auf die beampelte Einmündung der **Mathias-Brüggen-Straße** in den **Militärring** zu. Wir passierten schwach ausgebildete Mulden und Rinnen. Sie wurden vom einstmals im Kölner Raum breit mäandrierenden Rhein gebildet. Seine Strömung räumte Bodenmaterial aus und verlagerte es. Dadurch bildete der Fluss Bänke und Rinnen. Später noch werden wir in Senken blicken, die ihren Ursprung im Festungsbau haben und für die der Rhein nicht Verursacher ist.

An der Ampel geht es über die **Mathias-Brüggen-Straße** und nach links über den **Militärring**. Nach der Querung laufen wir links auf dem Fuß- und Radweg vorbei am Nüssenberger Hof und dann sofort schräg nach rechts in den mit Basaltstein gepflasterten Weg **Am Nüssenberger Hof**. Der alte Weg führte vom Hof nach Mengenich. An der Hofstelle befand sich bereits zur Römerzeit ein Gutshof. Auf dessen ehemaligen Ackerflächen wurden Produkte einer zum Römergut gehörenden Ziegelei gefunden. Wir laufen auf ungewohntem Basaltpflaster bis zur Straße **Am Hufenpfädchen**. Dort treffen wir in einem Straßenbogen auf ein Wegkreuz mit Korpus, Jakobsmuschel und der Inschrift „ord preaedicatorum" – ein Hinweis auf den Dominikanerorden. Die Inschrift im Sockel des Wegkreuzes „Engelbert Schmitz, Abt aus Heisterbach,

Buchenkeimling

schenkte dieses Kreuz 1737 dem Dominikanerorden" gibt die Bestätigung. Nahebei stand früher eine alte Linde, die in Brusthöhe einen Umfang von 6 Metern gehabt haben soll. Der Erzählung nach ist an dieser Stelle ein Mord geschehen. Am Wegkreuz geht linksseitig ein schmaler Pfad auf die Straße zu. Den Pfad nehmen wir, überqueren die Straße und laufen in den Wald hinein. Wir sind im Nüsssenberger Busch und im ältesten Waldbestand im linksrheinischen Köln. Der Nüssenberger Busch wird zum Zeitpunkt seines Erwerbs durch die Stadt Köln 1915 in der Öffentlichkeit hoch bewertet: Hier „stehen meist alte Eichen und Buchen, die etwas Ehrfurchtgebietendes haben. In einer solchen Waldanlage mit altem Baumbestand fühlt sich der Besucher besonders heimisch, und zwar umso mehr, als der gesundheitliche und ästhetische Wert eines solchen Fleckchens Erde in einer waldarmen Umgebung wie Köln sehr hoch anzuschlagen ist", schrieb der Stadtanzeiger anlässlich des Walderwerbs durch die Stadt Köln.

Zur Anemonenzeit empfiehlt sich der Zugang zum Wald an der Bushaltestelle „Köln, Bocklemünd Schumacherring" von Bus 127 oder die Anfahrt mit Linie 3 bis zur neu geschaffenen Haltestelle „Görlinger-Zentrum". Man bewandert die Wege im Nüssenberger Busch und begibt sich wieder zur Bushaltestelle oder zur Haltestelle Görlitzer-Zentrum der KVB-Linie 3.

Unsere Wanderroute wird uns auch mit den nördlichen Abschnitten des Äußeren Grüngürtels bekannt machen. Deshalb gehen wir weiter auf unserem Pfad, der sich alsbald zu einem breiteren Weg öffnet. Unsere Route verläuft ungefähr 350 Meter in einem schwach hügeligen Terrain. An einer eher lichten Stelle biegen wir rechts ab und ignorieren den spitzwinklig abgehenden Weg. Wir werden zu einer Wegspinne geleitet und entdecken das Kölnpfadwegzeichen wieder. An dieser Stelle nehmen wir den Weg nach rechts. Aufmerksam laufen wir ungefähr 180 Meter, dann geht rechts ein unscheinbarer Pfad ab. Sicherheit für die Abzweigung nach rechts vom bisherigen Weg haben wir durch ein Markierungszeichen am Baum. Es markiert den Kölnpfad, von dem wir hier abgehen. Auch die nächsten 150 Meter verlangen unsere Aufmerksamkeit. Dann erreichen wir einen weiteren unscheinbaren Pfad, in den wir nach links einbiegen. Einen gestürzten Baumriesen – offensichtlich ein Flachwurzler – umgehen wir, nehmen dann den links laufenden Pfad, stoßen auf einen breit laufenden Weg und gelangen auf diesem links gehend wieder zum Kölnpfad auf breit ausgebautem Weg. Hier wenden wir uns nach rechts und treffen auf

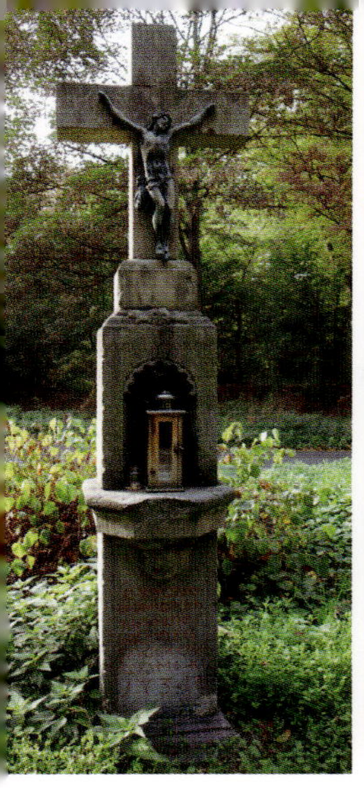

Gedenkkreuz am Hufenpfädchen

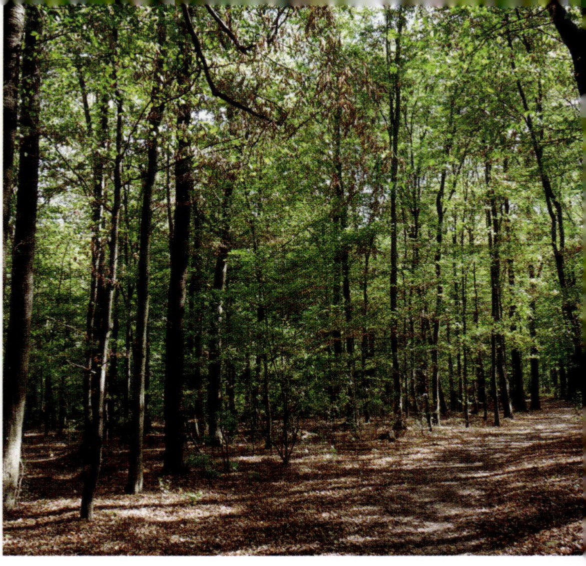

Junger, lichter Buchenwald

die Straße **Am Hufenpfädchen**. Diese Straße überqueren wir, verlassen geradeaus den Kölnpfad und folgen nun dem Wegzeichen für den Grüngürtelrundweg durch die offene Wiesen- und Buschlandschaft nördlich des Nüssenberger Hofes, dessen rote Dächer im Südosten durch das Buschwerk lugen. Das offene, heideartige Gelände ist dem Landschaftsraum Nüssenberger Busch zugeordnet, der sich von Mengenich bis zur Autobahn A57 sowie zwischen Militärring und A1 erstreckt. Von 1936 bis 1996 war das Terrain militärisches Übungsgelände. Der heideartige Raum mit Langgras wird auch Panzerfeld genannt. Den örtlichen Erzählungen nach geht die Bezeichnung darauf zurück, dass zu Zeiten der Wehrmacht hier Panzerübungen stattfanden. Diese Bezeichnung taucht auch bei Warnhinweisen vor Giftködern auf und in Diskussionen über das Verbot von Motocrossfahrten und Mountainbikerennen. Kennzeichnend für den Landschaftsraum sind dessen vielfältigen Strukturen mit altem Baumbestand, Verbuschungszonen, Kraut- und Strauchzonen, naturgeschützten Kleingewässern und extensiv genutztem Wiesenland – einmal jährlich von Schafen beweidet. Der Lebensraum im Umkreis der Reste von Fort III bietet zahlreichen Insektenarten und Vögeln eine Heimat.

Die Route führt uns nach Norden. Sie läuft im Abstand von 200 Metern parallel zur Autobahn. Zu bedenken ist: Gleich, wo der Äußere Grüngürtel in den 1920er Jahren geplant wurde, die Autobahn

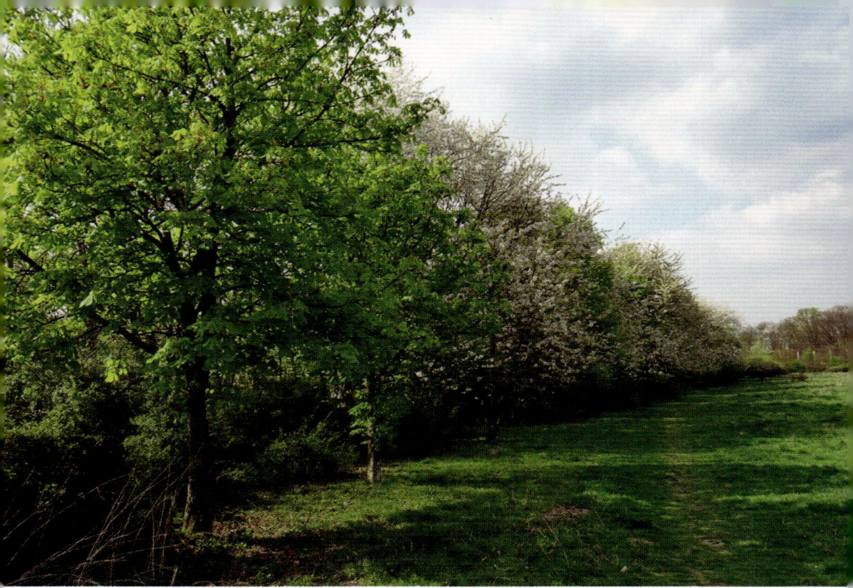

Es grünt und blüht im NSG Nüssenberger Busch

kam später. Meist gehen wir durch offenes, mit Einzelbüschen und Buschinseln bestücktes Wiesenland. Es wird mit Schafen und Mähern offen gehalten. Inselartig befinden sich im Gelände kleine Biotope für die Vogelwelt sowie Tümpel und Morastflecken, in denen Amphibien zu Hause sind. Die Landschaft hat einen heideähnlichen Charakter und mutet an wie eine Savanne. Kurz vor der Johannesstraße, die vom **Militärring** ausgehend zum Ortsteil Köln-Pesch hin läuft, werden wir rechter Hand durch eine große Infotafel über das Naturschutzgebiet Nüssenberger Busch informiert.

Die Infotafel verrät nicht, dass der Äußere Grüngürtel im Kölner Norden ähnlich attraktiv geplant war wie der südliche Teil: Theodor Nußbaum – Leiter der Entwurfsabteilung der Gartendirektion – beabsichtigte in Anlehnung an die Vorgaben von Fritz Schumacher gerade Wasserkanäle und einen runden Teich in einer offenen Waldlandschaft. Die Anlagen sollten auch in dieser Stadtregion einen grünen Gürtel gegenüber dem Umland darstellen, eine wichtige Ausgleichfunktion für das innerstädtische Klima erfüllen und ausreichend Erholungsraum anbieten. Auch im Norden des Festungsrings sollte ein attraktiver Grüngürtel entstehen, der der Bevölkerung wohnungsnahe Erholungsflächen bot.

Unsere Route quert die **Johannesstraße** und führt weiter nach Norden auf die Autobahn A57 zu, die sich etwas abseits mit der A1 im Auobahnkreuz Köln-Nord kreuzt. Vor der A57 geht der Weg eindeutig nach rechts zum **Militärring**. Nach 250 Metern erreichen wir die Straße und biegen nach links in den begleitenden Fuß- und Radweg ein. Wir laufen längs dieser Straße unter der Autobahn und nach einer Kreuzung unter der folgenden Eisenbahnstrecke hindurch. Wir sind jetzt am S-Bahnhof Longerich. Vor uns, auf der linken Seite des Militärrings, sehen wir im wesentlichen jungen Wald, der als potentiell naturnaher Wald auch mit der im Rheinland traditionellen Buche bestockt ist. Wir überqueren an der Kreuzung die Straße **Volkhovener Weg**, gehen nach links und beim Ortsschild Heimersdorf nach rechts in das Waldgebiet, welches Teil des Longericher Waldes ist. Die nächste Abbiegung nach links erfolgt am Teerweg – genannt **Heimersdorfer Straße** –, der quer zum Waldweg verläuft. In einem Bogen laufend erreichen wir fast die Autobahn. Von rechts kommt ein Weg, der auf die die Autobahn querende Brücke zuläuft. Diesen Weg nehmen wir wenige Meter nach links und biegen dann rechts in einen auf kurzer Strecke leicht abwärts zwischen zwei Äckern führenden Weg – als **Pingenweg** bezeichnet. Eine stark aufsteigende Fußgängerbrücke über die **Mercatorstraße** ist ein Zeichen, vor der Brücke rechts abzubiegen und unseren Weg parallel zu dieser Straße und den neben ihr liegenden Gleisen der KVB-Linie 15 in Richtung Longerich fortzusetzen.

Wir laufen vorbei an kleinen Ölgemälden auf Totholz des Waldmalers Wolfgang Schiffer. Am folgenden Querweg, von dem aus wir schräg links vorwärtsblickend die Kreuzung des **Militärrings** mit der **Mercatorstraße** und der **Longericher Straße** sehen können, geht es nach rechts. Leuchten rahmen diesen Weg. Auf dem Wiesengelände in der Parklandschaft blühen im frühen Frühjahr Narzissen. Links nehmen wir Gräben wahr und können einen Hügel erahnen. Wir überlaufen die überdeckten Reste von Fort III. Nach 300 Metern biegen wir – auf mittlerer Höhe einer rechts befindlichen Ackerfläche – in einen Waldpfad nach links und nehmen an dessen Gabelung den Pfad nach rechts. Auf ihm wandern wir geradeaus bis wir auf einen Teerweg, die **Heimersdorfer Straße**, stoßen. Hier geht es links. An der Ampel überqueren wir den **Militärring** und laufen weiter in der **Heimersdorfer Straße**, die **Dionystraße** querend, vorbei am **Kriegerplatz** bis zur **Longericher Hauptstraße**. Sie querend gehen wir wenige Schritte geradeaus auf dem **Heckweg**. Nach links läuft die Straße **Hohlgasse** auf die Haltestelle **Longericher Straße** zu. Wir sind am Ziel.

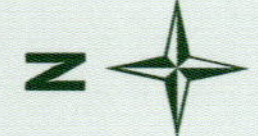
N

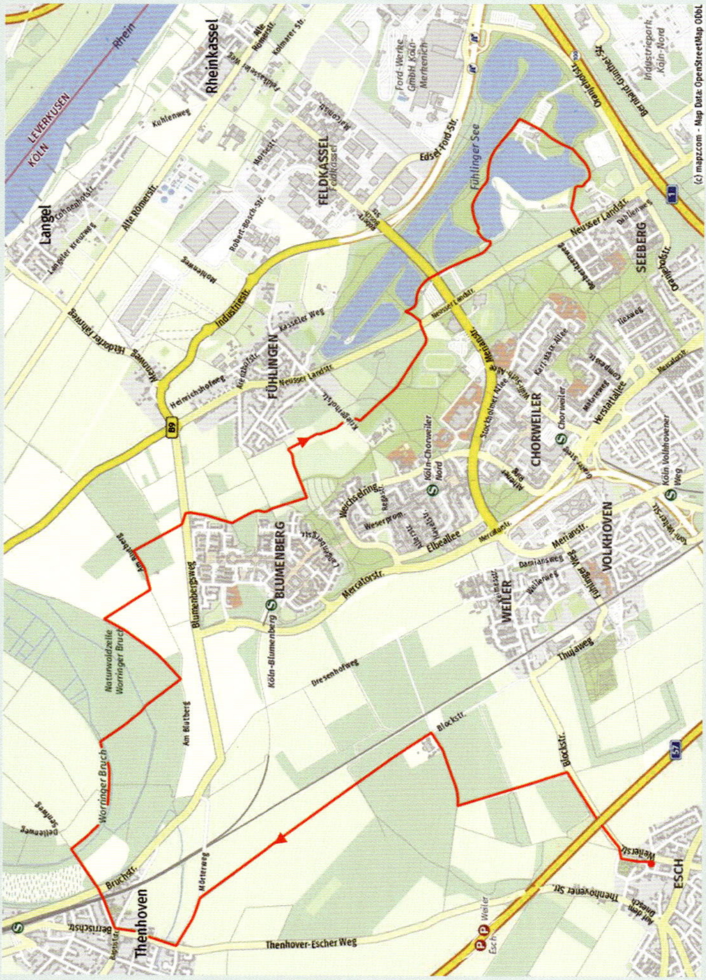

Wald, Wasser und Kultur im Kölner Norden

7

Von Esch nach Seeberg

Länge	15 Kilometer
Wanderzeit	ca. 4,5 Stunden
Start	Köln-Esch, Friedhof Anfahrt: Haltestelle Esch Friedhof von Bus 126 (ab Köln-Bocklemünd oder Chorweiler)
Ziel	Köln-Seeberg Abfahrt: Haltestelle Seeberg, Bus 122 , jeweils zu den weiterführenden Haltestellen Wilhelm-Sollmann-Straße, Heimersdorf oder Chorweiler
Track	WiK-T7-EschSeeberg.gpx
Wanderkarte	Kölnpfad, 1:25.000
Zwischenziel	Abfahrt: Haltestelle Worringen S-Bahn Köln-Worringen von S6 und S11 sowie der Busse 120, 123, 885, 980
Einkehren	**La Serenissima** Neusser Landstrasse 13, 50769 Köln-Fühlingen Tel.: 0221 7003112, www.laserenissima.de Öffnungszeiten: Di – Fr und So: 12.00 – 14.30 Uhr, 18.00 – 23.00 Uhr, Sa: 18.00 – 23.00 Uhr Ruhetag: Montag **Zillich's Biergarten** Fühlinger See/Parkplatz P2, Köln-Fühlingen Tel.: 0173 2859986 Öffnungszeiten: Tgl. ab 9.00 Uhr

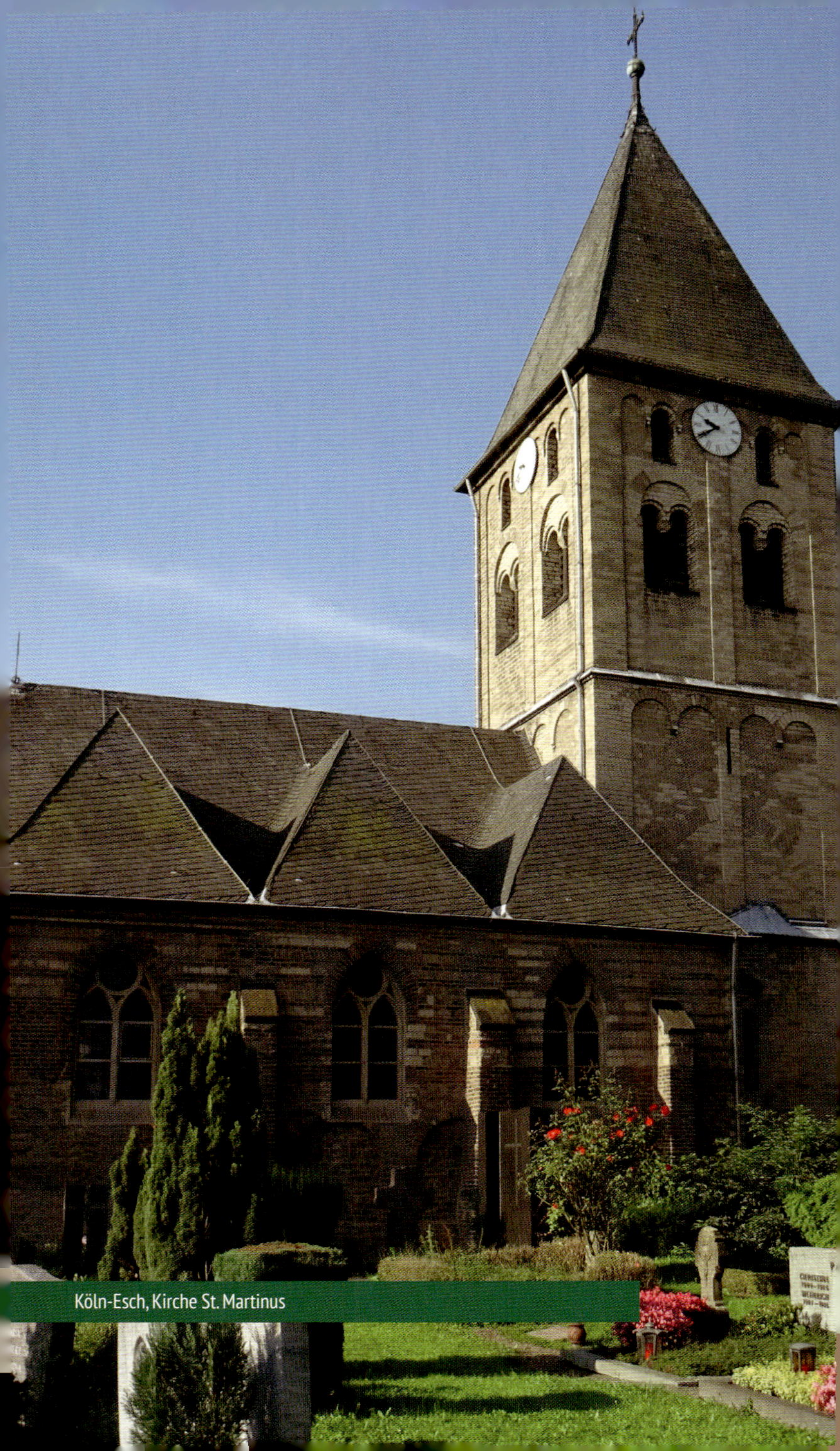

Köln-Esch, Kirche St. Martinus

Attraktiv ist unsere Wanderung im Norden Kölns durch einen geschichtsträchtigen Anfang der Route in Esch, Waldareale, ein Naturschutzgebiet von landesweitem Rang und die in Jahrzehnten aufwendig gestaltete Erholungslandschaft Fühlinger See mit ihren Waldstreifen. Einige eindrucksvolle Aussichten kommen hinzu.

Mit zwei bedeutsamen historischen Schätzen beginnt unsere Wanderung, die eigentlich dem Thema Wald gewidmet ist. Wir starten am Kirchhof von Esch und der in ihm stehenden Kirche St. Martinus. Kirche – auch Kronjuwel des Ortes genannt - und Kirchhof, der eigentlich ein Friedhof ist, markieren eine immer noch währende Frömmigkeitsgeschichte. Die mittelalterliche Kirche strahlt ins Umland hinaus. Der Kirchturm ist eine Landmarke. Weithin ist ihr Turm sichtbar, denn in der ländlichen Randlage der Großstadt Köln wird er nicht durch Hochbauten verborgen. Vom Turm her erschallen die Glocken weit ins Land. Der Nachweis einer Kirche in Esch existiert mit einer Urkunde von 1091, aus der hervorgeht, dass bereits vor 1079 Einnahmen aus der Pfarrkirche St. Martinus dem St. Andreasstift in Köln zugesprochen waren. Die Saalkirche mit Flachdecke und rechteckigem Chor erfuhr im 12./13. Jahrhundert mehrer Umbauten: Ein neuer Chor mit Rundapsis, das nördliche Seitenschiff und ein mächtiger Westturm kamen hinzu. Später wurde der ursprünglich romanische Charakter der Kirche gotisch überformt und im 17./18. Jahrhundert barockisiert. Mehrere Umbauten, Stilwandlungen und Restaurierungen folgten. Der barocke Charakter kommt gegenwärtig durch wieder aufgestellte Barockfiguren zum Ausdruck. Die Kreuzigungsgruppe hinter dem Hochaltar stand um 1520 über dem Eingangsportal zum Kirchhof. Die dort im Torbogen stehende Figurengruppe ist eine Kopie.

Zum Kirchhof gelangen wir von der Haltestelle Esch-Friedhof her kommend durch die **Weilerstraße** und die **Frohnhofstraße**. Zwischen Cafe Miro und Gasthaus Göbels biegen wir in die Gasse ein und betreten von Süden her den Kirchhof. An der Kirchmauer entlang stehen neogotische Kreuzwegstationen, deren Stifter im Sockel erwähnt werden. Herausragend sind Grabkreuze aus dem 18. Jahrhundert und wieder verwendete Steine aus dem 17. Jahrhundert. Als erwähnenswert gilt das Gefallenendenkmal, weil es auf die Mitte der 1920er Jahre übliche Überhöhung ins Heldische verzichtet.

Nachdem wir uns einen Eindruck von Kirchhof und Kirche verschafft haben – die Kirche ist sehr gut gesichert und in der Regel geöffnet – verlassen wir den geschichtsträchtigen Ort hin zur Straße **An der Dränk**, die zwei Seiten des Kirchhofs umläuft. Wir gehen nach rechts zur **Weilerstraße** und biegen dort nach links ab. Ab jetzt befinden wir uns auf dem mit dem Kölnpfadzeichen markierten Wanderweg. Auf ihm gehen wir bis in den Worringer Bruch.

Zwischen Feld und Straße gehen wir, sehen einen sich lang hinziehenden Busch- und Baumstreifen vor uns und unterqueren die Autobahn 57. An der rechten Straßenseite markiert ein Schild ein Wasserschutzgebiet. Links von uns ist Buschwerk, das sich abseits befindende Versickerungsbecken verbirgt. In Rheinnähe bei Köln-Langel gewonnenes Wasser wird hier dem Grundwasser zugeführt. Bei einer abliegenden Brunnengalerie wird das angereicherte Grundwasser gefördert und im Wasserwerk Weiler zu Trinkwasser aufbereitet.

Wir bewegen uns im Bereich des Wasserwerks Weiler. Was jetzt kommt, ist ein Schutzgebiet aus Acker-, Wiesenflächen und Waldarealen. Der Wald ist ein vor ca. 50 Jahren angelegter Forst und er gehört in großen Teilen der RheinEnergie. Es wurden standortheimische bzw. naturnahe Baumarten gepflanzt: Buche, Hainbuche, Ahorn und Eiche. Vereinzelt finden sich auch Mammutbäume, die nun wirklich in der Kölner Bucht weder heimisch noch naturnah sind. Der Wald ist jung, mit dichtem Bestand altersgleicher Bäume, erkennbar an den gleichen Höhen und dem schlank-schmalem Wuchs. Es fehlen weitgehend die für einen entwickelten, gesunden Wald typischen Merkmale: Etagenaufbau aus Kraut-, Strauch und Baumschicht mit verschieden hohen Bäumen und Totholz. Dieses Holz ist – begriffswidersinnig – Merkmal eines lebendigen Waldes. Vögel, Kleintiere, Pflanzen, Pilze und Mikroben sind auf dieses herumliegende Holz angewiesen. Und: Sein Verfall trägt zur Selbstdüngung des Waldes bei. Der Wald, durch den wir im Wassereinzugsgebiet gehen, ist ein Schutzwald: Wassergefährdende Stoffe wie Pflanzenschutz- und Düngemittel werden ferngehalten. Der Boden wird nicht umgebrochen und der durchwurzelte Waldboden hat hohe Filterwirkung.

Dem Kölnpfadzeichen folgend, biegen wir nach links von der **Blocktraße** ab und gehen alsbald durch den Schutzwald. Eingestreute und nachfolgende Ackerflächen unterliegen einem Bewirtschaftungsprogramm, das den Regeln des 1986 gegründeten „Arbeitskreises Ackerbau und Wasser im linksrheinischen Kölner Norden" folgt. Dessen Wirksamkeit ist beachtlich: Der Nitratgehalt des gewonnenen

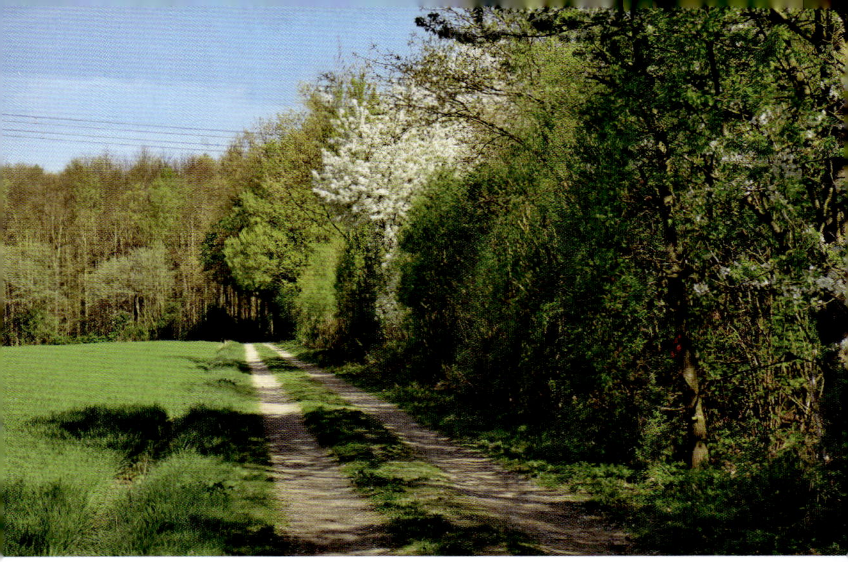

Im Wasserschutzgebiet des Weiler Waldes

Wassers liegt bei der Hälfte des gesetzlich erlaubten Wertes. Analysen zeigen in den Düngeperioden den jeweiligen tatsächlichen Bedarf an Düngemitteln an und verringern dadurch Überdüngung. Das Wasser profitiert und der Landwirt spart. Auf unserer Kölnpfadroute werden wir zum Wasserwerk geleitet. Es macht sich bemerkbar durch Maschinengeräusche und augenscheinlich durch eine am Wegesrand aufgestellte Galerie von Pumpen, Filteranlagen und Absperrklappen, die uns Eindrücke der Betriebstechnik des Werkes und des Netzes vermittelt. Das immer wieder modernisierte Werk wurde 1925 errichtet.

Wir laufen am eingezäunten Betriebsgelände entlang und gehen nach links ab. Aufmerksame Wanderer sehen rechts im Wald Betonplatten und Abdeckungen, die Brunnengalerie, in der das natürlich filtrierte Wasser gewonnen und in die Aufbereitungsanlagen des Werkes eingespeist wird. Der Wald endet und wir laufen in offenem Land geradeaus weiter auf Thenhoven zu. Vom Feldweg, nach Verlassen des Buchenwaldes, können wir im Westen bei entsprechender Wetterlage hin und wieder die eindruckvollen Bauten der Braunkohlekraftwerke sehen. Rechts von uns liegt der Schienenstrang der Bahnverbindung Köln-Neuss. Die Personenzüge fallen, anders als die Güterzüge, nicht auf. Man sieht Nahverkehrszüge geräuschlos durch die Landschaft rollen, aber auch Güterzüge mit markantem Getöse.

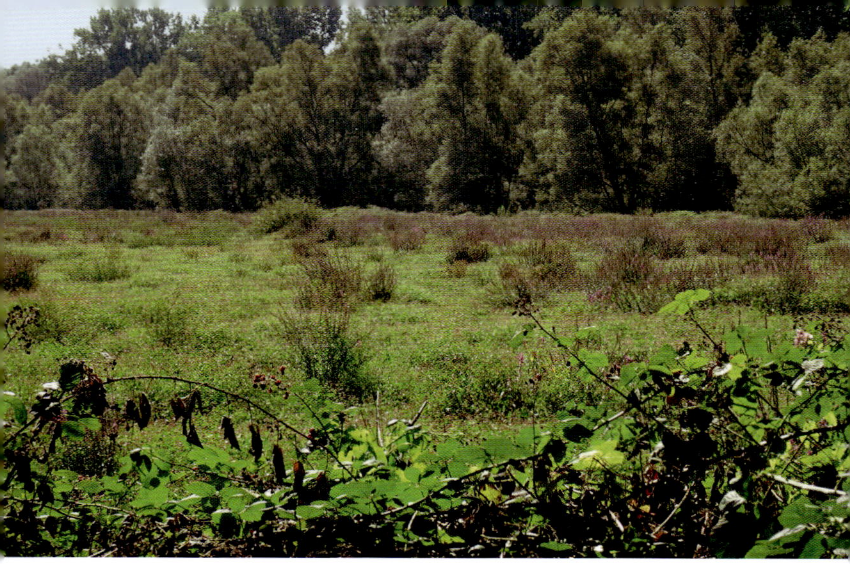

Landschaft des Worringer Bruchs

Unser Feldweg mündet in die Straße **Mörterweg**. Zwischen Chausseebäumen sehen wir den Turm der Backsteinkirche St. Johann Baptist in Roggendorf/Thenhoven. Die Kirche ist neogotisch im sogenannten Kölner Kirchenstil errichtet, der typisch für Kirchbauten im Kölner Umland der letzten beiden Jahrzehnte des 19. Jahrhunderts ist. Er signalisiert das katholische Gefühl im Kulturkampf letztendlich doch über Preußen und Bismarck gesiegt zu haben. Am Mörterweg laufen wir nach links auf den Torbogen einer Hofanlage zu. An der Straßeneinmündung geht es nach rechts in die **Berrischstraße** auf den Thieveshof zu. Der Hof hat mittelalterliche Vorläufer. Seine heutigen Gebäude stammen teils aus dem 18. und 19. Jahrhundert. Sie stehen als Teil einer der drei großbäuerlichen Anlagen in Roggendorf/Thenhoven unter Denkmalschutz. Vor dem Gebäude steht ein Bildstock mit einer schwarzen Madonna. Im Verlauf unseres weiteren Weges zum Worringer Bruch sehen wir typische Merkmal einer alten bäuerlichen Ansiedlung mit Resten von Hofgütern, kleinbäuerlichen Anwesen und vor allem Arbeiter- und Tagelöhnerhäusern.

Unsere Route durch die **Berrischstraße** verlassen wir gegenüber dem farbigen, steinernen Wegekreuz, dem alten Schulgebäude und in Sichtweite der Kirche St. Johann Baptist nach rechts in die **Heinrich-Latz-Straße.** Das Wegkreuz wird kurz „Coellenkreuz" genannt. Die Inschrift im Sockel besagt, dass die Eheleute Heribert Coellen und

Gertrud Pfeiffers sowie Mattheis Krupp das Kreuz zur Ehre Gottes 1754 aufrichten ließen. Die **Heinrich-Latz-Straße**, auf der wir uns bewegen, führt uns zur Eisenbahnlinie Köln - Neuss. Wir unterqueren sie und treffen auf die **Bruchstraße**.

Hier können wir die Wanderung beenden, indem wir nach links zum Bahnhof Worringen gehen und dort die S-Bahnen 11 und gelegentlich 6 benutzen.

Die **Bruchstraße** überqueren wir in den **Senfweg** hinein. Damit sind wir im Worringer Bruch. Vorbei an einer Infotafel erreichen wir die tiefste Stelle Kölns, wenn man die Rheinwiesen bei Worringen außer acht lässt. Für die Rheinweisen werden 36,40 m NN angegeben und für den Worringer Bruch 37,5 m NN. Der höchste Punkt Kölns, der Monte Troodelöh, nordöstlich im Königsforst in einer Entfernung von 23,5 km (Luftlinie) gelegen, hat eine Höhe von 118,04 m über NN. Auf dem Kölnpfad kann man dorthin wandern und legt dafür dann 42 km attraktive Wanderstrecke zurück – gut in zwei Tagen zu schaffen, für Marathonwanderer auch schneller in einem Tag. Wir jedoch laufen in die Senke und haben rechts und links Einblick in die Bruchlandschaft. Je nach Wasserstand des Rheins steht hier flaches Wasser und bei relativer Trockenheit wuchert hier das Grün, das sich im Herbst zu braunem Kraut verwandelt. Der Wechsel der Wasserstände bedingt einen Teil der besonderen Fauna amphibischer Lebewesen. Seit Jahren wird der Bruch sich selber überlassen – wenigstens große Teile davon. Forsttätigkeit findet kaum noch statt. Weil es sich hier um ein Naturschutzgebiet handelt, sind menschliche Eingriffe verboten.

In den ersten nach der Senke rechts abgehenden Weg biegen wir ein. Noch ist das Kölnpfadzeichen unser Wegweiser. Wir blicken in das Bruchgebiet, das von unserem Standort aus wie ein offenes Hufeisen das offene Land in der Mitte umschließt. Landwirtschaft – heute rückläufig – wird hier betrieben. Auf unserem Weg an der südlichen Innenseite des Bruchs sehen wir im Grasland der stillgelegten Ackerfläche eingezäunte Ausgleichsflächen – angelegt um der Natur Flächen zu sichern, die ihr anderswo entzogen wurden.

Unser Wiesenweg folgt dem alten Rheinbogen – vor etwa 8000 Jahren geschaffen und heute das Bruchgebiet. Zum Bruch hin ist der Weg durch Buschwerk und vorwiegend hohe Pappeln begrenzt. Über dem Bruch

Bussard

kreisen Bussarde. Wenn man sie nicht sieht, hört man doch ihr Fiepen. Auch Singvögel – die Existenz der Nachtigall wird in der Literatur erwähnt – sind zu hören und oftmals auch das Quaken der Kröten. Unheimlich wirken Quietschgeräusche, die sich wie das Jammern eines Kleinkindes anhören. Nähere Beobachtung zeigt: Es sind Geräusche von bei Windstößen sich reibenden Äste. Und bei Wasserständen im Bruch – nahe am Weg – hört man Plätschern von flüchtenden Wassertieren. Auch Bisamratten seien hier beheimatet, heißt es. Viele der früher den Bruch durchziehenden Spazier- und Wanderwege sind mittlerweile aus Naturschutzgründen versperrt.

Im Bogen, den wir am zweiten rechts abgehenden Weg verlassen, liegt links ein Flurstück, das den Namen Eispohl trägt. Die Bezeichnung geht auf den großen Eisgang im Februar 1784 zurück, bei dem Mülheim zerstört und an die Tausend Schiffe bei Köln vernichtet wurden. Auf der linken Seite des Rheins – weit unterhalb Mülheims – trieb das Eis bis in den Bruch und noch im Mai 1784 soll es hier dezimeterdick gelegen haben. Für das selbe Flurstück existiert auch die Bezeichnung Pannenacker. Wer jetzt an Unfall oder Störung denkt, liegt falsch. Vielmehr wurden hier Spuren einer römischen Töpferei gefunden – Überreste von Tongefäßen und Dachpfannen. Förster Michael Hundt kann sich für dieses Flurstück einen erhöht angelegten Wald vorstellen. Er böte bei Rheinhochwasser und Flutung des Retentionsbereichs dem Wild des Bruchs einen Schutzraum.

Indem wir den rechts abgehenden Weg nehmen, der für uns offen ist, verlassen wir den Kölnpfad und durchqueren auf 650 Metern den Bruch. Links des Bruchweges befindet sich eine Naturwaldzelle. Der Bestand ist absichtsvoll seit 50 Jahren unbewirtschaftet. Das heißt: Der Wald ist hier sich selbst überlassen – oder: Hier kann die Natur ganz sie selbst sein, mit Ausnahme der wissenschaftlichen Beobachtung dessen, was Natur macht, wenn sie ungestört Natur sein darf. Am Ende dieses Bruchweges wählen wir nach links den spitzwinklig abgehenden, nah am Bruch verlaufenden Weg.

Von ihm biegen wir bei nächster Gelegenheit rechts ab, laufen auf den Weg **Am Blutberg** zu und gehen mit Blick auf den Modelflugplatz nach links und wieder rechts über Wald- und Wiesenweg zur Landstraße **Blumenbergsweg**. An der Landestraße gehen wir links, streng am linken Straßenrand, 150 m, um dann die Straße in Richtung Blumenberg zu überqueren.

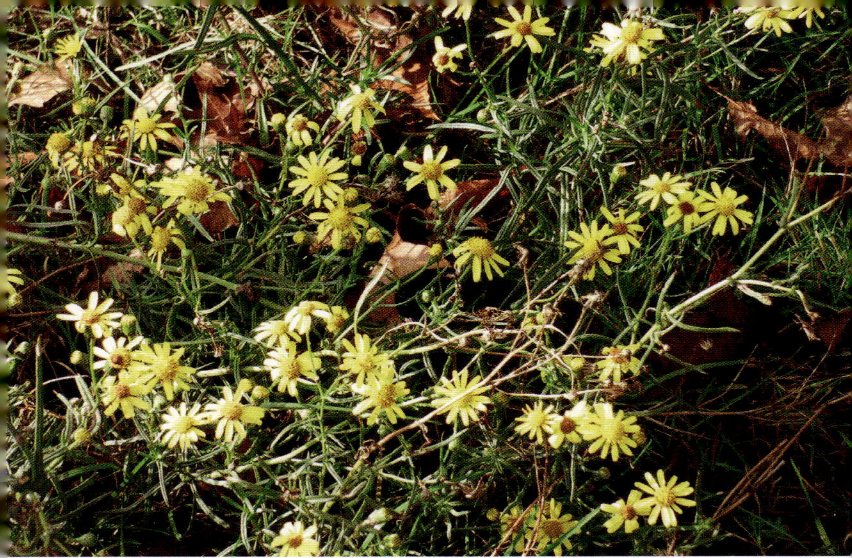

Herbstliche Anmutung

Nach der Straßenquerung sehen wir vom Pfad aus das Steingebirge Chorweiler – stufig und farbig. Rechts von uns liegt hinter einem Erdwall das Siedlungsgebiet Blumenberg. Erstaunlicherweise hängen die Bezeichnungen Blutweg und Blumenberg bedeutsam zusammen: Am 5. Juni 1288 fand um den Blutweg herum die Schlacht bei Worringen statt. Nach sechsjährigen Erbauseinandersetzungen, in der der Herzog von Brabant erkaufte Rechte auf das Herzogtum Limburg gewaltsam geltend machte und der Kölner Erzbischof als Kurfürst von Köln die brabantischen Anrechte bestritt, kam es am 5. Juni südöstlich des Bruchs und nordwestlich von Fühlingen – ungefähr auf der Fläche von Blumenberg – zur entscheidenden Schlacht. Die Kölner Bürger, die gegen den Erzbischof hielten, wurden von dessen Truppen überritten, waren jedoch als Verbündete mit dem Brabanter und dessen Truppen letztendlich Sieger. Seit dieser Zeit gilt die Emanzipation Kölns vom Kurfürsten und Köln als reichsfreie Stadt. Die Schlacht endete furchtbar. Sie gilt als eine der größten des Mittelalters. Von sagenhaft kniehoch stehendem Blut wird geredet. Auf jeden Fall: Blutberg scheint ein durchaus angemessener Name für diese Stelle. Wer wohnt jedoch schon gerne auf dem Blutberg? Um dem makabren Namen zu entgehen, wurde dem Ort der Name Blumenberg gegeben. Heute kann man hier längs des Ortsrandes, der hinter einem mit Buschwerk und Bäumen bestandenen Erdwall liegt, beruhigt nach Süden gehen. Unser Weg führt geradeaus, erst durch

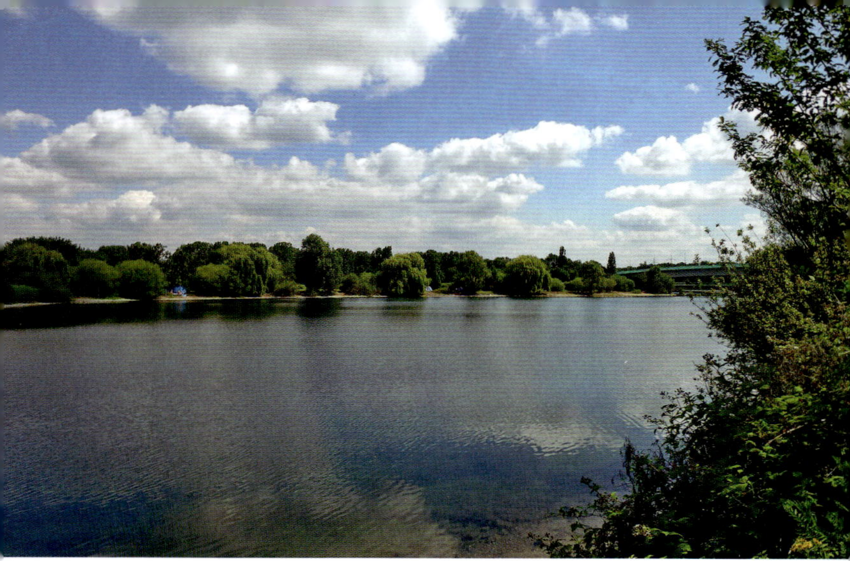

Fühlinger See

parkähnliches Gelände, dann durch eine kleine Waldparzelle. Alsbald nach einem Drängelgitter verlassen wir den nach rechts führenden Weg, indem wir in der Kurve nach links hin geradeaus einen Pfad längs des Waldes nehmen. Wir erreichen einen Querweg an der nördlichen Grenze der Kleingärten „Im alten Feld" des Kleingärtnervereins „Kriegerhofstraße".

Wir gehen nach links. Rechts im Winkel unserer Route befindet sich ein eingezäuntes Waldstück mit hohen Buchen bestückt. Es ist unschwer zu erkennen, dass wir an einer beträchtlichen Bodeneintiefung stehen – eher unwahrscheinlich als Bombentrichter aus dem Zweiten Weltkrieg bezeichnet. Wir gehen jetzt auf einer Obstbaumallee und ignorieren den ersten rechts abgehenden Weg. Es geht eine leichte Steigung aufwärts und vor einer Parkbank nach rechts und dann geradeaus. Als nächstes Merkmal folgt die Kriegerhofstraße.

Ein Ende der Wanderung ist an der **Kriegerhofstraße** leicht möglich: Wir gehen nach links auf die St. Marienkirche zu und haben dann links die Bushaltestellen Fühlingen für den Bus 120 in Richtung Köln-Blumenberg (S-Bahn) oder Köln-Chorweiler (S-Bahn, Stadtbahn und Busse). Und ein Gasthaus für eine Schlusseinkehr haben wir auch.

Nach der Straßenquerung laufen wir am links liegenden angeschütteten Hügel entlang, der mit jungen Bäumen bestockt ist – zunächst vorwiegend Birke, dann aber auch Buche. Nach rechts blicken wir in eine offene Parklandschaft und sehen über Bäume hinweg das Wohngebirge Chorweiler. Der Waldstreifen – in den 1950er/60er Jahren auch Versuchsgebiet der Alwegbahn (abgeleitet von dem Industriellen Axel Lennart Wenner-Gren [1881-1961]) – linker Hand umschließt die Villen-Ruine Haus Fühlingen und ist Teil des zum Haus gehörenden Parks. Im Wäldchen stehen auch Kastanien und Nadelhölzer. Die Douglasien dort entstammen den 1960er Jahren.

Nach der Verlegung der B 9 auf die Industriestraße östlich des Fühlinger Sees können wir die **Neusser Landstraße** zwar aufmerksam, aber bequem queren. Auf der gegenüberliegenden Straßenseite gehen wir wenige Meter nach rechts und dann links abwärts an das Ufer zum See 2 der Fühlinger-See-Landschaft. Am Gewässer laufen wir rechts ufernah und vermeiden den ersten hoch gehenden Weg zum Heim der Angelsportgruppe Ford e.V. Erst den anschließend folgenden Weg nehmen wir aufwärts, überqueren die **Merianstraße** und gehen wieder in ein Waldstück oberhalb der Seewege. Die Seewaldstreifen wurden ab den 1960er/70er Jahren angelegt. Nach ungefähr 350 m nehmen wir den Weg schräg abwärts, gehen dann scharf links und wieder rechts zwischen See 3 und 4 hin zur Regattastrecke. An ihr geht's rechts weiter. Nach der Brücke nehmen wir achtsam den Weg, der hoch zum Parkplatz führt. Beim Parkplatz können wir uns entscheiden, ob wir direkt geradeaus weiter zur Bushaltestelle Seeberg gehen oder in „Zillich's Biergarten" einkehren. Zur Haltestelle müssen wir in jedem Fall geradeaus weitergehen und die Verbindung der Seen 5 und 6 auf einer Brücke überqueren. Leichtsinnige Springer haben sich hier schon beträchtlichen Schaden zugezogen, weshalb Springen mit großen Schriftzeichen verboten wird.

Am Ende der Brücke rechts abbiegend gehen wir am Seeufer entlang mit Blick auf den weißen Quarzsandstrand, laufen vor dem abgezäunten Gelände nach links den **Stallbergsweg** hoch und streben dem beampelten Fußgängerweg über die **Neusser Landstraße** zu. Nach deren Querung in den **Asternweg** hinein, finden wir links im **Chrysanthemenweg** die Bushaltestelle Seeberg von Bus 122.

Schwäne

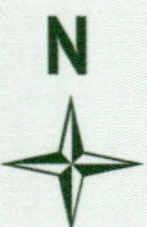

(c) mapz.com - Map Data: OpenStreetMap ODbL

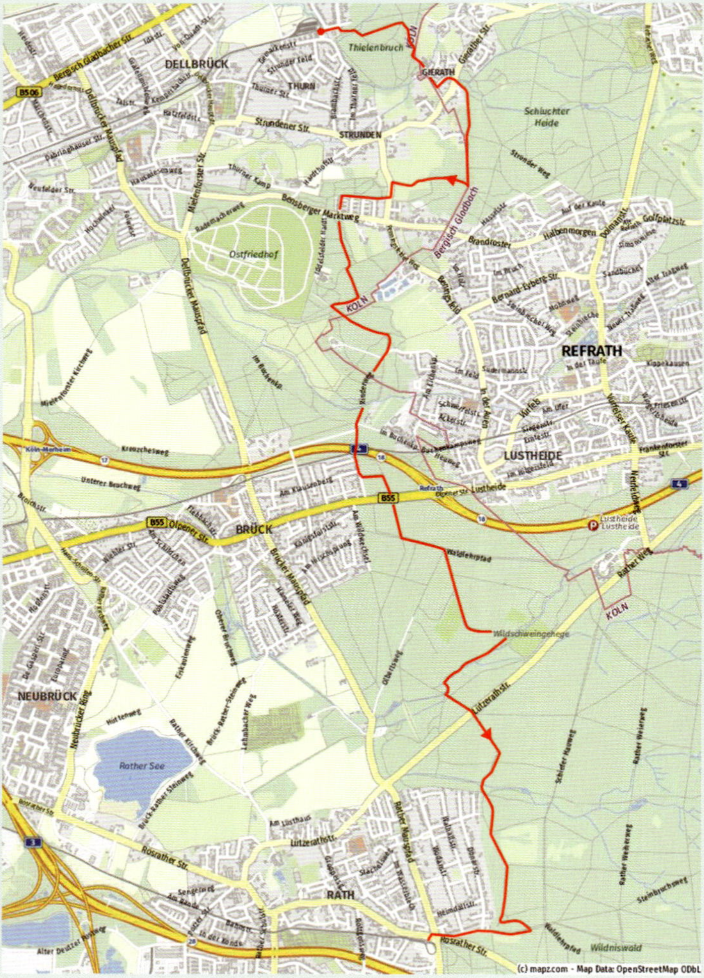

Zum Königsforst im Süden

8

Von Thielenbruch nach Königsforst

Länge	12 Kilometer
Wanderzeit	3 Stunden
Start	Haltestelle Thielenbruch, Köln-Dellbrück, Linie 3 und 18
Zwischenziel	Haltestelle Brück Mauspfad, Köln-Brück von Linie 1 und Bus 154
Ziel	Haltestelle Königsforst, Köln-Rath/Heumar von Linie 9 und der Busse 154 und 423
Track	WiK-T8-Thielenbr.gpx
Wanderkarte	Kölnpfad. Der Kölner Rundweg, 1:25.000
Einkehren	**Pizzeria Paradiso** Brücker Mauspfad 631, 51109 Köln Tel.: 0221 844165 Öffnungszeiten: Mi – Mo ab 12.00 Uhr, Di ab 17.00 Uhr **Cafe am Königsforst** Rösratherstr.759, D-51107 Köln-Rath Tel.: 0221 862320, admin@cafe-amkönigsforst.de www.cafe-am-königsforst.de/ Öffnungszeiten: Mo – Sa 9.00 – 18.00 Uhr So und Feiertags 11.00 – 18.00 Uhr **Gaststätte Schwalbennest** Rösratherstr. 760, D-51107 Köln Tel.: 0221 861189, www.schwalbennest-am-koenigsforst.de singhkulvinder73@yahoo.com Öffnungszeiten: Mo – Sa 11.00 – 23.00 Uhr So 11.00 – 22.00 Uhr

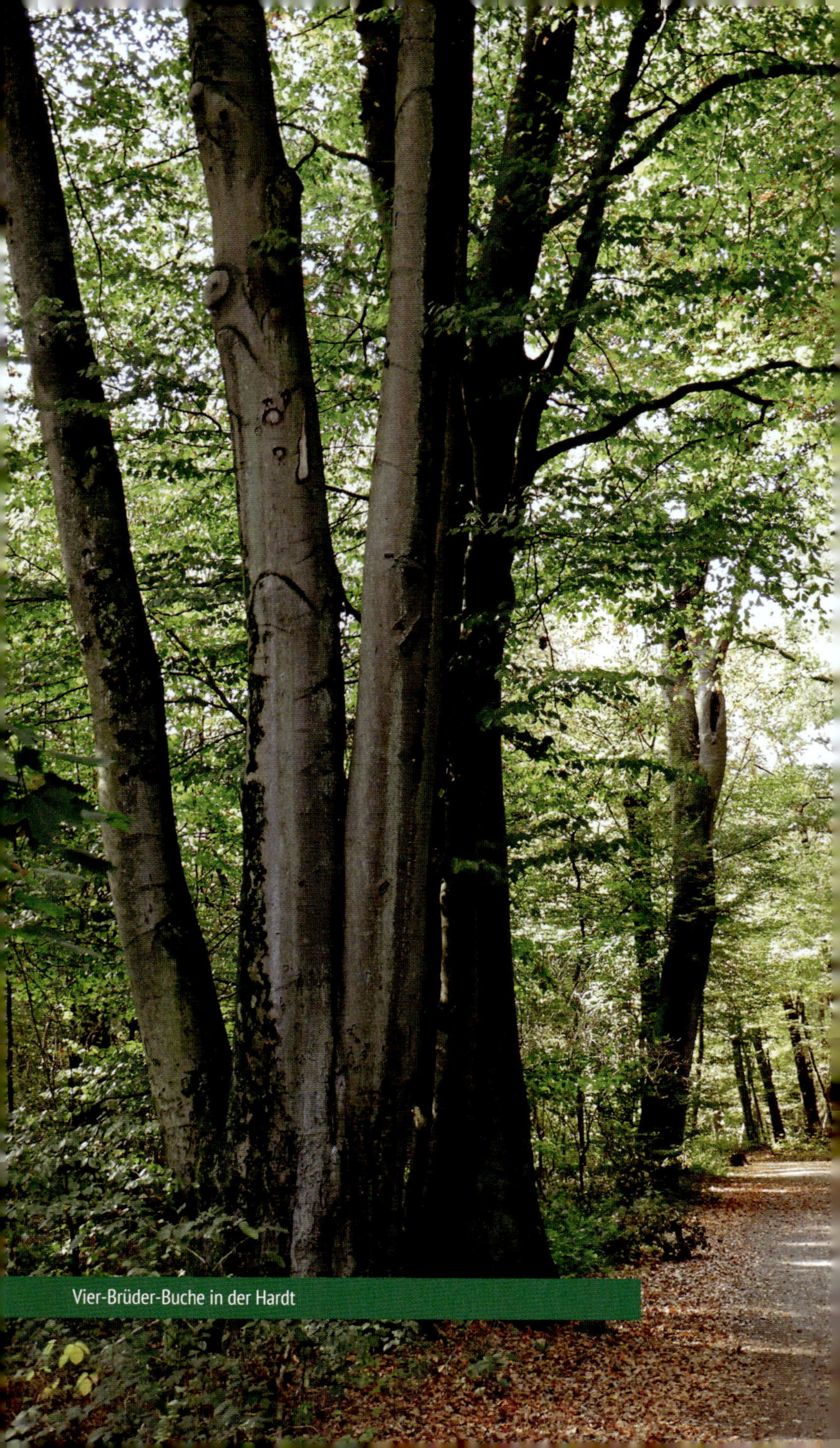

Vier-Brüder-Buche in der Hardt

Diese Wanderung sollte man nicht auslassen. Viel Wald wird durchwandert, auch das Wildgehege Brück. Auf dem dortigen Waldlehrpfad werden wir über mehr als 100 Baumarten informiert. Zum Schluss gehen wir durch ein Feld 2500 Jahre alter Hügelgräber. Wir sind flach unterwegs auf gut ausgebauten Wegen von Thielenbruch nach Rath/Heumar.

Die Wanderroute führt weitgehend durch Abschnitte der Bergischen Heideterrasse und ist geprägt durch eiszeitlich angelagerte Kiese und Sande sowie aufgeschwemmte Deckschichten. Eingestreut sind größere, ehemalige Sumpfgebiete. Alte Waldgebiete mit den Ausläufern von Königs- und Frankenforst nach Westen zum Rhein hin, markieren diese Landschaft. Ortsnamen auf „-rath", „-forst" und „-heim" kennzeichnen heute noch das stark zersiedelte Gebiet als ehemalige Waldlandschaft. Wald gibt es immer noch in großem Umfang im südlichen Thielenbruch, Brücker Wald und im Königsforst. Der Thielenbruch erfuhr seine erste Trockenlegung, verbunden mit der Regulierung des Flüsschens Strunde, ab dem 6. Jahrhundert. Überreste von Grabensystemen zeugen von der Trockenlegung in jüngster Zeit. Von Norden her betrachtet liegt jenseits des Bensberger Marktweges der Brücker Wald. Noch im 19. Jahrhundert wurde er forstwirtschaftlich reguliert, aber extensiv genutzt. Er diente der Holzwirtschaft und Jagd und auch als Viehweide, worauf die Bezeichnung Rinderweg hinweist. Laub wurde per Hand oder mit dem Holzrechen für die Stallstreu gerafft. Ginster, Farn und Heidekraut kam als Viehfutter in Frage.

Die Grenze zum Königsforst wird nach der Autobahn A 4 überschritten. Dieser Wald wurde als königlich-adeliger Bannwald vorwiegend jagdlich genutzt. Ende des 18. Jahrhunderts sollen in diesem Wald an die 4000 Hirsche gestanden haben, die dann in kurzer Zeit wegen ihrer Waldschädlichkeit auf 100 reduziert wurden. Nicht nur wegen der Überzahl an Rotwild, auch wegen mangelnder nachhaltiger Holznutzung, war der Königsforst anfangs des 19. Jahrhunderts in schlechtem Zustand. Die preußische Regierung betrieb dann ab 1815 Forstwirtschaft mit schnell wachsenden Nadelhölzern. Seit längerem wird der Umbau zu einem Laubmischwald betrieben.

Wir starten an der Haltestelle Thielenbruch, gehen nach dem Verlassen der Stationshalle an der schwimmenden, sich dauernd drehenden Kugel vorbei, zwischen den Fahrradständern und der

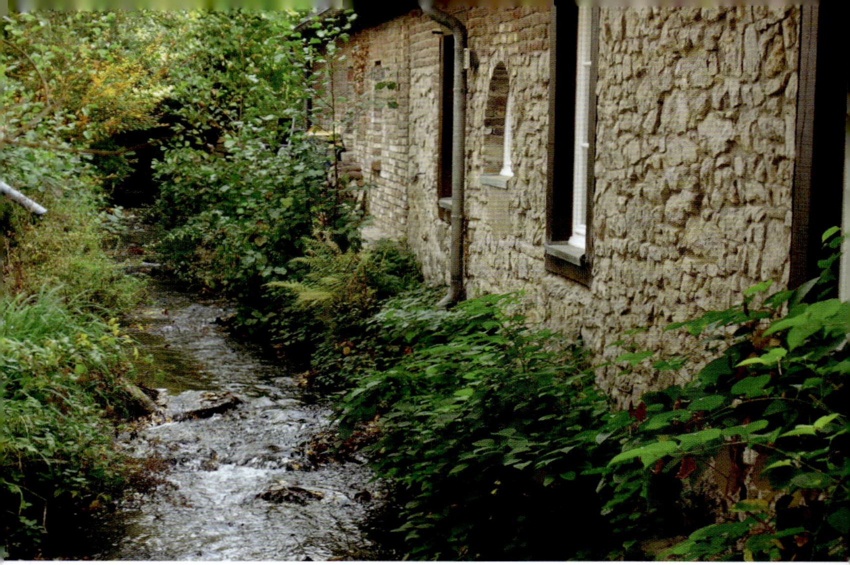

Strunde an der ehemaligen Doppelmühle in Gierath.

Kölnpfadtafel hindurch und geradeaus Richtung Parkplatz. Dort nutzen wir den Pfad beim Schild „Geschützter Landschaftsbestandteil". Nach kurzer Strecke geht es nach rechts und sofort schräg links in das Waldgebiet des Thielenbruchs hinein. Am dann rechts abgehenden Weg überschreiten wir auf einem Brückchen den Kemperbach und biegen in den nächsten links abgehenden Weg. Unsere Strecke führt durch einen Buchen-Eichen-Wald. Im Gelände rechts und links unseres Weges beobachten wir Gräben. Sie wurden angelegt, um das Bruch trocken zu legen und zu halten. Zur Erinnerung: Hier war wirklich einmal Sumpf. Um 600 n. Chr. versickerte die Strunde noch im Bruch. Um ihre Wasserkraft für Mühlen zu nutzen, wurde der Bach ausgebaut und erreichte schließlich den Rhein.

Am folgenden Querweg geht es nach rechts. Wir überlaufen eine Wegkreuzung und nehmen an der nachfolgenden Weggabelung den Weg links auf die Häusergruppe zu. Wir haben Gierath in Bergisch Gladbach erreicht. In der Siedlung treffen wir auf die Strunde, die unter unseren Füssen davonfließt. Nach links blicken wir auf den Bach und zwei einander gegenüberstehende Mühlenhäuser, deren Mühlen der Bach antrieb. Der Bergische Schriftsteller und Heimatchronist Vinzenz Jakob von Zuccalmaglio bezeichnet die Strunde als den fleißigsten Bach Deutschlands. Der Grund für diese Bezeichnung ist einfach: 51 Mühlen für unterschiedliche Mahlzwecke, z. B. Ölmühlen, Gipsmühlen,

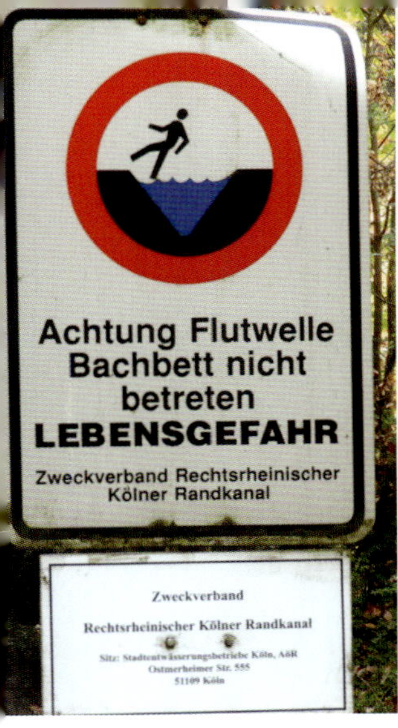

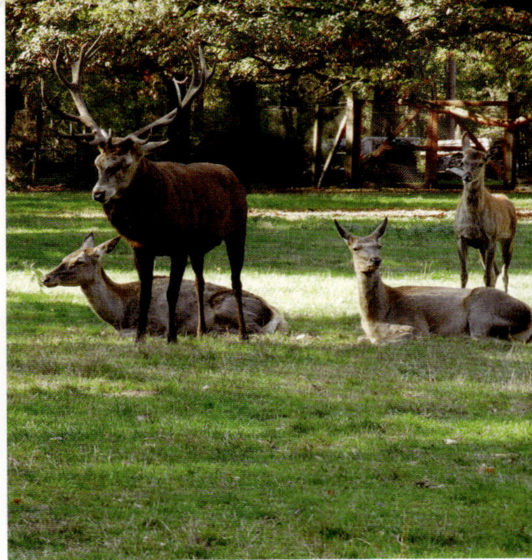

Hirsche im Wildgehege Brück

Getreidemühlen, Papiermühlen und Pulvermühlen soll die Strunde vorindustriell auf ihrem kurzen Lauf von knapp 19 Kilometer angetrieben haben. Wir gehen auf dem **Gierather Mühlenweg** und biegen von ihm nach links ab in die Straße **Rosenhag**. Die querende **Gierather Straße** überlaufen wir und gehen in den naturgeschützten Gierather Wald hinein.

Bevor wir den nach rechts und danach geradeaus gehenden Weg nehmen, werden wir an einem Ableitungsbecken des Hasselbaches auf Hochwassergefahren aufmerksam gemacht – scheinbar ein Witz angesichts des trockenen Bachbettes im Sommer 2018. Die Warnung ist jedoch ernst gemeint. Bei Starkregen kann ein plötzlicher Wasserschwall durchs Bachbett in den Sammler schießen und Personen, die sich dort aufhalten, umreißen und in Not bringen.

Unseren Weg im Eichen-Hainbuchenwald laufen wir 700 Meter, dann kurvt er nach rechts. Von links mündet ein Weg ein, auf dem wir einen Kanaldeckel sehen. An dieser Stelle geht rechts ein Waldpfad ab. Wir nutzen ihn, aufmerksam seinem Verlauf folgend, um zur Iddelsfelder Hardt am **Pennigsfelder Weg** und von dort in die südwestlich sichtbare Siedlung zu gelangen. Wenn wir auf die Straße **Penningsfelder Weg** treffen, haben wir annähernd zweieinhalb Kilometer Waldweg hinter uns.

Die Straße nehmen wir nach links und am Beginn der Wohnsiedlung nach rechts. Wegzeichen an der gegenüberliegenden Straßenseite weisen die Richtung. Wir laufen bis zur Stichstraße **In der Hardt**, gehen dort links und weiter über den **Bensberger Marktweg** hinweg in den Eichen-Hainbuchenwald der Iddelsfelder Hardt hinein. Bald haben wir zwei Begleiter: Rechter Hand einen Reitweg und lautes Bellen vom Dellbrücker Tierheim. Wir überlaufen zwei Querwege und gehen am dritten leicht verschwenkend geradeaus weiter. Am folgenden Querweg gehen wir über den Reitweg hinweg nach rechts ab und am darauf folgenden Querweg nach links. An der nächsten Wegkreuzung wenden wir uns nach rechts, am gepflasterten Weg wieder nach rechts und in dessen Kurve nach links zum Sandweg, **Rinderweg** genannt. Er führt uns nach Überquerung des Frankenforstbaches über die A4 und unter den Gleisen der KVB-Linie 1 (Köln – Bensberg) hindurch. Wir sind nun im Stadtteil Köln Brück.

Zwischenziel oder Mittagseinkehr: Wir gehen nach der Unterführung einige Meter auf dem Rinderweg, biegen dann in die Straße **Am Klausenberg** ein und laufen weiter bis zum **Brücker Mauspfad**. Dort orientieren wir uns nach rechts zur Haltestelle Brück Mauspfad für KVB-Linie 1 und die Busse 154 und 187 und zur Pizzeria Paradiso. Nach links gelangen wir zu weiteren Gaststätten in Brück. Über die Straße Am Klausenberg erreichen wir wieder unsere Route.

Hinter den Brückenbauwerken sind wir in Brück noch immer auf dem **Rinderweg**. Schräg gegenüber der Straße **Am Klausenberg** biegen wir links in den Wald. Am folgenden Querweg gehen wir rechts und queren wenig später achtsam die viel befahrene **Olpener Straße**. Wir laufen nun im Laubmischwald der Brücker Hardt. Am nächsten Querweg, mit Sitzbänken in zwei Wegwinkeln, geht es links und dann bis zu einem Unterstand. Hier wenden wir uns nach rechts zum Wildgehege hin und passieren dabei die Abzweigung zum Waldlehrpfad. Auf ihm können wir uns über Bäume des Waldes informieren.

Wir laufen am Gehege der Rehe und Hirsche vorbei und erreichen nach der Linksbiegung des Weges das Wildschweingehege am Flehbach. Je nach Jahreszeit suhlen sich zahlreiche Bachen umgeben von Frischlingen. Im Sommer 2018 fiel der Flehbach trocken. Die Tierpfleger legten deshalb Nottümpel an, um den Wildschweinen Schlammbäder zu ermöglichen. Am Wildschweingehege biegen wir

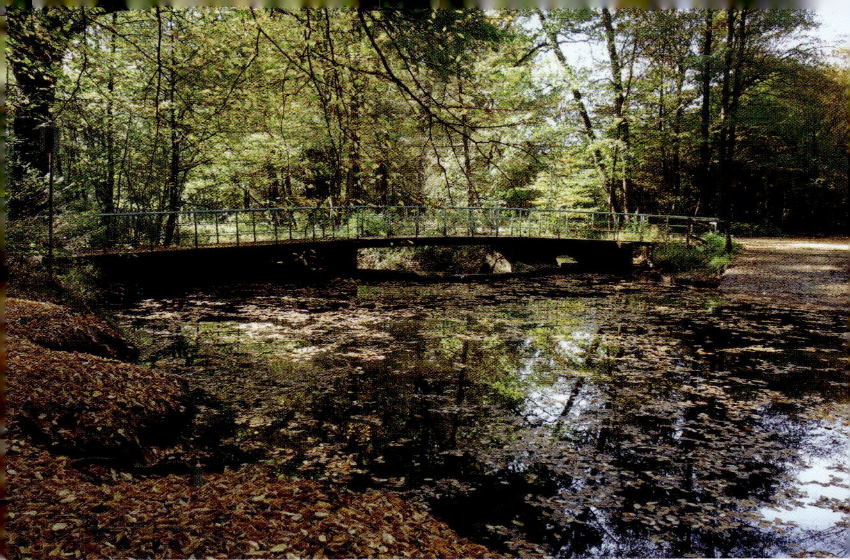

Sandfang im Flehbach

nach rechts ab und laufen entlang des Baches bis zum Sandfang im Flehbach vor dem Hochwasserrückhaltebecken. Die Brücke am Sandfang nutzen wir nach links. Bevor wir am Querweg nach links und dann sofort rechts leicht aufwärts gehen, informieren wir uns noch an Tafel und Karte über unsere Umgebung.

Nach Querung der **Lützerathstraße** sind wir im Naturschutzgebiet Königsforst. Wir haben wenig später einen Querweg zu überschreiten, bevor wir zum Damm des Hochwasserrückhaltebeckens des Sellbaches kommen. Mit Hochwasser ist zu rechnen, wenn Schneeschmelze und andauernder Regen zusammenkommen. Ab einem querenden Reitweg wandern wir an der rechts durch einen Waldstreifen verborgenen Göttersiedlung vorbei. Sie hat ihren Namen von den mit Götternamen der germanischen Gottheiten benannten Straßen dieses Viertels. Wir sind jetzt in Rath/Heumar und passieren Informationstafeln am Königsforster Waldlehrpfad. An bezeichneter Stelle biegen wir links in das Feld der Hügelgräber aus Zeiten vor 2500 Jahren ab. Der Pfad durch die Zone der Hügelgräber führt schwach ausgeprägt zur **Forsbacher Straße**, auf die wir kurz vor einer Wegspinne, bei der ein Unterstand steht, treffen. Wir wenden uns nach rechts und laufen wenig später vorbei an einer Pferdekoppel auf die Haltestelle Königsforst von KVB-Linie 9 und der Busse 154 und 423 zu.

Gemeines Pfaffenhütchen

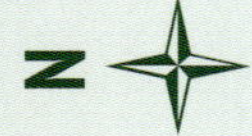
N

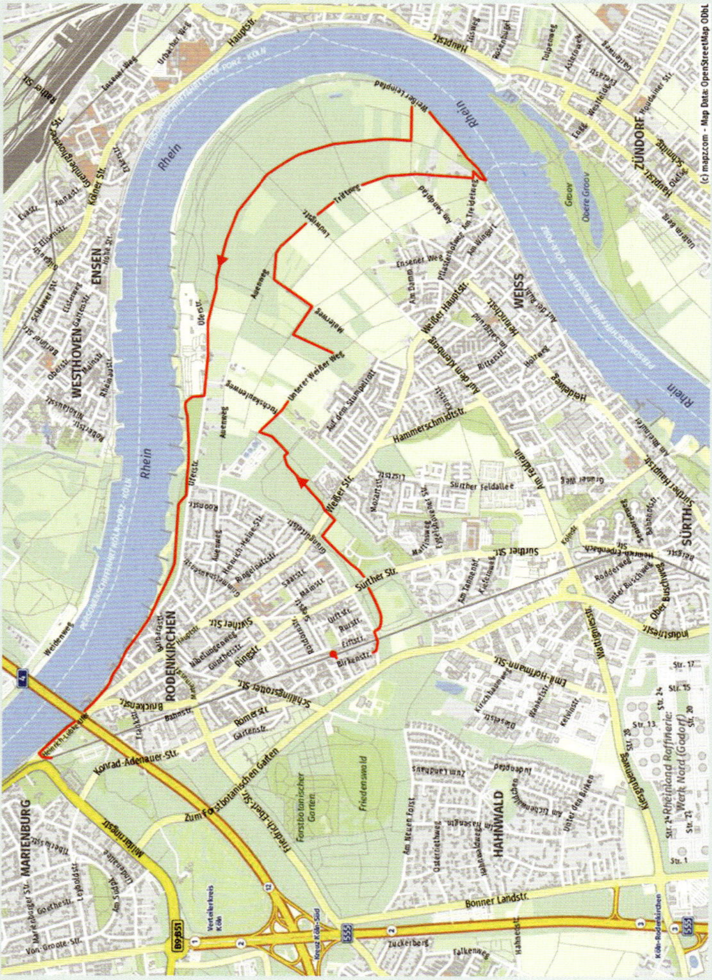

Verzauberte Landschaft – Wald im Weißer Bogen

9

Von Rodenkirchen querfeldein nach Weiß und weiter zum Fischerdorf am Rhein

Länge	13 Kilometer
Wanderzeit	3,5 Stunden
Start	Haltestelle Siegstr. (Stadtbahn), Köln – Rodenkirchen von KVB-Linien 16 und 17
Ziel	Haltstelle Heinrich-Lübke-Ufer, Köln – Marienburg von KVB-Linien 16 und 17 sowie Bus 130, Fähre Weiß-Zündorf
Track	WiK-T9-WeisserBogen.gpx
Wanderkarte	Kölnpfad. Der Kölner Rundweg, 1:25.000
Einkehren	**In Gasthäusern am Markt und an der Marktstraße**
Einkehren in Rodenkirchen	**Bootshäuser und Gastäuser** am Rodenkirchener-/ Marienburger Rheinufer

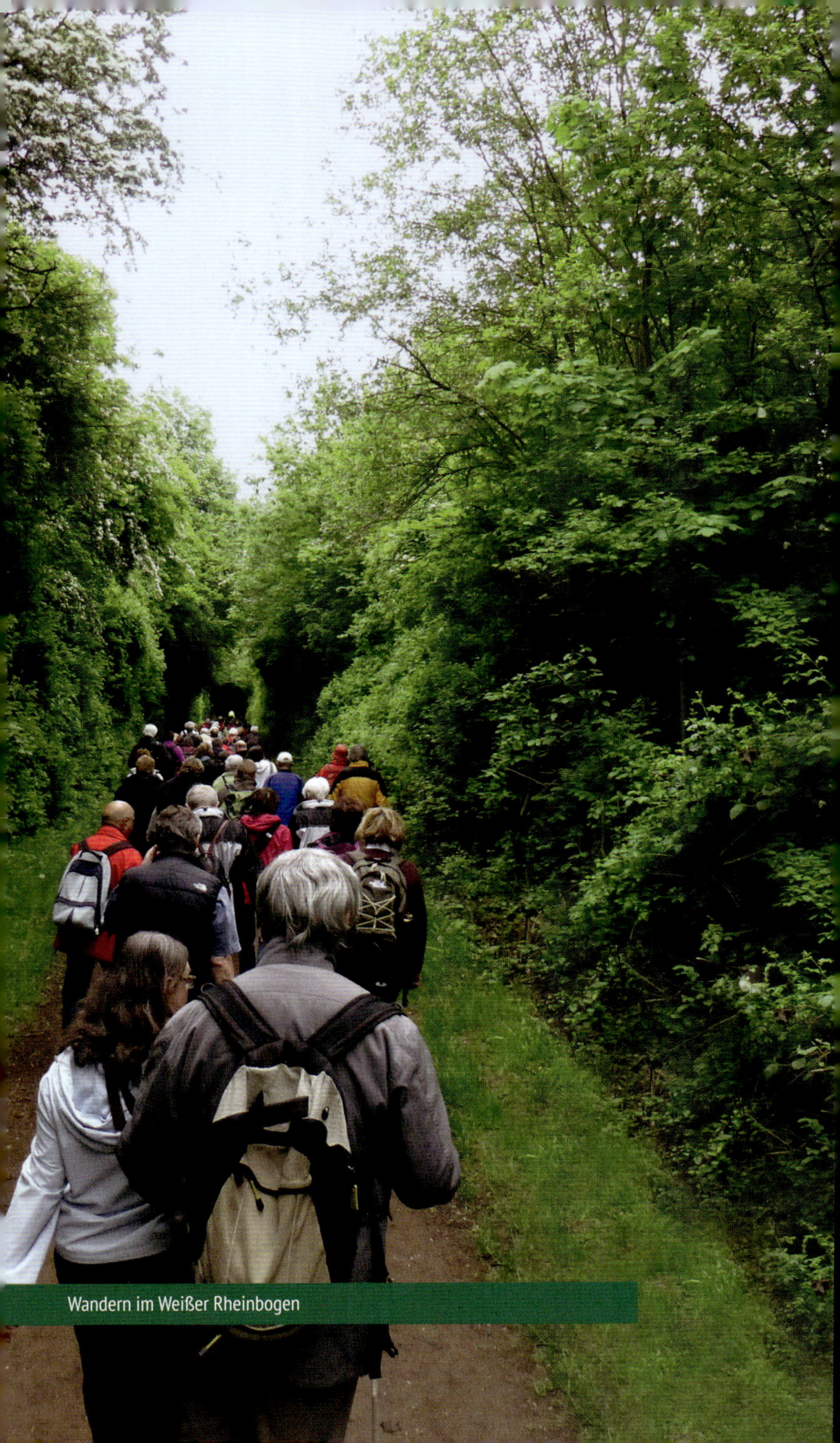

Wandern im Weißer Rheinbogen

Wir wandern im Schutzwald der Brunnengalerie der RheinEnergie im Weißer Bogen. Hier wird Wasser für die Trinkwasserversorgung Kölns gewonnen. Fast überall ist junger Forst und dank der Pappeln und schnell wachsender Hölzer ist die Jugend des Waldes kaum wahrnehmbar. Wir erleben eine gemischte Parklandschaft aus Äckern, Pferdekoppeln, Streuobstwiesen, Waldinseln, streifen die Weißer Fähre und zum Schluss unserer Wanderung die Rodenkirchener Riviera mit dem großartigen Blick auf die Skyline der Kölner City mit Dom, Kranhäusern, KölnTurm und Colonius. Und wir laufen nicht einfach am Rhein entlang, sondern nutzen die Waldwege.

Die Landschaft, in der wir wandern, wird Weißer Bogen genannt. Unsere Route läuft teils im Hochflutbett des Rheins. Bestückt ist sie mit Hybridpappeln und Silberweiden im Wechsel mit Grünland zwischen Rheinufer und Auenweg. Schotter und Sande, Auenlehme und Löss machen den Boden für die landwirtschaftliche Nutzung schon seit Jahrtausenden attraktiv. Bis in die 1950er Jahre ging der Blick von Rodenkirchen bis Sürth, dessen Kirchturm weithin sichtbar war. Ufernah herrschten vor der Anlage des Wasserschutzwaldes in den 1960er Jahren Weichholzarten, dominiert durch schnell wachsende Pappeln. Ihre Pflanzung hatte das Wasser- und Schifffahrtsamt gefordert, um den Bogen vor Abtragung durch Hochfluten zu schützen. Erst das Bestreben, die Trinkwasserversorgung Kölns zu sichern und zu verbessern, führte zur Anlage von Waldgebieten – dominant mit Buche bepflanzt. Seit Jahrzehnten wird die Umwandelung eines Weichholzauenwaldes in einen Hartholzauenwald betrieben.

Wir starten an der Haltestelle Siegstraße, gehen am Bahnübergang den leicht abwärts geneigten Weg mit den rechts liegenden Häusern mit roter Ziegelfassade und erreichen die **Birkenstraße**. Kaum haben wir uns nach links gewandt, sehen wir vor uns das Waldgebiet, das uns in wenigen Minuten zu unserer Wanderung aufnimmt. Am Ende der **Birkenstraße** biegen wir nach links in den Straßenabschnitt **An den vier Linden**, unterqueren die Stadtbahnstrecke Köln – Wesseling – Bonn der KVB-Linien 16 und 17 und biegen kurz danach nach rechts in den Waldpfad ein. Wir sind jetzt bis zur Weißer-Fähre auf dem Kölnpfad, dessen Wegzeichen uns Orientierungshilfe geben. Zwischen einem Waldstreifen und rechts befindlichem Ackerland geht es sofort nach links. Bedeutsam ist, dass wir nun erst mal in einem vor ca. 60 Jahren mit Bäumen bepflanzten Grünzug wandern, der sich vom Friedenswald her im Bogen zwischen zwei Siedlungsgebieten bis zum Rhein erstreckt. Wir überqueren die **Sürther Straße** und nehmen das zum Friedhof weisende Schild als unsere Richtschnur. Kurz bevor wir die **Weißer Straße** erreichen, biegen wir nach rechts in einen Waldpfad ein, gehen ungefähr 150 Meter auf dem sich schlängelndem Pfad und dann links zur **Weißer Straße**. Jenseits dieser stärker befahrenen Straße laufen wir in einem jungen Forst.

Junge Stämme rechts und links, dicht gestellt und gereiht muten an wie ein Bambushain. Das Laub raubt uns diese Illusion. Nach dem ersten querenden Weg fallen uns linker Hand die in Reihe gesetzten Nadelbäume auf und beim näheren Hinsehen erkennen wir: Am ganzen Weg setzt sich die Reihenpflanzung fort, aber Nadelbäume werden rarer und mehr Buche wird sichtbar. Doch die Reihe bleibt. Nach ca. 450 Metern verschwenkt der Weg nach rechts. Wir folgen dem verschwenkenden Weg und gehen geradeaus bis zu einer versperrenden Schranke. Dort geht es nach rechts auf den **Unteren Weißer Weg**. Auf der linken Seite sehen wir über Baumkronen hinweg auf der Schälsick die Kirchturmspitze von St. Laurentius in Porz-Ensen. Auf der Teerstraße wandernd, hören wir links alsbald das Ploppen von Tennisbällen. Weiter laufen wir an Pferdekoppeln vorbei und blicken auf hoch aufragende Pappeln. Wir erreichen Wald und schwenken in den nächsten links abgehenden Weg. Hohe Pappeln, alter Holunder umgeben uns und ein größeres Eibengebüsch macht Eindruck. Eibengebüsche befinden sich vereinzelt in den Kölner Waldgebieten – z. B. auch im Gremberger Wäldchen und im Nüssenberger Busch. Große Eibenbestände existieren in Deutschland praktisch nicht mehr. Sie verschwanden im Mittelalter, weil ihr Holz für kampfwichtige Langbögen verwandt wurde, die sogar in den Export gingen. 1568 wurde vermeldet, dass es für den Langbogen kein Eibenholz mehr in Bayern gebe. Hier im Forst wurde Eibe – die älteste und schattenverträglichste Baumart Europas - zwecks Erhalt der Baumart gepflanzt.

Der nächste Querweg, **Ensener Weg** genannt, wird von uns nach rechts genommen bis zum **Malerweg**. Er ist der nächstfolgende Weg. Vor uns liegt eine große Ackerfläche, die sich nach rechts ausbreitet, jedoch durch Waldstreifen gegliedert wird. An dieser Wegkreuzung geht es nach links. In den Waldarealen sind – von den Wegen aus nur zu erraten – Streuobstwiesen der RheinEnergie. Dass wir uns auf der richtigen Route befinden, können findige Beobachter an den Wegzeichen des Kölnpfads erkennen. Es wird aber auch deutlich, wenn wir das auffällige Pumpenhaus am **Malerweg** passieren. Es liegt

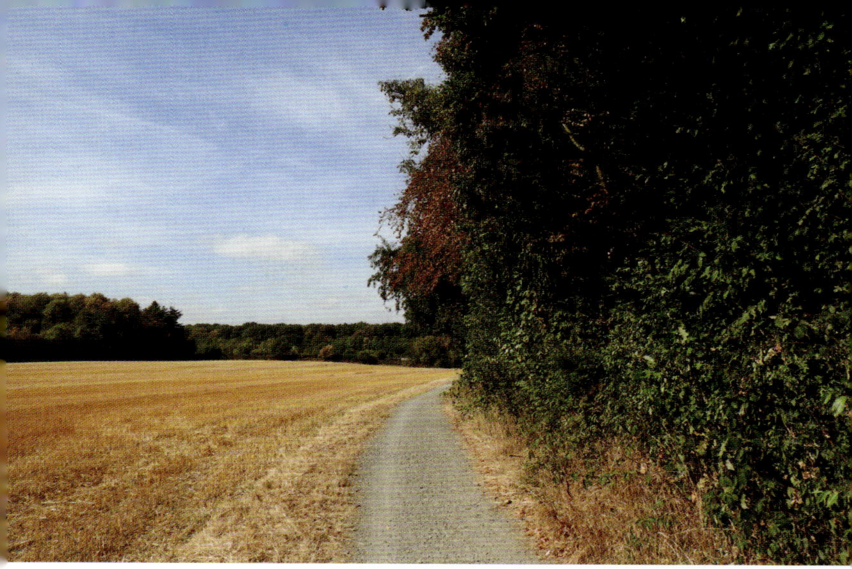

Wechselvolles Landschaftsbild - Acker und Wald

westlich der Brunnengalerie, die sich im Bogen vom **Auenweg**, über die **Ludwigstraße** bis zur **Weidengasse** hinzieht. Hier wird aus dem Grundwasserstrom des Rheintals und dem in die Sand- und Kiesschichten des Rheinufers versickernden Rheinwassers Rohwasser gewonnen und vom Pumpenhaus aus zum Wasserwerk am Zugweg in der Kölner Südstadt gepumpt. Dort wird es zu Trinkwasser aufbereitet.

Wir gehen mit dem **Malerweg** durch die Biegung – sehen in ihr auf den Streifen der Brunnengalerie, treffen auf den **Auenweg** und gehen auf ihm nach rechts weiter. Nach Querung der **Ludwigstraße** – wir sind hier offensichtlich nicht an einer der bedeutendsten Prachtstraßen Münchens, sondern auf einem ehemals von Godorf herkommenden Feldweg – läuft unsere Route auf dem **Triftweg**, der nahe der Weißer Fähre auf den **Treidelweg** trifft. Triftwege bedeuten in den Gefilden der Kölner Bucht Viehwege zwischen Stall und Weide. Am querenden **Sandpfad** sehen wir erneut Reitpferde auf der Koppel. Alsbald lädt sich der **Triftweg** politisch und kulturell bedeutsam auf. Auf der schmalen Teerstraße **Triftweg** gibt es naturgemäß nichts Auffallendes. Vor Haus 26 jedoch liegt fast mitten in der Straße eine Messingplatte – groß wie ein Pflasterstein. Gunter Deming, der Erinnerungs- und Aktionskünstler, hat hier am 1. März 2011 einen Stolperstein verlegt. Er ist dem Andenken an Else Helbig gewidmet. Die jüdische Frau zog zusammen mit ihrem Mann hierhin, nachdem das Ehepaar sein Haus

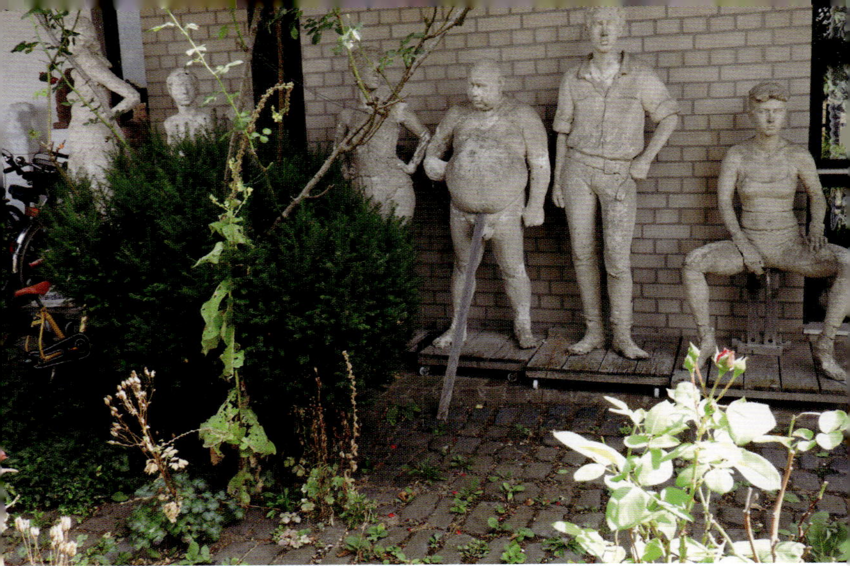

Werke einer Kunstwerkstatt

in Bayenthal 1939 aufgeben musste. Die Jüdin wurde 1943 verhaftet und ins Fort V in Müngersdorf – ein Sammellager für Juden aus Köln und Umgebung vor dem Transport in die Vernichtungslager – verschleppt. Seitdem fehlt jede Spur.

Wir nähern uns einer am Weißer Rheinufer wichtigen Wegkreuzung und passieren Haus 2 am **Triftweg**. Es fällt uns wegen der mächtigen und repräsentativ zur Schau gestellten Figuren im Vorgarten auf. Der Künstler – Hon Sang Tong – der für diese Skulpturen verantwortlich ist, kommt aus Peking, hat an der Düsseldorfer Akademie sein Können erweitert, wurde Mitarbeiter am Lehrstuhl für Plastik der RWTH Aachen (Rheinisch-Westfälische Technische Hochschule Aachen) und hatte dort zeitweilig eine Lehrstuhlvertretung. Die Figuren sind Abbilder lebender Modelle und wurden zusammen mit Studierenden in Werkstattseminaren gestaltet. Der Schatz der Figuren ist reicher als wir Wanderer zu sehen bekommen. Er befindet sich im Garten hinter dem Haus und bleibt Besuchern eher verschlossen.

Am Treffpunkt von **Leinpfad**, **Triftweg** und **Uferstraße** steht die fast 200 Jahre alte Friedenskapelle mit einem Kreuz aus dem Jahre 1953. Die Inschrift lautet: „Gib Frieden Herr in unseren Tagen". Wir erinnern uns: 1953 war der Zweite Weltkrieg erst acht Jahre vorüber. In Korea war das letzte Jahr des 1950 begonnen Krieges, in den die

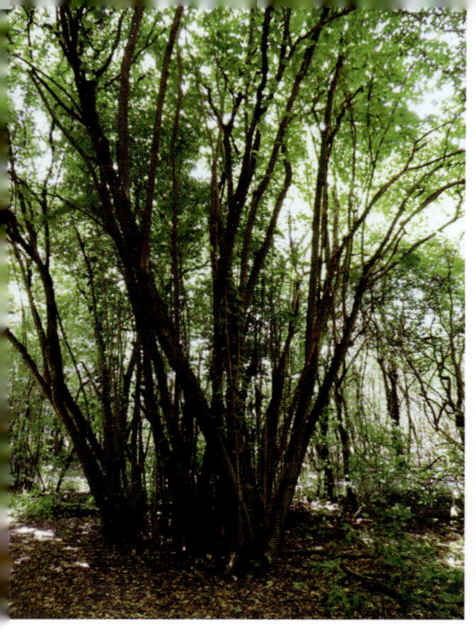

Stockausschlag - mehrere Triebe aus einem Stock

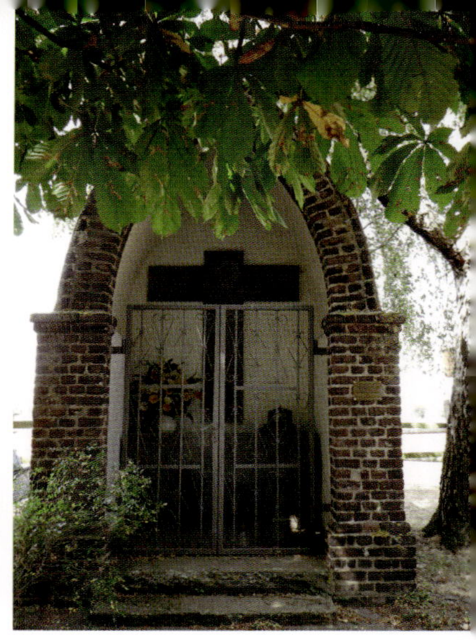

Friedenskapelle beim Weißer Fähranleger

USA, China und Russland verwickelt waren. Die beiden Großmächte verfügten über die Wasserstoffbombe. Die Welt befand sich im Kalten Krieg – mehrfach an der Schwelle zu einem verheerenden Atomkrieg. Am Rhein wurden Rampen für die Querung des Stroms mit Panzern gebaut – als Ersatz für zerstörte Brücken. Unweit der Kapelle gab es eine solche Rampe, die heute verbotenerweise hin und wieder als Parkplatz genutzt wird. Bei der Wegkreuzung steht eine Umgebungskarte mit Hinweis zur Fähre Weiß – Zündorf.

Wir haben hier drei Möglichkeiten: Wir folgen der Routenbeschreibung. Alternativ fahren wir über den Rhein, machen in Zündorf unsere Einkehr und gehen nach der Rückfahrt in Richtung Rodenkirchen. Oder wir fahren nach Zündorf und gehen nach der Einkehr dort zur Haltestelle Zündorf der Linie 7 und der Busse 164 und 167.

Von der Kartentafel oder der Fähre aus gehen wir zum ufernahen Fuß- und Radweg und wandern rheinabwärts. Da wir den Wald genießen wollen, nehmen wir den nächsten links landeinwärts abgehenden Weg, der den Namen **Sandweg** trägt. Eine mächtige Pappel, scheinbar dreistämmig aus einem Stock getrieben, steht an der Abzweigung. Wir blicken an ihr vorbei auf eine große Weide, auf der oft Kühe stehen. Weiter landeinwärts biegen wir dann nach rechts in die **Uferstraße**, wo bald der Teerweg in einen Sandweg übergeht. Auf den

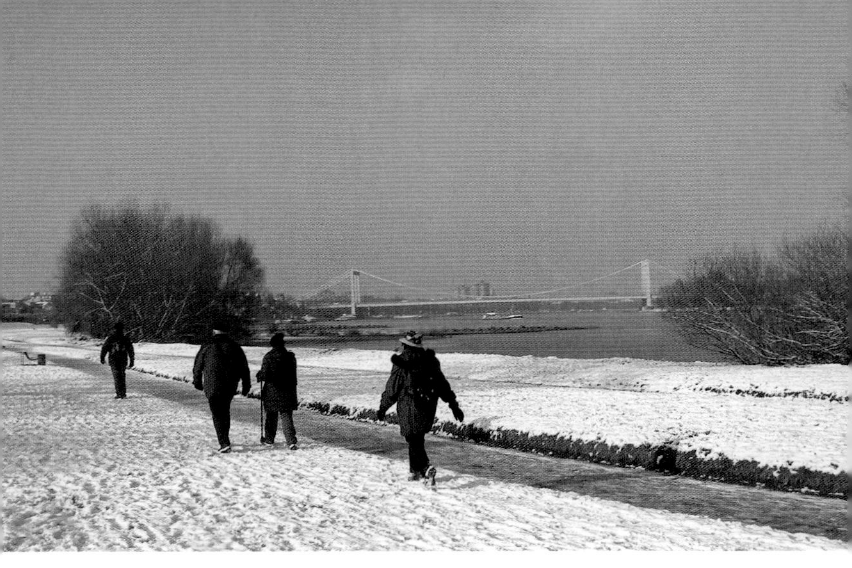

Winter an der Rodenkirchener Riviera

nächsten zwei Kilometern erleben wir fast nur Wald, dessen kühlende Wirkung wir an heißen Sonnentagen gerne genießen. Der Grund für die Kühle liegt im Wald: Das Laub der Kronen beschattet den Boden und in den Kronen verdunstet Wasser, was Verdunstungskälte bewirkt.

Am Weg treffen wir wieder auf Hinweise zur Wassergewinnung bzw. auf Aufforderungen und Anlagen zum Wasserschutz. Ein bisher in den Stadtwäldern seltenes und auch unerwünschtes Gewächs macht sich am Weg bemerkbar: Das Drüsige Springkraut auch Indisches Springkraut, Rotes Springkraut oder Bauernorchidee genannt – ein Anzeiger für feuchten, nährstoffhaltigen Boden. Im Weißer Bogen, bevor der Wald gepflanzt wurde, war hier Landwirtschaft. In der Vergangenheit überschwemmte der Rhein immer wieder diesen Bereich und lagerte fruchtbare Auenlehme auf sandig-lössigem Untergrund ab. Bis jedoch hier typischer und mächtig gelagerter Waldboden entstanden ist, dürften noch Jahrhunderte vergehen. Ein Teil des Weichholzauenwaldes wurde auf der Strecke von der Ludwigstraße bis zum Minigolfplatz beim Rodenkirchener Campingplatz 1990 in der Orkanserie „Daria", „Vivian" und „Wiebke" geworfen. Die Pappeln, die den Boden vor Abtrieb schützen sollten, hielten dem Sturm nicht stand. Die folgende Neuaufforstung orientierte sich am Programm des Hartholzauenwaldes. Er stellt hier die zweite Waldgeneration dar.

Nach ungefähr 30-minütiger Wanderung verlassen wir das Waldgebiet und gehen am Rodenkirchener Campingplatz entlang. Hierher fahren Samstag und Sonntag auch Busse der Linie und 135. Das nur nebenher. Am Ende der Campinganlage gehen wir nach rechts dem Rheinufer zu. Wir achten auf das Verkehrszeichen für Fußwege. Pappeln bilden in der von Süden nach Norden lang gestreckten Wiese anfänglich eine Allee, wenig später sind junge Pappeln in Richtung Böschung gesetzt. Beim Wohnpark Rodenkirchen fällt uns ein künstlerisch gestaltetes Bauwerk auf. Seine Fassade macht den Eindruck eines umschlungenen, weitmaschig gestrickten Wollschals. Wir sehen das südlichste Hochwasserpumpwerk Kölns, dem der Architekt an der Grenze zwischen Siedlung und Grünland eine besondere Erscheinung verleihen wollte. Wenig später macht an der Rodenkirchener Riviera eine dichte, schön geformte Trauerweide Eindruck vor der Villenreihung am Hochufer – teils im Bauhausstil oder historisch-klassisch mit Türmchen, Erkern, Giebeln. Am Rheinufer spielt sich bei Prachtwetter reges Strandleben ab – rivieramäßig eben.

Vor uns taucht die romanische Kirche Alt St. Maternus auf. Von dieser Kirche im Mittelpunkt des Fischerdorfes Rodenkirchen gingen im Mittelalter Schiffsprozessionen gegen Hochwasser aus. Laut einer Sage trieb ein Boot mit dem verstorbenen ersten Kölner Bischof Maternus flussaufwärts gegen die Anhöhe, woraus die mehr oder weniger frommen Bürger schlossen, hier sei eine Kirche zu bauen. Nach einer anderen Erzählung ließ Erzbischof Severin die Kirche für seinen Vorgänger errichten.

Beim Vorbeigang an den am Rheinufer stehenden Häusern, staunen wir über die Höhe der Hochwasserschutzvorrichtungen. Wir wähnen uns bei der Anlegestelle der Personenschifffahrt bei Hochflut ganz schön weit unter der Wasseroberfläche des hochgegangenen Flusses. Hier an der Anlegstelle wird noch einmal eine Entscheidung fällig: Wir können in ihrem Umkreis unsere Schlusseinkehr in den Bootshäusern machen und dann mit dem Boot in 80 Minuten nach Köln fahren oder zur Haltestelle der Bahnen 16 und 17 gehen und dann fahren, wohin wir wollen oder müssen. Dazu gehen wir von der Anlegestelle auf dem Fuß- und Radweg noch ungefähr 850 Meter, genießen das eindrucksvolle Stadtpanorama, gehen die Rampe beim Anleger des Marienburger Bootshauses hoch und dort nach links zur Haltestelle Heinrich-Lübke-Ufer.

Saatkrähe

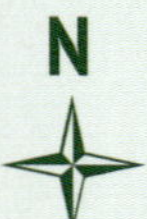

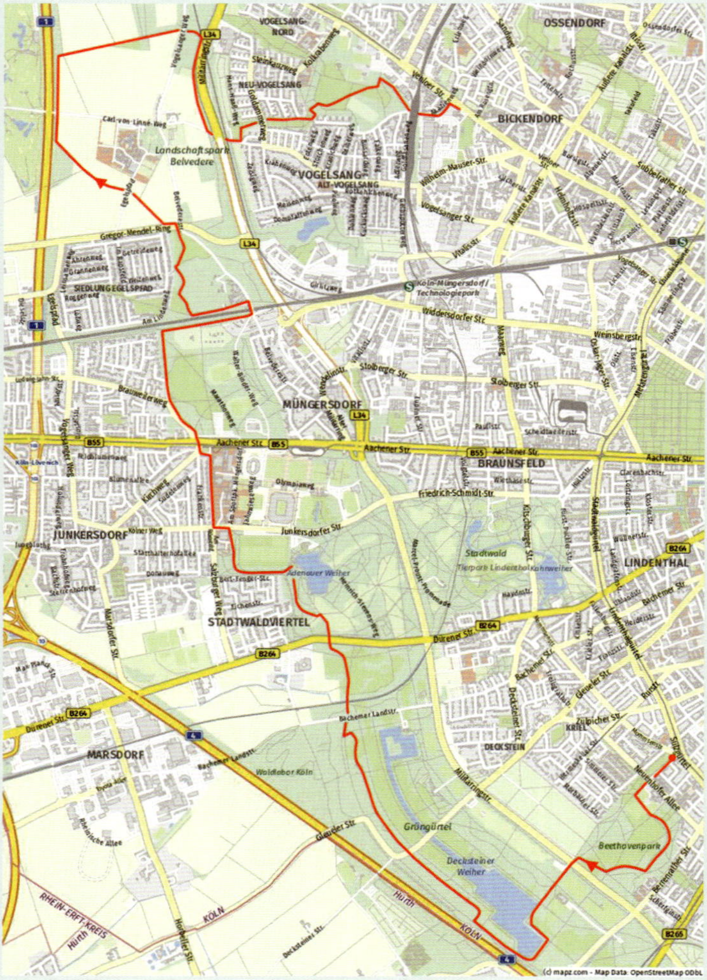

(c) mapz.com - Map Data: OpenStreetMap ODbL

Von Sülz nach Bickendorf

Länge	17 Kilometer
Wanderzeit	ca. 5 Stunden
Start	Haltestelle Euskirchener Str., Köln – Sülz von KVB-Linie 13
Zwischenziele	Haltestelle Stüttgenhof, Köln-Marsdorf, Linie 7 oder Haltestelle Junkersdorf, Köln-Junkersdorf, KVB-Linie 1 sowie der Busse 141 und 143
Ziel	Haltestelle Akazienweg Köln-Bickendorf der KVB-Linien 3 und 4, alternativ: Haltestelle Äußere Kanalstr., Köln – Bickendorf der KVB-Linien 3 und 4 sowie der Busse 139, 140, 141, 143
Track	WiK-T10-Suelz.gpx
Wanderkarte	Kölnpfad. Der Kölner Rundwanderweg, 1:25.000
Einkehren	**Distinto Restaurant** Kirchweg 8, 50858 Köln (Junkersdorf) Tel.: 0221 50067999 info@distinto-restaurant.de www.distinto-restaurant.de Öffnungszeiten: Mo – So: 11.00 – 24.00 Uhr tgl. durchgehend warme Küche, **Bickendorfer Hof** Rosengarten 78 / Ecke Venloer Straße, 50827 Köln (Bickendorf) Tel. 0221 29919630 info@bickendorfer-hof.de www.bickendorfer-hof.de Öffnungszeiten: Di – Sa ab 17.00 Uhr, So ab 12.00 Uhr, Ruhetag: Montag

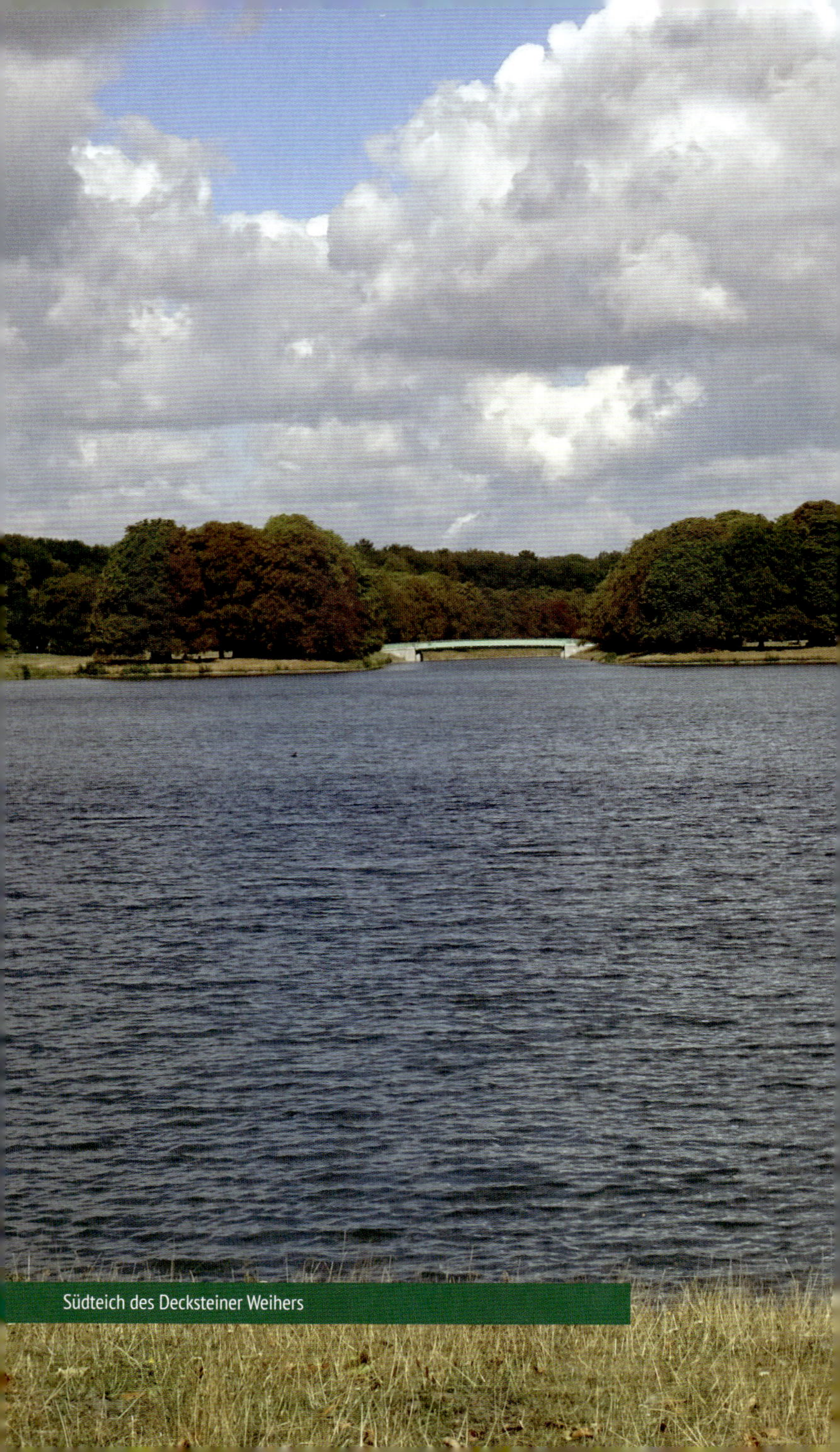

Südteich des Decksteiner Weihers

Die Wanderung führt durch bewaldete Gebiete und Landschaftsparks innerhalb der Stadtgrenzen Kölns im Äußeren Grüngürtel auf der linken Rheinseite. Wir erleben mit Erstaunen die umfangreiche Verknüpfung zwischen Waldstreifen und Waldinseln. Wir gehen auf für Köln ungeahnten Höhen und auf einem lang gezogenen Kammweg, verweilen an Ausblicken auf Weiher, nehmen Sichtachsen und Fernsichten wahr. Im Belvedere Park sehen wir: Die Kölner Wald- und Baumpolitik entwickelt das Konzept des wirtschaftlich genutzten Erholungswaldes in Wohnraumnähe stetig weiter.

Zentrales Renommierstück der Grüngürtelentwicklung ist der Raum zwischen Luxemburger- und Aachener Straße im Äußeren Grüngürtel mit Decksteiner Weiher, Stadtwalderweiterung und Adenauer Weiher. Gut ausgebaut ist auch der Abschnitt vom Heinrich-Lübke-Ufer bis zur Luxemburger Straße. Der Zugang zum Äußerem Grüngürtel erfolgt für diese Route von Sülz aus durch den Beethovenpark, der seine heutige Gestalt nach dem Ende des Zweiten Weltkriegs erhalten hat – ebenso wie die Grünfläche Biesterfeld am Vogelsanger Blocksberg zwischen Vogelsang und Bickendorf am Ende der Route. Die Hügel in diesen Grünflächen entstanden aus dem Trümmerschutt der zerbombten Großstadt und wurden bis in die 1950er Jahre angelegt.

Start der Route ist die Haltestelle **Euskirchener Straße**. Wir überqueren den **Sülzgürtel** und laufen stadtauswärts durch den Parkstreifen – mit Robinien, Eichen und Platanen – auf den Beethovenpark zu. An der **Neuenhöfer Straße** nehmen wir geradeaus den Weg unter den überhängenden Eiben hindurch – vorbei an der Tennisanlage. An deren Ende biegen wir links ein und gehen kurz darauf links in den im Bogen aufwärts führenden Weg zur Aussichtsterrasse mit Ausblick auf den Beethovenpark. Wir schauen auf das Gelände einer ehemaligen Kiesgrube, das 1925 von Fritz Enke als Landschaftspark geplant wurde. Dessen Nachfolger Theodor Nussbaum verwirklichte den Plan 1926/27. Die Erhebung mit dem Wetterpilz an der **Berrenrather Straße** entstand 1953 durch Aufschüttung von Trümmern des Zweiten Weltkrieges. Der Hügel wird auch Pilzberg genannt. Noch im Sommer sind Spuren winterlichen Rodelvergnügens auf dem Wiesenhang sichtbar.

Den Ausblick beim Pilz genießen wir in Ruhe und erblicken Merkmale der Enkeschen Landschaftsplanung: Weite, offene Flächen mit Randbewaldung und Buschwerk, hin und wieder Solitäre und auch kreisförmig gepflanzte Baumgruppen. Wir überqueren die Terrasse auf dem gekrümmt verlaufenden Weg nach rechts hin, treffen leicht abwärts gehend auf eine Wegspinne und gehen rechts den mittleren, gepflasterten Weg schräg aufwärts. Am Wetterpilz, der wegen seiner guten Sichten während der Silvesterfeuerwerke geschätzt wird, haben wir noch mal einen guten Ausblick auf den Park und darüber hinaus auf das Gelände der Kleingartenanlage Sülz und zu den Waldstreifen am Decksteiner Weiher. Nach dem Wetterpilz geht es aufwärts. Am Querweg biegen wir rechts ab und gehen wieder leicht abwärts bis zu einem Treffpunkt von fünf Wegen. Hier biegen wir nach rechts im rechten Winkel ab. Von der gewählten Route aus sehen wir rechts in 900 m Entfernung den Turm der neobarocken Waisenhauskirche „Zur Heiligen Familie“ in Sülz und das Unicenter, das an der Kreuzung Luxemburger Straße/Universitätsstraße steht – ca. 2000 m entfernt.

Wenn wir links die Bogenbrücke über den Militärring erkennen, gehen wir in diese Richtung und Überqueren auf dem Überführungsbauwerk die viel befahrene Straße. Beim Verlassen der Brücke sehen wir links in Richtung auf das Geißbockheim auf das Gelände des FC und rechts auf ein Waldstück, in dem der 1. FC Köln ein Trainingszentrum beabsichtigte, was aber auf starken Widerspruch stieß. Unter hohen Buchen gehen wir jetzt ein Stück in köln-weltlich heiligem Gelände des Kölner FC – RheinEnergieSportpark genannt. Vorbei am Franz-Kremer-Stadion geht es geradeaus zum Decksteiner Weiher. Kölner Fußballfans sollten Franz Kremer kennen. Er gilt als die treibende Kraft bei der Gründung des 1. FC Köln 1948 durch die Fusion zweier Stadtteilvereine – des Kölner Ballspiel-Clubs 1901 und der Spielvereinigung Sülz 07. Das Stadion, das zu seinem Gedenken benannt ist, wurde von 1966 bis 1971 errichtet und war anfängliche eine Amateurspielstätte. Heute ist es Spielstätte der Jugendmannschaften des FC und war vor dem Aufstieg der Frauenmannschaft des Kölner FC in die Bundesliga in der Saison 2014/15 auch Austragungsort der Heimspiele der FC-Frauen.

Am südöstlichen Ende des Decksteiner Weihers geht es vorbei und nach links in die Platanenallee. Wir laufen bis zur Westseite der Seeerweiterung. Der See lädt nicht zum Baden ein, denn das ist dort verboten. Je weiter wir nach Westen gehen – am links befindlichen TrimmFit-Zentrum vorbei –, um so lauter werden die Fahrgeräusche der Autobahn A 4. An der südwestlichen Ecke der südlichen Seeerweiterung verlassen wir den unmittelbar am See weiterführenden Weg.

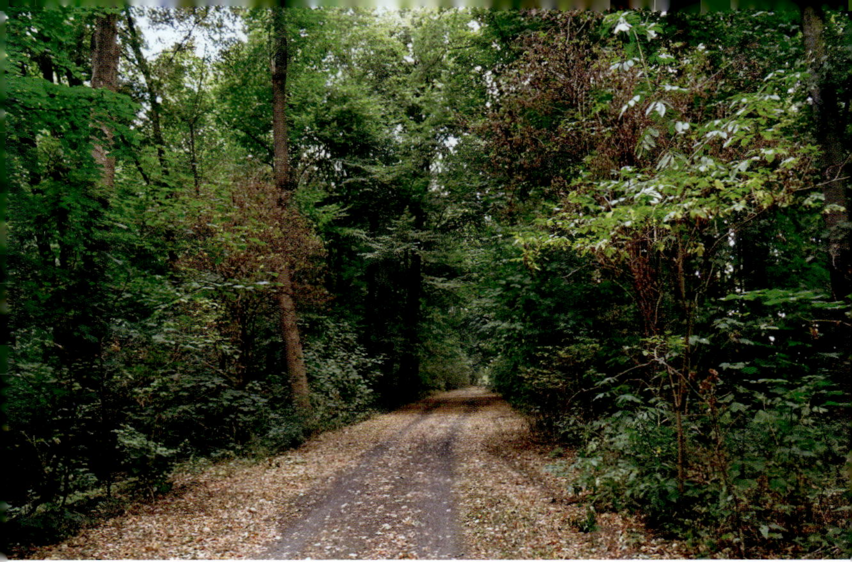

Kammweg auf den Aushub-Aufschüttungen am Decksteiner Weiher

Den Bogen am See ignorieren wir und laufen links in den breiten Weg hinein. Den autobahnnäheren, schmaleren Pfad links lassen wir unbeachtet. Von unserer Strecke gehen wir ungefähr 450 Meter nach Verlassen des Seeufers leicht ansteigend nach rechts ab. Wir bewegen uns von nun an auf dem Kamm eines Dammes, der seine Entstehung dem Aushub des Decksteiner Weihers verdankt. Hohe Buchen begleiten uns in einem 250 Meter breiten Waldstreifen. Nach rechts erblicken wir immer wieder Wiesengelände, manchmal auch die Allee längs des Decksteiner Kanals und den wasserführenden Kanal selbst.

Die Landschaft, um 1918 offenes Land mit Acker und Weide im damaligen Äußeren Festungsring, erhielt ihre Gestalt durch Notstandsarbeiten. Notstandsarbeiten begannen in Köln 1919. Sie waren eine Methode der Arbeitslosenhilfe für Menschen, die durch Demobilisierung der Armee, Ende der Rüstungswirtschaft und die allgemeine Nachkriegsnot arbeitslos geworden waren. Über die unmittelbare Nachkriegszeit nach 1918 hinaus wurde von diesem Arbeitsbeschaffungsmaßnahmen in der Zeit der Hyperinflation und der Weltwirtschaftskrise weiter Gebrauch gemacht. Basis war eine Bezahlung unterhalb des Tariflohns und die Methode galt als eine Form von Arbeitslosenunterstützung, die an die Erfüllung von Arbeitspflichten gebunden war. Die Landschaften des Äußeren Gründgürtels von Marienburg bis Müngersdorf verdanken diesen Maßnahmen ihre

Entstehung. Auch die Zerstörung der militärisch nutzbaren Teile der Festungsanlagen wurde mit Notstandsarbeiten verwirklicht. Das muss man sich vorstellen: Viele Kubikmeter Bodenaushub und -umschichtung wurden vorwiegend in Handarbeit, mit Hacke, Schaufel und Kårre bewältigt.

Ungefähr 2000 Meter bleiben wir auf dem „Kammweg". An der den Damm durchschneidenden **Gleueler Straße** durchqueren wir eine Senke und laufen anschließend wieder auf der Höhe des Walls. Ungefähr 250 Meter nach der Senke treffen wir auf eine freigehaltene Stelle mit Aussicht auf den Decksteiner Kanal und auf einen Aufstieg über dem Niveau unserer Route. Eine Bank lädt zur ruhigen Betrachtung ein. Hier gab es einmal, bevor am Kanal die Alleebäume hoch gewachsen waren und sich die Waldstreifen am Militärring entwickelt hatten, eine Blickachse über Fort VI hinweg zu den Turmspitzen des Kölner Doms. Davon ist nichts mehr zu sehen, aber es bleibt der Blick auf die Parklandschaft am Decksteiner Weiher. Die Pointe dieser Wegstelle ist, dass trotz fehlenden Ausblicks die ursprünglichen Absichten der Planer durch Freischnitt der ehemligen Aussicht sichtbar bleibt. Noch einmal müssen wir durch eine Senke. Die Lücke im Damm ermöglicht eine Verbindung der Neuanlage des „Waldlabors" mit den Uferwegen des Decksteiner Weihers. Nach der Senke geht es wieder aufwärts – auf mehreren Pfaden. Wir nutzen den sanfter aufsteigenden Weg und treten nach dem Aufstieg aus der Busch-Wald-Region heraus. Rechts steht eine auf die Kölner Innenstadt hin ausgerichtete Bank. Jenseits des offenen Geländes ragen rechter Hand über die Baumwipfel die Spitzen des Colonius hervor – sehr einsam, aber auch sehr eindrucksvoll. Aus einer folgenden Geländedelle geht es noch einmal aufwärts. Dabei haben wir mit Blick nach rechts auch eine eindrucksvolle Aussicht auf das Haus am See sowie rückwärts gerichtet auf die lange Bahn des Decksteiner Kanals. Von der folgenden Höhe geht es unter Bäumen auf einem schwach ausgeprägten Serpentinenpfad abwärts. Unten angekommen laufen wir weiter nach rechts in Richtung Norden.

Wir haben hier die Möglichkeit – nach rechts gehend – im Haus am See einzukehren und unsere Route danach weiterzuführen. Wir können aber auch bis zur **Bachemer Landstraße** und dort links zur Haltestelle Stüttgenhof der KVB-Linie 7 gehen und unsere Wanderung beenden.

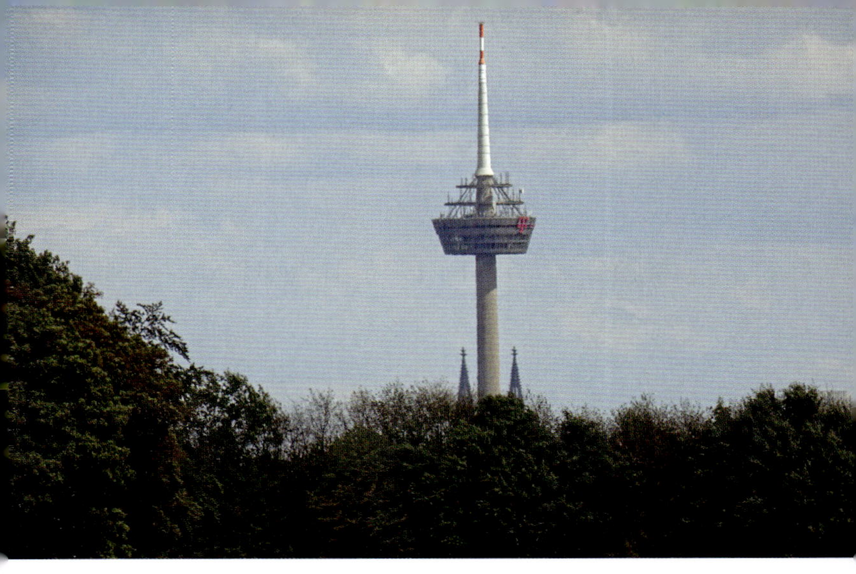

Belvedereausblick - Colonius und Dom auf einen Blick

Zur Fortsetzung unserer Wanderung gehen wir über die **Bachemer Landstraße**, queren achtsam die Gleise der Köln-Frechen-Benzelrather-Eisenbahn und anschließend das neu angelegte Bachbett des Frechener Baches. Auf dem geradeaus gehenden Weg durchlaufen wir das Arboretum. Dabei passieren wir den nach links abzweigenden Weg der Erlebnisroute West. Eindrucksvoll burgartig ragt im Westen das Verwaltungsgebäude von RWE-Power aus dem Wiesen- und Buschgelände heraus. Manche betrachten dieses Bauwerk als ein Vergehen gegen die Idee des Äußeren Grüngürtels. Die Störung des Konzepts eines unbebauten grünen, bewaldeten Gürtels beginnt jedoch schon früher mit der Errichtung der Etzelkaserne – jenseits der Dürener Straße – in den Jahren 1936 – 1939 für die deutsche Wehrmacht. Heute befindet sich auf dem ehemaligen Kasernengelände, das die belgischen Streitkräfte bis 2003 nutzten, das durchaus attraktive Stadtwaldviertel Junkersdorf.

Nach Überquerung der **Dürener Straße** gehen wir bis zur Wegspinne und biegen nach links ab. Über den rechts mehr am Westhang aufwärts führenden Weg (nicht die steile Gerade nehmen) gelangen wir auf den Adenauer Hügel am Adenauer Weiher – mit dieser Namensgebung wurde die Leistungen des ehemaligen Kölner Oberbürgermeisters für die Grünpolitik in Köln gewürdigt. Der Hügel wurde aus dem Aushub des Weihers aufgeschüttet und sollte ursprünglich als Aussichtspunkt auf das Areal der Stadtwalderweiterung und das Kölner Stadtgebiet im Nahbereich dienen. Heute ist keine weite Aussicht mehr möglich. Von dem im Wald liegenden Gipfel unseres Weges wenden wir uns abwärts dem Weiher zu. Am Weiher laufen wir auf den römischen Sarkophag zu, der hier als Erinnerung an Ausgrabungen eines römischen Gutshofes in den 1920er Jahren steht.

Am Sarkophag schlagen wir die Richtung nach rechts längs der Jahnwiese ein. Auffällig wird nach 250 Metern das Jahndenkmal. Die hohe Säule, gekrönt von vier „F", die das Motto der Deutschen Turnerschaft „Frisch, Fromm, Fröhlich, Frei" symbolisieren, wurde 1928 zum Beginn des Deutschen Turnfestes anlässlich des 150. Geburtstages von Turnvater Jahn errichtet. Heute wird es durch hohe Buchen fast verborgen. Wir biegen nicht unmittelbar dem Kölnpfad folgend rechts ab, sondern gehen einige Schritte weiter und dann nach rechts. Der nun eingeschlagene Weg führt durch das Gelände der Sporthochschule am Olympiastützpunkt Rheinland und dem Schwimmzentrum SpoHo vorbei zur **Junkersdorfer Straße**. In sie wenden wir uns nach links und wieder rechts in die Straße **Am Römerhof**. Sie führt uns zum kleinen Park **Am Römerhof**.

Im Umkreis des Parks haben wir eine weitere Möglichkeit zur Einkehr (am Kirchweg) oder zur Fahrt von der Haltestelle Junkersdorf mit der KVB-Linie 1 und den Bussen 141 und 143.

Wir queren in Verlängerung der Straße **Kirchweg** die **Aachener Straße** und laufen auf dem Fuß- und Radweg parallel zur Straße **Brauweiler Weg** weiter, bis die Straße einen Linksknick macht. Dort führt unser Weg geradeaus weiter. Auf dem Wiesengelände rechts sehen wir Überreste – Hürden aus Baumstämmen – einer Trainingsstrecke für Reiter. Wir laufen, im Frühjahr begleitet von Bärlauch, bis vor die Bahngleise der Strecke Köln – Aachen, biegen dort nach rechts ab. Anfänglich sehen wir im Herbst zahlreich den auffälligen Aronstab. Bis zur Belvedere Brücke passieren wir die Kleingartenanlage „Waldfrieden". Diese Bezeichnung kaschiert eine üble Vergangenheit. Hier befand sich nämlich bis 1945 ein Sammellager der Nationalsozialisten – vorwiegend für Juden, aber auch für Kriegsgefangene und vermeintliche Gegner des Regimes. Ab 1946 begannen hier Kleingärtner, die bis dato nördlich des Aachener Weihers ihre Gärten hatten, das Gelände aber wegen des

Bärlauch

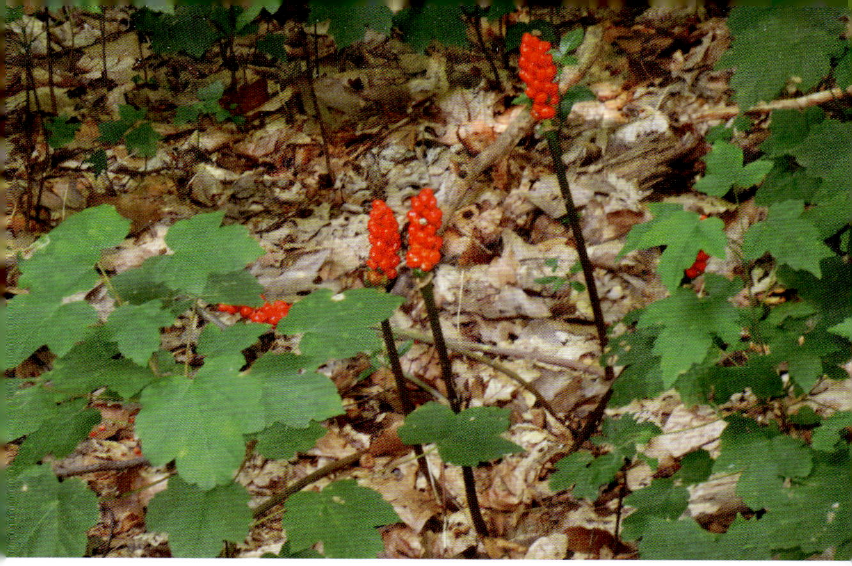

Aronstab an Müngersdorfer Wegen

Zirkus Williams verlassen mussten, Gärten anzulegen. 1947 erteilte die Stadt Köln die Genehmigung für den Betrieb eines Kleingartenvereins.

Unser Waldweg mündet in die **Belvederestraße**. Wir gehen über die Eisenbahnbrücke und sehen links ein größeres klassizistisches Bauwerk, den Bahnhof Belvedere. Wir stehen beim ältesten erhaltenen Eisenbahnbahnhof Deutschlands, der 1839 Endstation des ersten Streckenabschnitts von Thürmchenswall bis Müngersdorf – einer nach Aachen und Antwerpen geplanten Eisenbahnstrecke war. Sie erhielt den Namen „Eiserner Rhein". Auf ihr sollten die Güter aus den Gewerbegebieten des preußischen Rheinlandes kostengünstig zu den Nordseehäfen transportiert werden können. 1843 wurde die Gesamtstrecke in Betrieb genommen. Warum der Bahnhof Belvedere hieß, kann man an Wintertagen erahnen, wenn man von der Brücke aus durch das entlaubte Geäst der Bäume den Kölner Dom erblickt.

Nach der Brücke biegen wir links ab und wandern auf naturnahem Weg weiter bis zur nächstmöglichen Abzweigung nach rechts. Von hier laufen wir hinter der Freiluga (Städtische Freiluft- und Gartenarbeitsschule) – dem Naturerfahrungsort für Kölner Schüler – und an der Streuobstwiese vorbei auf die Kreuzung **Belvederestraße/Georg-Mendel-Ring** zu.

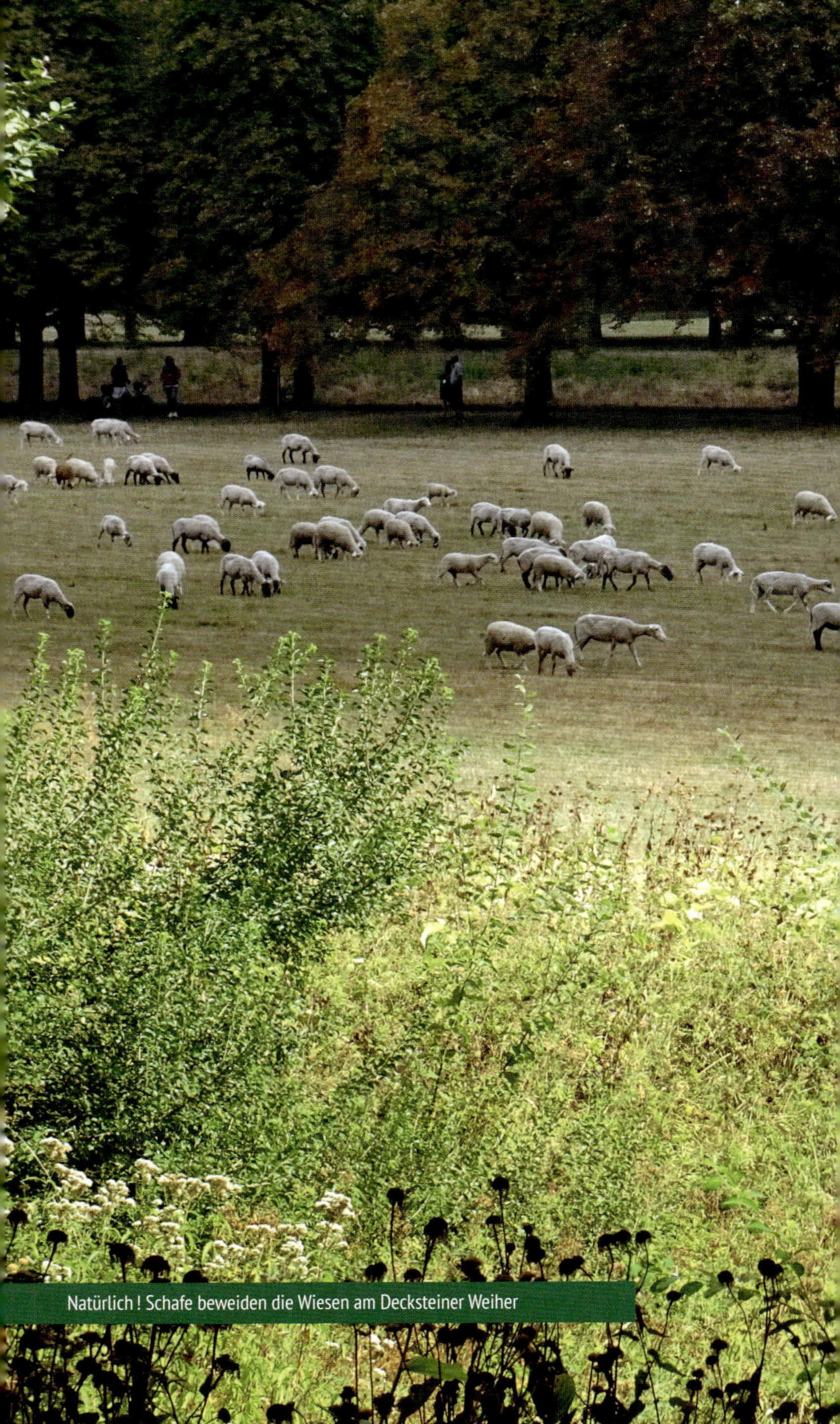

Natürlich ! Schafe beweiden die Wiesen am Decksteiner Weiher

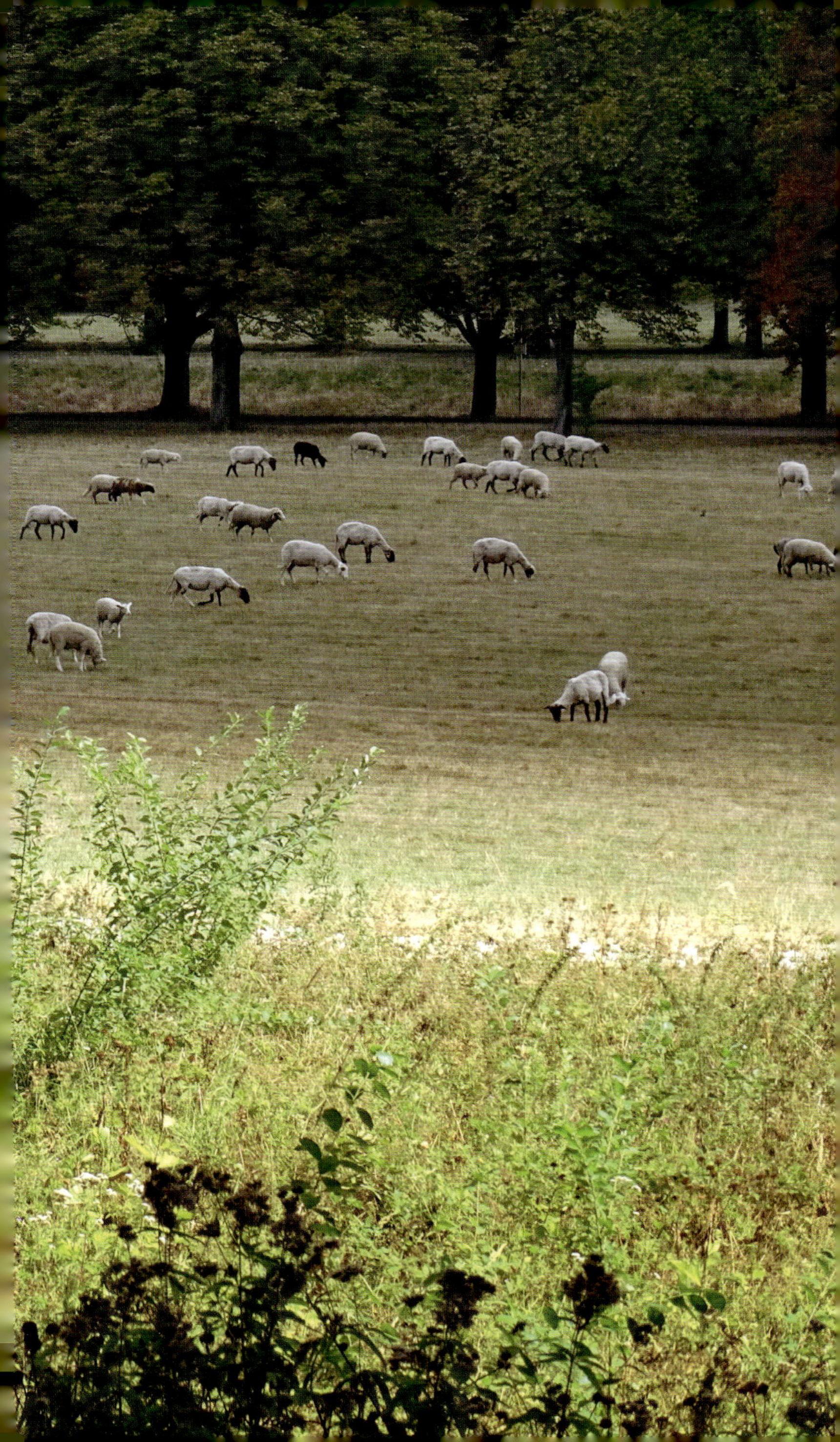

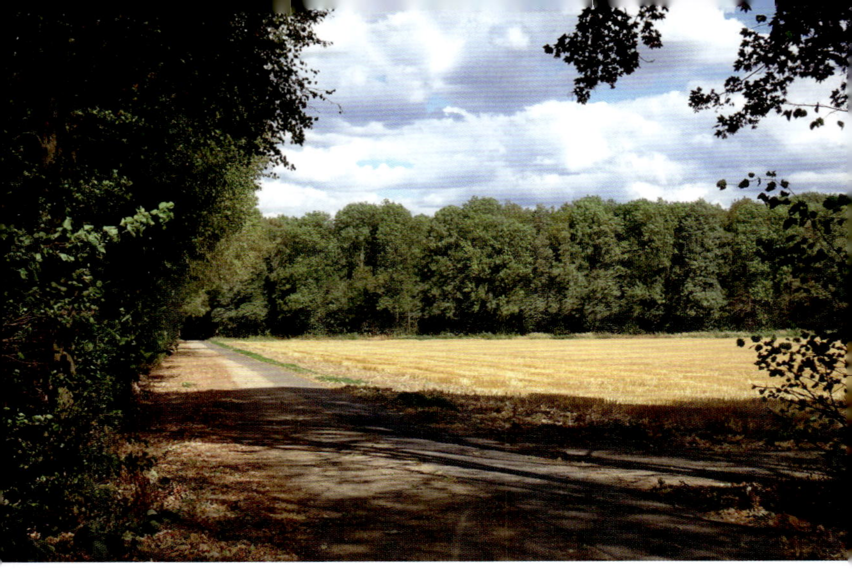

Wechsel von Acker und Wald im Landschaftspark Belvedere

Seit der Belvedere Brücke sind wir im Projekt Belvedere Park. Mit dem Park wurde der Ausbau des Äußeren Grüngürtels, nach Ende des Ersten Weltkrieges geplant und in Angriff genommen, abgeschlossen. Im Äußeren Grüngürtel ist der Belvedere Park ein neuartiger Landschaftstyp. Weil landwirtschaftliche Nutzung – bedingt durch das Max-Planck-Institut für Pflanzenzüchtungsforschung – in die Planung des Naherholungsraums mit einbezogen wurde, erhielt er diese Klassifikation. Waldinseln, Waldstreifen, neue Baum- und Buschpflanzungen werden auf den 300 Hektar Land in den nächsten zwanzig Jahren zu einem völlig neuen Landschaftsbild führen.

An der Kreuzung wechseln wir zum **Georg-Mendel-Ring** und gehen nach links bis zum nächsten nach rechts abzweigenden Weg. Bevor wir in ihm weiterlaufen, blicken wir hinüber zur Glessener Höhe, eine aus Abraum geschaffene Landmarke des Braunkohletagebaus. Seitlich davon erblicken wir in der Ferne die Abtei Brauweiler und daneben weiter zurückgesetzt die Braunkohlekraftwerke. Die Zukunft ihres Charakters als markantes Landschaftszeichen ist von begrenzter Dauer. Hingegen ist die Abtei schon fast ein Ewigkeitsdenkmal.

Wir laufen in eine Allee und passieren eine der oft ironisch kommentierten Aussichtsplattformen. Zunächst: Da Belvedere soviel bedeutet wie „schöne Aussicht", entspricht die Idee der Plattformen und

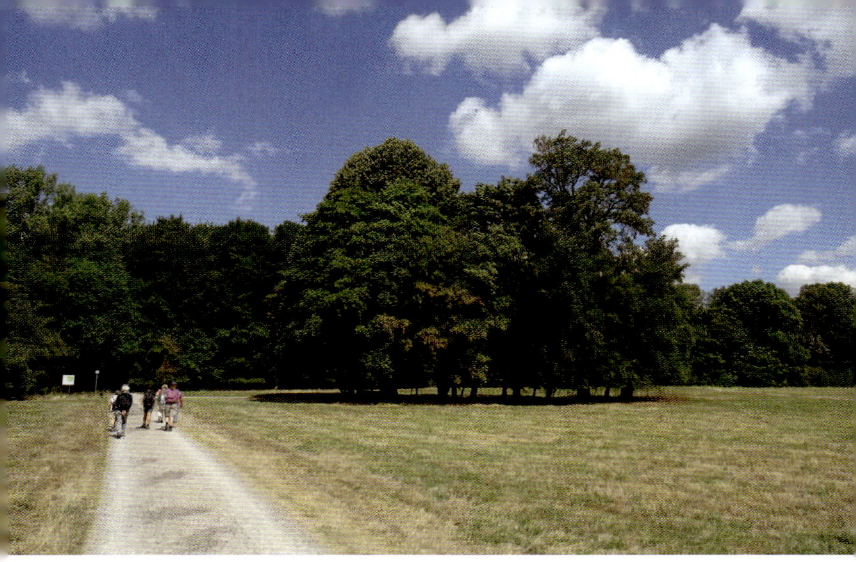

Wandern im Arboretum im Äußeren Grüngürtel

deren Zweck, Aussichten zu ermöglichen, dem Namen des Parkes. Man kann geteilter Meinung über die Sinnhaftigkeit der Plattformen sein. Bei der ersten, auf die wir treffen – mit der Bezeichnung „Blickfang" –, die mit der geringen Höhe leicht zu besteigen ist, haben wir einen wirklich guten Blick in die Bepflanzung des Hangs und der Fläche zwischen der Autobahn 1 und den Äckern. Wir sehen dichtes Buschwerk und heranwachsende Baumstreifen, die in Zukunft optisch und akustisch die Autobahn zum Umland hin abschirmen. Schon jetzt sind Bäume und Buschwerk Sauerstoffproduzenten und Kohlendioxidsammler. Bei der geringen Höhe der Plattform hält sich die Fernsicht in Grenzen. Allerdings wird uns hier die Baumpflanzung im Randstreifen der Autobahn A 1 und dem Belvederepark besonders bewusst.

Wir bewegen uns weiter in Richtung Norden, nähern uns dabei der Autobahn noch mehr und queren den geteerten **Carl-Von-Linné-Weg.** Er führt am Max-Planck-Institut für Pflanzenzüchtungsforschung vorbei. 1927 entstand in der Kaiser-Wilhelm-Gesellschaft – 1948 durch die Max-Planck-Gesellschaft abgelöst – ein Institut für Züchtungsforschung auch mit dem Ziel, durch ein staatliches Institut ertragreiche Pflanzensorten zu gewinnen und dadurch von Einfuhren unabhängig zu werden. 1945 wurde das Institut aus der Nähe Berlins in den Kreis Hameln verlegt. 1956 erhielt es seinen Sitz hier in Köln im Gelände von Gut Vogelsang.

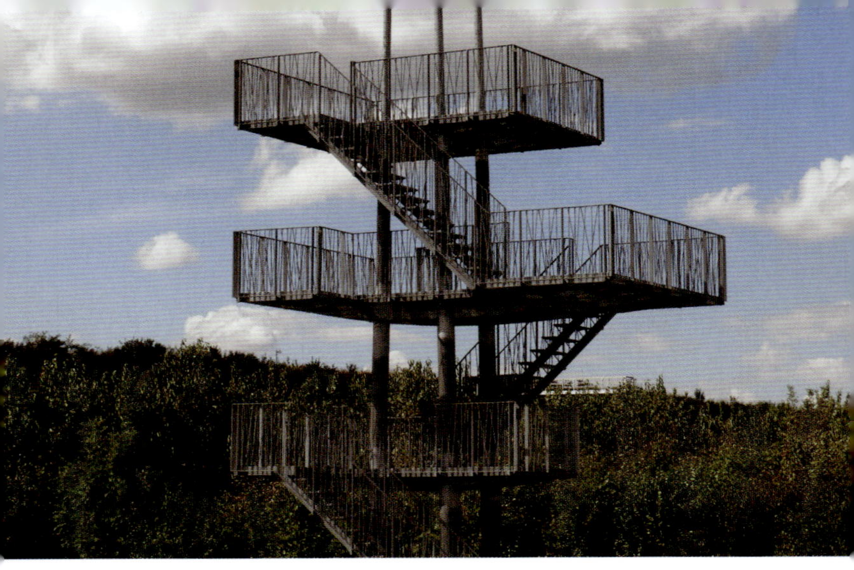

Aussichtsplattform im Belvederepark - kritisiert und gelobt

Unsere Wanderung jenseits des **Carl-Von-Linné-Weges** parallel zur Autobahn und der abschirmenden Baumpflanzung fortsetzend, sehen wir vor uns die neun Meter hohe Aussichtsplattform „Domblick". Die sollten wir auf jeden Fall besteigen. Sie gewährt einen großartigen Rundumblick zu den Produktionsstätten des WDR in Bocklemünd – im Volksmund auch Hollymünd genannt –, auf die eindrucksvoll dicht befahrene Autobahn, den Wall im Westen der Autobahn, nach Knappsack und Weiden hinüber, zum RheinEnergieSTADION und schließlich zu Colonius, Dom und KölnTurm sowie zu den Höhenzügen des Bergischen Landes. Und der Nahbereich wird auch deutlich, wobei die Busch- und Baumanpflanzung längs der Autobahn, die hier vollständig überblickt werden kann, auffällt – wie auch die Aufschüttung jenseits der Schnellstraße.

Nach dem Abstieg von der Plattform gehen wir den von unserer bisherigen Richtung nach rechts abbiegenden Weg mit Blick in Richtung Colonius weiter. Dabei nähern wir uns einem Waldstreifen. Auf dem Weg dahin haben wir den seltenen Anblick, dass der Colonius zwischen die beiden Domtürme rückt. Im Waldstreifen laufen wir geradeaus auf unserem Weg weiter und passieren dabei die Bodendenkmäler der Festungsanlagen von Fort IV und Infanteriestützpunkt 33 des äußeren preußischen Festungsrings. Wir wandern geradeaus, weil wir die rechts befindliche Plattform „Feldblick" nicht als sehr ergiebig für neue Eindrücke und Erkenntnisse ansehen. Nach Querung der Straße **Vogelsanger Weg** erreichen wir die markante Mittelterrassenkante an Militärring und Eisenbahnlinie Köln – Grevenbroich. Hier können wir nicht anders als nach rechts zu gehen. Parallel zur Kante laufen wir bis zum **Carl-Von-Linné-Weg**, biegen in ihn nach links ein, queren den **Militärring** und die nachfolgende Eisenbahnlinie, laufen auf der **Vogelsanger Straße** noch ca. 100 Meter und biegen dann links in den naturnahen Weg ab. Nachfolgend geht es nach rechts in die Grünfläche zwischen den beiden Vogelweg-Siedlungen.

Nach Übergang über den **Goldammerweg** müssen wir zwei Querwege passieren, bevor wir an einer Wegspinne die mittlere Richtung nach links in das Wäldchen einschlagen. Dort geht es dann halbrechts auf den diagonal nordöstlich gerichteten Weg durch die Grünfläche Biesterfeld am Vogelsanger Blocksberg. Nördlich befindet sich im buschigen Gelände am Rande der offenen Wiese ein Übungsgelände für den BMX/MTB-Sport. Vorbei geht's an der rechts liegenden Kleingartenanlage „Takufeld". Vor dem begrünten Trümmerberg laufen wir auf einen Querweg, in den wir nach links einbiegen. Dann geht es rechts in einen Pfad, wobei wir vermeiden, den leicht ansteigenden Weg zu nehmen. Wir laufen vielmehr den schmalen Pfad – relativ oft begangen – im flachen Gelände durch einen Waldstreifen zwischen dem Hügel rechts und einem Gewerbegebiet links.

Angekommen an der Straße **Akazienweg** geht es links durch die Eisenbahnunterführung und dann weiter auf dieser Straße bis zur **Venloer Straße**. Hier erreichen wir unser Ziel an der Haltestelle Akazienweg, Köln – Bickendorf. Wir enden hier oder gehen auf der **Venloer Straße** noch ein Stück stadteinwärts bis zur Haltestelle **Äußere Kanalstraße**, Köln – Bickendorf. Das ermöglicht uns die Erkundung von Einkehrmöglichkeiten.

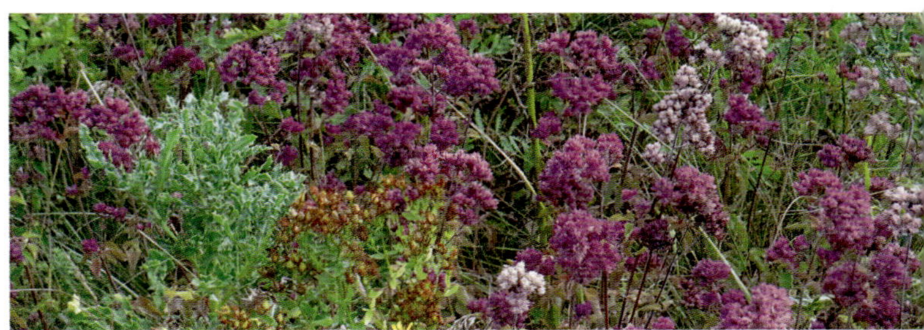

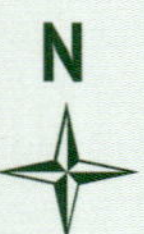

(c) mapz.com - Map Data: OpenStreetMap ODbL

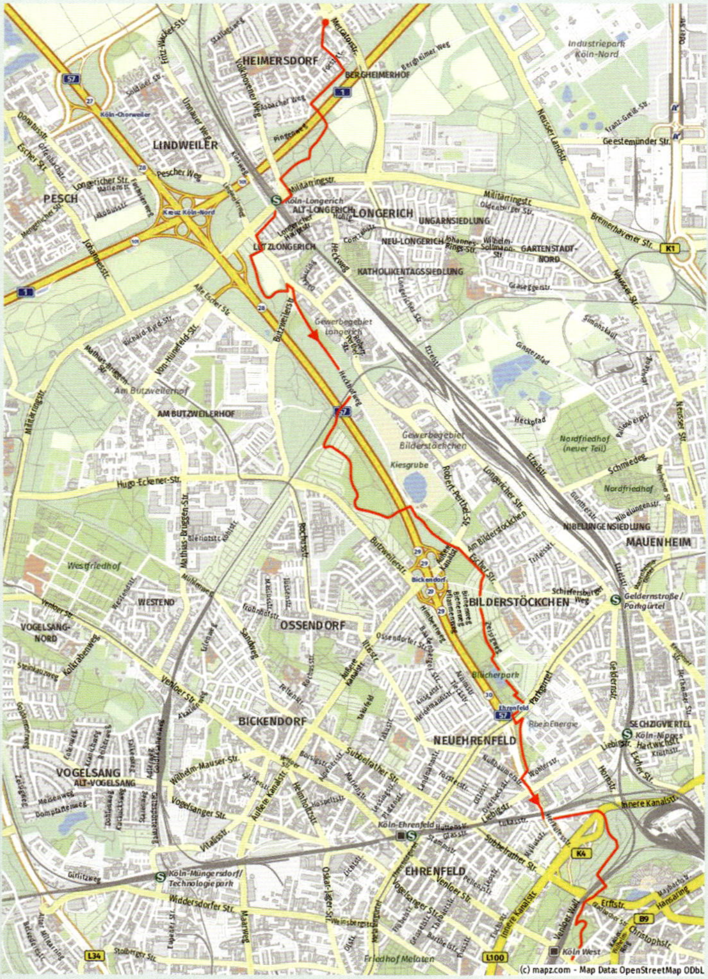

Vom jungen Wald, durch neue Parks und über den Berg 11

Von Heimersdorf ins Zentrum zum Stadtgarten

Länge	12 Kilometer
Wanderzeit	3,5 Stunden
Start	Haltestelle, Heimersdorf, Köln-Heimersdorf von KVB-Linie 15 und der Busse 122 und 125
Alternativer Start	Haltestelle Longerich S-Bahn, Köln-Longerich, von S6 und S11 sowie der Busse 121, 125, 127, 139
Zwischen-station	Haltestelle Hans-Böckler-Platz von KVB-Linie 3, 4 und 5. Bf West Köln RB24, RB26, RB48, RE12 und RE 22 und Haltestelle Friesenplatz von KVB-Linie 3, 4, 5, 12 und 15
Ziel	Dürener Str./Gürtel, Köln - Lindenthal KVB-Linie 7 und 13, Bus 136
Track	WiK-T11-Heimersdorf.gpx
Wanderkarte	Kölnpfad 1:25.000
Einkehren	**Jägerhof** Grethenstr. 66, 50739 Köln-Longerich (Nähe S-Bahnhof) Tel.: 0221 5993053 info@restaurantjaegerhof.de www.web-flag.de/restaurant-jaegerhof.html Öffnungszeiten: Tgl. von 11.00 – 15.00 Uhr, 17.00 – 24.00 Uhr **Stadtgarten** Venloer Straße 40, 50672 Köln Tel.: 0221 952994-0, www.stadtgarten.de/ Öffnungszeiten: Mo – Do 12.00 – 1.00 Uhr, Fr u. Sa 12.00 – 2.00 Uhr, So und Feiertage 10.30 – 1.00 Uhr

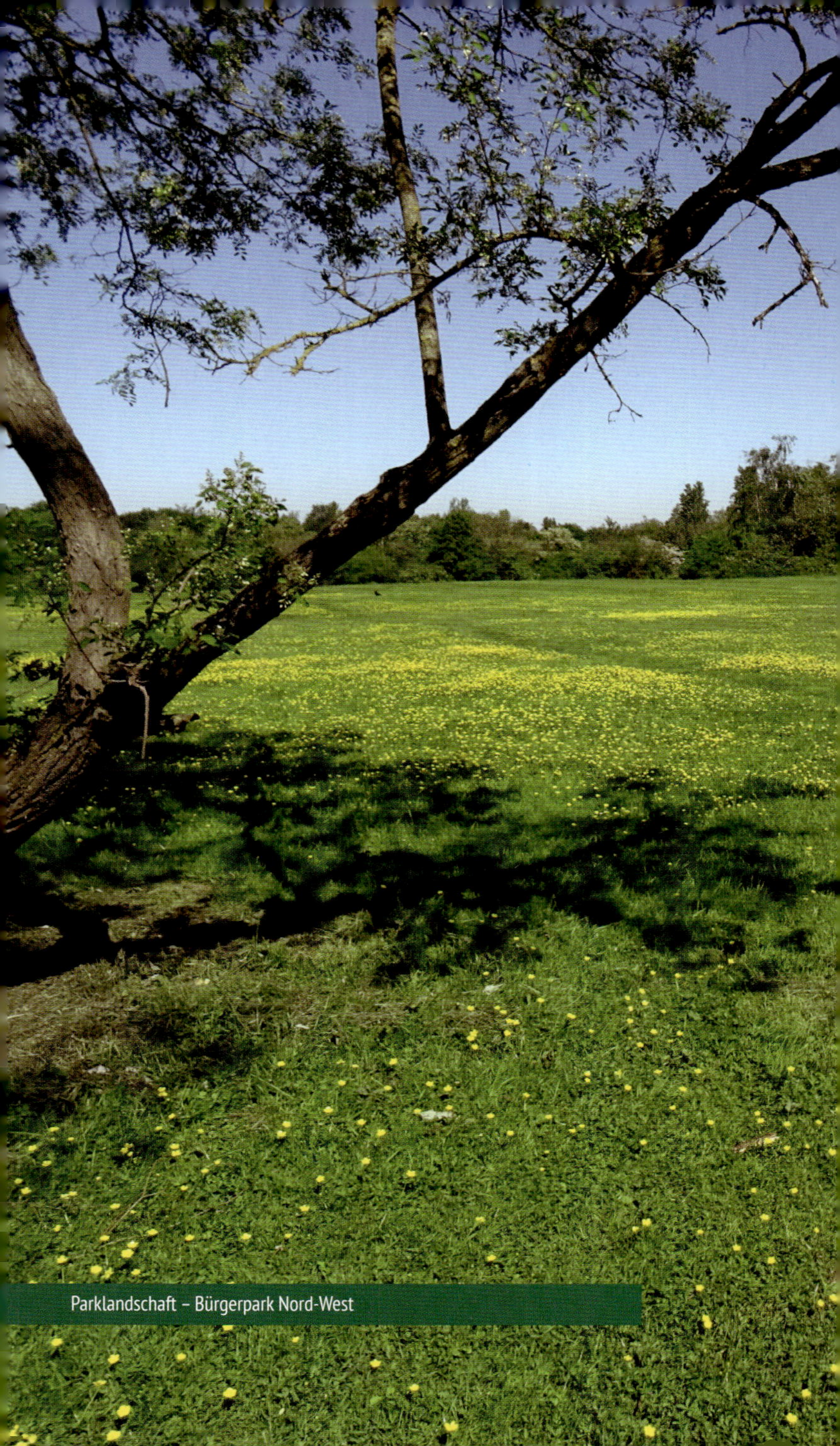

Parklandschaft – Bürgerpark Nord-West

Wir erleben eine grüne Stadtlandschaft in Entwicklung, bei der wir die Ausdauer von Verwaltung, Politik und Landschaftsplanern bestaunen können. Wir wandern durch den jungen Longericher Wald, den Bürgerpark Nord-West, durch den Blücher Park und den kleinen Wald des Herkulesberges zum Stadtgarten.

Die Route läuft im Nordkorridor der Fritz-Schumacherschen-Planung von Anfang der 1920er Jahre. Im Norden liegen die Grünzonen von Heimersdorf und das Longericher Wäldchen, dessen Bäume vor ca. 70 Jahren gesetzt wurden. Es folgt eine Brache, die am Lindweilerweg einen Acker umgrenzt und durch einen Pfad erschlossen ist, der zu der parkähnlichen Freifläche und der im Umbau zum Landschaftspark befindlichen ehemaligen Deponie am Heckhofweg führt. Südlich davon schließt sich der Bürgerpark Nord West an – eine zum attraktiven Landschaftspark umgestaltete Kiesgrube. Bei Bilderstöckchen passieren wir die Anlagen des ältesten und größten Kleingartenvereins Kölns. Daran schließt sich der Blücherpark an, als gehobener Erholungsraum für das gründerzeitlich bebaute Wohngebiet Neuehrenfeld geplant. Über den mit Grünland überbauten Tunnel der A 57 geht es in Richtung Herkulesberg, auf dessen Cityseite der noch landschaftlich entwicklungsfähige Mediapark und der Stadtgarten liegen. Der Nordkorridor hat nicht nur Naherholungsfunktion. Die Bebauungssperre dort dient auch dazu, eine Luftaustauschzone zwischen der Innenstand Kölns und dem Umland aufrecht zu erhalten.

Wir starten an der Haltestelle Heimersdorf, entfernen uns von ihr mit der Mercatorstraße im Rücken und laufen unter einem Wohnhochhaus hindurch zum Parkplatz am **Haselnußweg**. Nach einigen Schritten geradeaus biegen wir nach links in den **Buchenpfad** ein. Hier laufen wir bis zur **Forststraße**, queren sie und gehen in die gegenüberliegende Straße ohne Durchgangsverkehr. Am Ende dieser Stichstraße halten wir uns rechts und biegen sofort links in einen Durchgangsweg bis zum Teerweg im Waldstreifen. Hier orientieren wir uns nach rechts. Links von uns begleitet uns ein Waldstreifen. Parallel dazu verläuft eine eine lang gestreckte Kleingartenanlage. Beide trennen uns von der Autobahn A 1. 400 Meter nutzen wir jetzt einen von Laubbäumen beschatteten Weg. In den Querweg, **Heimersdorfer Straße** genannt, biegen wir links ein und nutzen die Brücke über die A 1. Von dort blicken wir bei klarer Sicht auf die Höhen des Bergischen Landes. Sofort nach der Brücke befinden wir uns im Longericher Wald. Die links abgehenden Wege ignorieren wir und halten

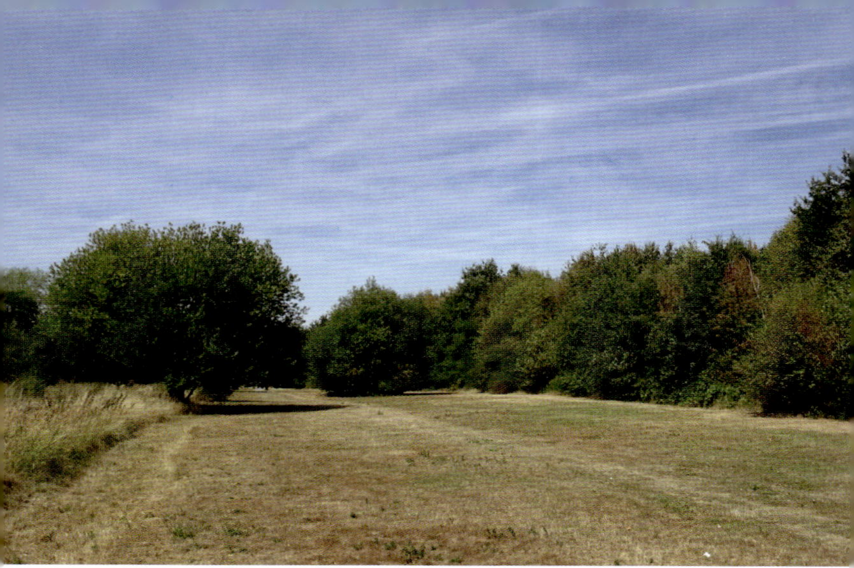

Route längs des Heckhofweges

uns rechts, bis in einer links laufenden Kurve zwei Wege rechts abgehen. Wir wählen den rechtwinklig abgehenden Weg, der uns zum **Volkhovener Weg** nahe des S-Bahnhofs Longerich führt.

Am **Volkhovener Weg** gehen wir links, dann über den beampelten Militärring und auf der anderen Seite nach rechts unter der Bahnunterführung hindurch. Vor ca. 90 Jahren lagen Bahn und Militärring noch auf dem selben Geländeniveau. Das änderte sich in den 1930er Jahren. Die Bahn wurde höher und die Straße niedriger gelegt. Oberbürgermeister Adenauer, der den nahe gelegenen Butzweilerhof als Flugkreuz des Westens favorisierte, strebte eine Bahnhofsgestaltung an, die der Flugverkehrsbedeutung Kölns gerecht werden sollte. Als architektonische Besonderheit gilt die achteckige Schalterhalle. Der Kölner Künstler Heinz Ruland gestaltete sie mit einem Fries, der die Entwicklung des Verkehrs von den Ochsenkarren mit Scheibenrädern bis hin zu den Motorfahrzeugen der Neuzeit darstellte. Heute ist der Einblick in die Halle keineswegs erheiternd: Die Kunst ist weg und der Bahnhof nur noch eine nebensächliche S-Bahn-Haltestelle.

Auch hier am Longericher Bahnhof ließe sich die Wanderung – die Strecke verkürzend – beginnen.

Direkt hinter der Unterführung nehmen wir die Straße **Im Lindweilerfeld** nach links. Nach wenigen Schritten biegen wir nach rechts in die **Neuenbaumer Straße** ein und passieren einige eindrucksvolle Vorgärten. Am Ende der Straße treffen wir auf den **Lindweilerweg**. Dort nach links gehend kommen wir zur Einmündung der **Longericher Hauptstraße**. Auf das gegenüberliegende Wegkreuz steuern wir zu. Am Sockel des Kreuzes lesen wir: „Wanderer bete und erinnere dich deines Erlösers und seiner hl. Mutter Maria" und nach einem Teilungsstrich: „Ursula und Catharina Clemens errichteten dieses Kreuz hier nach Wunsch ihrer verstorbenen Eltern Clemens und Sophia Brecher im Jahr 1855 den 15. May". Rechts des Kreuzes führt ein Wirtschaftsweg zum Schallschutzwall an der A 57, den wir für eine Kurzstrecke in einem Brachgelände, das längs des Walls liegt, nutzen. Der Autobahnlärm ist gedämpft und wir wandern zwischen bebuschtem Wall und einer breiten Hecke, die unseren Weg von einem Acker trennt. Weiter vor uns ragen hohen Bäume auf. Wir wähnen uns auf einer Route zu einem Waldgebiet und sind wenig später verwundert, mit wie geringen Mitteln eine derartige Illusion entstehen kann. In Wirklichkeit säumen die Bäume einen Straßenzug zum Gewerbegebiet Butzweiler.

Wir laufen im Brachgelände auf dem sich abzeichnenden Pfad und gelangen zu einer Wegteilung bei einer, der in Köln üblichen metallenen grünen Bänke. Vor der Bank nehmen wir den Pfad nach links. Die wenig später links sichtbaren weiß-roten Poller durchlaufen wir, landen beim Kreisverkehr, gehen dort zur gegenüberliegen Straßenseite und dann beim Kreis in den rechts abgehenden Pfad. Er leitet uns zum **Heckhofweg**. Dort sehen wir: Das große Wiesengelände vor uns ist eine Hundefreilauffläche. Wir entscheiden uns, ob wir den Trampelpfad der Wiese nehmen oder lieber den Teerweg des Heckhofweges. So oder so: Rechter Hand sehen wir Hinweise auf eine Deponie im Umbau. In mehreren Jahren wird die ungeordnet angelegte Deponie der 1960er Jahre zu einer wohnungsnahen Erholungslandschaft im Nordkorridor ausgebaut sein. Ungefähr einen Kilometer nach dem Kreisverkehr unterqueren wir die Hafengüterbahn, die zum Niehler Hafen führt und gehen sofort rechts in den Pfad, der uns in die Kleingartenanlage Butzweiler führt.

Wir überqueren die A 57 und gewinnen Abstand zu ihr und ihrem Geräuschpegel, indem wir in den nächsten rechtwinklig abgehenden Weg einbiegen. Rechts liegt Waldgelände und links erkennen wir die Kleingärten. An einer Ausweitung des Weges, auch als Parkplatz

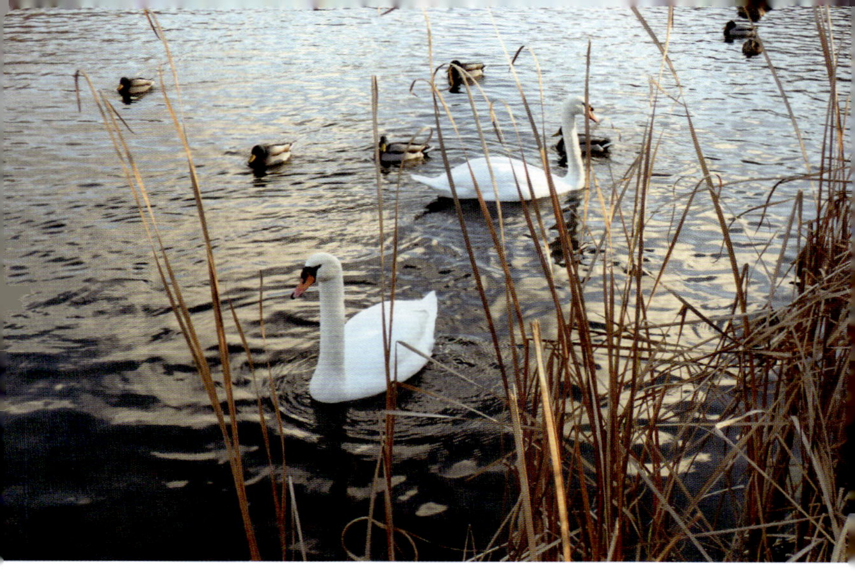

Blücherpark Weiher mit Schwänen und Enten im Röhricht

genutzt, gehen wir links ab und sehen dort die Informationstafeln für die Kleingärtner. An der folgenden Weggabelung halten wir uns rechts und laufen auf kurvendem Weg in eine offene Parklandschaft mit der Bezeichnung Bürgerpark Nord-West, die in den Bürgerpark Ossendorf übergeht. Nach links gehen wir, wenn wir zu einem Querweg gelangen, an dem wir nach rechts blickend die **Butzweilerstraße** sehen. Wir laufen vergnüglich in der offenen Landschaft mit Busch-Baum-Inseln, Solitären und einem wechselhaft gestalteten Relief. Nach links biegen wir beim Anblick eines ungefähr 70 Meter links von unserer belaufenen Route stehenden Wetterpilzes ab. An diesem Pilz vorbei nehmen wir vor uns die leicht ansteigende Bogenbrücke über die A 57. Jenseits der Autobahn erreichen wir die **Escherstraße**. Der Pfad nach rechts ist unsere Route in Richtung Blücherpark. Rechts begleitet uns ein junger, mit Buchen bepflanzter Waldstreifen. Auf einer hölzernen Bogenbrücke geht es über die **Äußere Kanalstraße**. Anschließend sind wir im offenen Landschaftspark Bilderstöckchen vor den Kleingärten. Beim Weg von der Brücke und auch anschließend im Landschaftspark überkommen uns beim Blick auf markante Landmarken der Stadtsilhouette Heimatgefühle.

Wir gehen parallel zur **Escherstraße** an der rechts liegenden Grünfläche vorbei und treffen auf den Rand der Kleingartenanlage „Blücherpark e.V.". Nachdem wir an einem rechts abgehenden Weg

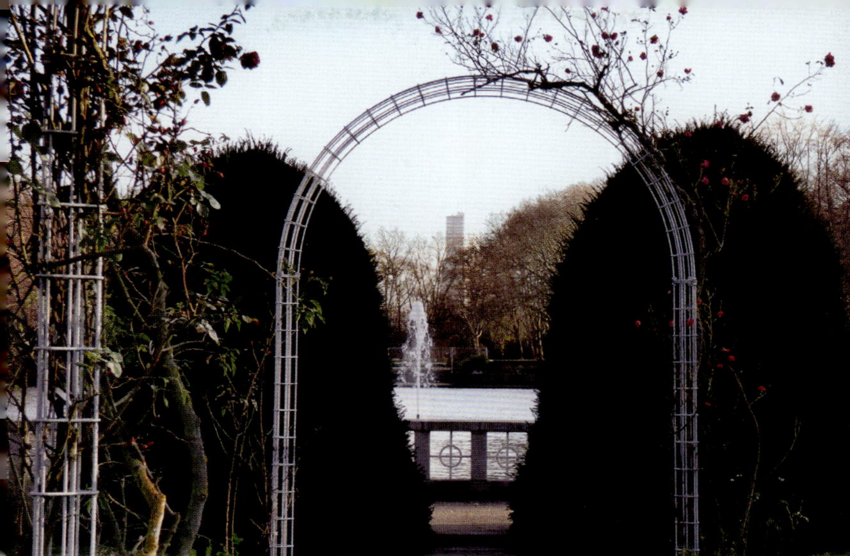

Blick auf Fontäne und Kölnturm am Blücherpark Weiher

– versperrt mit einem Eisengittertor – vorbeigegangen sind, nehmen wir die nächste Abzweigung nach rechts und überqueren den **Fröscherweg**. Der Gang durch die große Kleingartenanlage ist besonders in den Blütezeiten und während der Herbstlaubfärbung sehr vergnüglich. An später vorfindlichen TRIMMFIT-Geräten geht es rechts und dann direkt links in der breiten Allee geradeaus auf einen Wetterpilz zu. Am Pilz biegen wir rechts ab und nehmen dann links die Mittelachse auf den Ruderteich im Blücherpark zu. Wir gelangen in den Senkgarten und haben einen schönem Blick auf den Teich und den Schilfbewuchs in der Nordecke des Teiches. Im Senkgarten blühen im doch sehr warmen Kölner Klima noch im November/Dezember Rosen. Eindrucksvoll ist der Blick durch die Bögen zwischen den Eiben hindurch auf die Fontäne und den dahinter aufragenden KölnTurm.

Vom Senkgarten gehen wir auf die linke Seite des Teichs und dort soweit, dass wir, um das Kinderbecken herumgehend, nach rechts auf die große Kreuzung der Autobahnzu- und -abfahrt sowie die Straße **Parkgürtelstraße** zulaufen können. Den beampelten Überweg nutzen wir für die Querung des **Parkgürtels**. Nach Wechsel der Straßenseite laufen wir von der Ampel schräg links weg in Richtung auf die Umzäunung des Geländes der RheinEnergie-Verwaltung zu. Vor dem Zaun nehmen wir den Pfad nach rechts. Er schlängelt sich abseits des Fuß- und Radweges durch das Grün des Baumstreifens längs des

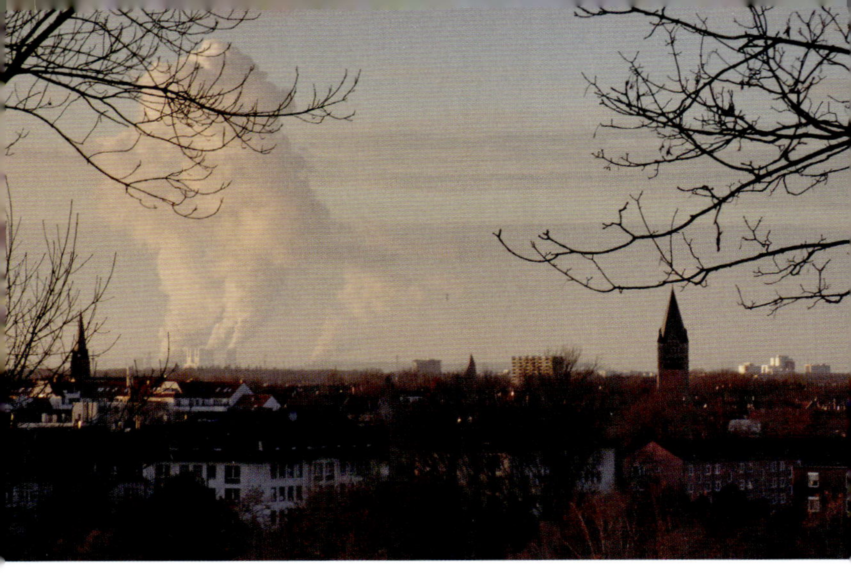

Kraftwerksblick vom Herkulesberg

Geländes der RheinEnergie. An der **Wöhlerstraße** biegen wir auf der gegenüberliegenden Seite schräg rechts in die Grünanlage ab, die auf dem Tunnel der Autobahn A 57 angelegt wurde. Hier nehmen wir den auf der rechten Seite des schmalen Parks liegenden Weg. Am Ende vor dem Bahnkörper geht es nach links die Stufen hinunter zur **Herkulesstraße** und auf dieser nach rechts unter der Bahn hindurch.

Am Ende der Unterführung ist die links abgehende Straße **Am Gleisdreieck** bis zur **Inneren Kanalstraße** unser Weg. Dort angekommen erhebt sich uns gegenüber der Herkulesberg – markiert als Landschaftsschutzgebiet. Der Berg macht Eindruck: In einer so flachen Landschaft wie der Kölner Bucht, ist jede Erhebung eindrucksvoll, besonders wenn sie das Umland um ca. 25 Meter überragt. Das sind gefühlte zehn Stockwerke! Und wieder einmal: Hier wurde der Schutt der zerstörten Innenstadt auf 130.000 Quadratmeter Fläche landschaftsformend verkippt. Man muss sich das vorstellen: Die Not nach dem Zweiten Weltkrieg war groß und die Bürger der Stadt dachten an eine zu gestaltende Zukunft. Der Herkulesberg ist der größte Trümmerberg Kölns und wir betreten jetzt seinen Wald.

Der Anstieg am Herkulesberg macht uns wenig Mühe, besonders wenn wir es als Flachlandwanderer langsam angehen. Am Wetterpilz lassen wir uns Zeit für die Betrachtung des Stadtbildes. Durch das

Geäst erahnen wir das Axahochhaus, erkennen deutlich die Sankt Agneskirche und den Ringturm am Ebertplatz. Auch das Hansahochhaus – eines der ersten Hochhäuser Deutschlands unter Denkmalschutz – fällt ins Auge. Wir sehen den Dom, den schmalen Betonkirchturm von Sankt Gertrud an der Krefelder Straße und den vor uns aufragenden kantigen KölnTurm. In der Ferne sehen wir das Bergische Land und davor den KölnTriangleTurm und die Lanxess Arena – wegen des Tragebogens auch Henkelmännchen genannt.

Am Pilz nehmen wir den von unserer bisherigen Gehrichtung rechts abgehenden Weg – parallel zum Gleisverlauf. Dort, wo ein Weg rechts abwärts führt, laufen wir, bis wir oberhalb der Blauen Brücke stehen. Wir nehmen die Stufen hinab zur Brücke, die die Gleise am Westrand des Mediaparkes überquert. Dieser Weg lohnt sich, weil der Blick von den Stufen herab besonders eindrucksvoll auf die City Kölns fällt. Die Aussicht von der Brücke aus müssen wir unbedingt genießen und uns im Stadtbild orientieren. Am Ende der Brücke begeben wir uns nach rechts Richtung Stadtgarten. Unmerklich überqueren wir die in einem kurzen Tunnel verlaufende **Erftstraße**, gehen bis links spitzwinklig ein Weg abzweigt und laufen auf die Kirche Neu Sankt Alban zu, die in den 1950er Jahren aus Trümmersteinen der Opernhausruine am Rudolfplatz errichtet wurde. Wir sind nun im Stadtgarten.

Der Stadtgarten geht auf eine Anlage vom Ende der 1820er Jahre zurück. Die Grünpolitik Kölns hat somit exakt bestimmt eine zweihundertjährige Geschichte! Der Park wurde mit Blick auf Naherholungsmöglichkeiten für die Bevölkerung der dicht bebauten Stadt innerhalb der mittelalterlichen Stadtmauern vor deren Toren angelegt. Eisenbahnbau und Verlegung der Eisenbahntrasse führten Ende der 1880er Jahre zu einer Verkleinerung und Neugestaltung des Parks. Zum Ensemble gehören das Gärtnerhaus – ein Ziegelsteinbau an der **Spichernstraße** – und das mehrfach umgebaute Restaurant „Stadtgarten“ an der **Venloer Straße**. Die nahezu 200 Jahre alten Bäume mit ihren mächtigen und dicht belaubten Kronen bieten herrlichen Schatten und beeindrucken durch ihre Majestät. Wegen seiner historischen Bedeutung und der besonderen Flora in Citynähe steht der Stadtgarten unter Denkmal- und Landschaftsschutz. Wir nehmen unseren Weg in Richtung **Venloer Straße** zum Stadtgartenrestaurant. Von dort aus haben wir die Möglichkeit, entweder am Friesenplatz oder vom Hans-Böckler-Platz/Bf aus den ÖPNV zu nutzen.

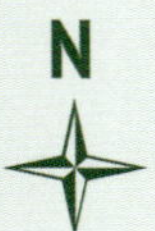

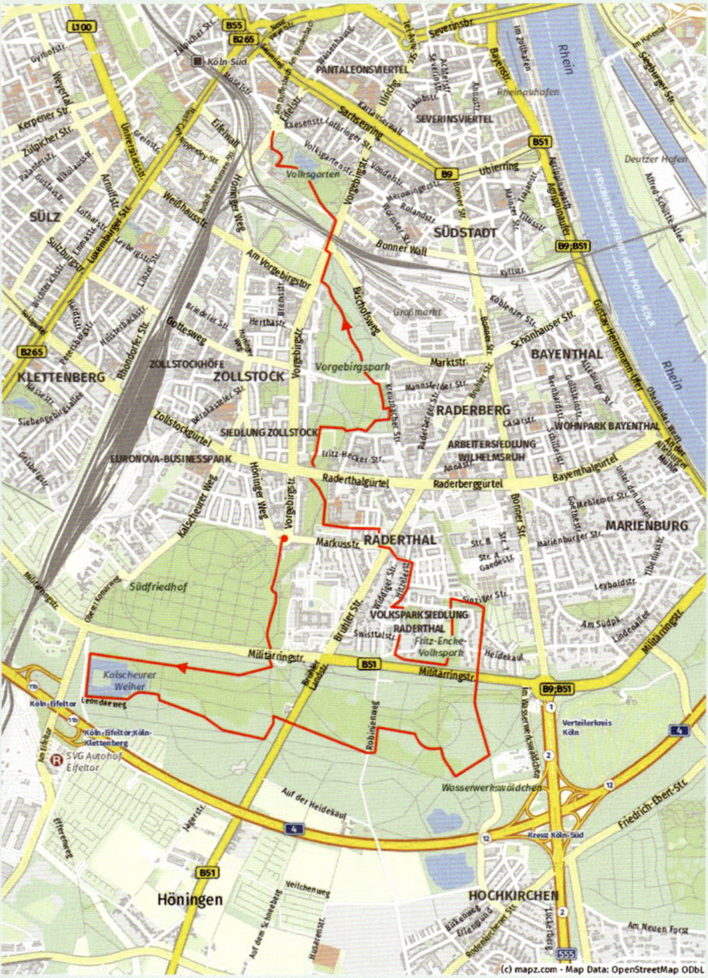

PANTALEONSVIERTEL
SEVERINSVIERTEL
SÜLZ
SÜDSTADT
BAYENTHAL
KLETTENBERG
ZOLLSTOCKHÖFE
ZOLLSTOCK
RADERBERG
SIEDLUNG ZOLLSTOCK
WOHNPARK BAYENTHAL
ARBEITERSIEDLUNG WILHELMSRUH
EURONOVA-BUSINESSPARK
MARIENBURG
RADERTHAL
VOLKSPARKSIEDLUNG RADERTHAL
Volksgarten
Vorgebirgspark
Südfriedhof
Fritz-Encke-Volkspark
Kalscheurer Weiher
Wasserwerkswäldchen
Rhein
Hönigen
HOCHKIRCHEN
Kreuz Köln-Süd

(c) mapz.com - Map Data: OpenStreetMap ODbL

Wer vieles bietet, wird allen etwas bieten

12

Wanderung von Zollstock durch den Äußeren Grüngürtel und den Vorgebirgspark bis zum Volksgarten

Länge	13 Kilometer
Wanderzeit	3,5 Stunden
Start	Zollstock, Südfriedhof, Hst von KVB-Linie 12 und der Busse 131, 133 und 138
Zwischen-stationen	Hst. Leyboldstr. Bus 132 oder nach Eröffnung der Nord-Süd-Stadtbahn Hst Ahrweilerstraße KVB-Linie 5
Ziel	Eifelplatz, Hst von KVB-Linie 12
Track	WiK-T12-Zollstock.gpx
Wanderkarte	Kölnpfad. Der Kölner Rundweg, 1:25.000
Einkehren	**Osteria da Paolo** Andernacher Straße 2 (Ecke Bonner Straße) 50968 Köln (Marienburg), Tel.: 0221 3980319 www.osteria-paolo.de, info@osteria-paolo.de Öffnungszeiten: Di – So 10.00 – 14.45 Uhr, 18.00 – 23.45 Uhr Ruhetag: Montag **HELLERS Volksgarten** Volksgartenstrasse 27, 50677 Köln Tel.: 0221 382626 volksgarten@hellers.koeln Öffnungszeiten: Bei schönem Wetter täglich ab 11.30 Uhr ! Öffnungszeiten des Bootsverleihs bei schönem Wetter: Mo – Fr ab 15.00 Uhr, Sa ab 14.00 Uhr, So ab 11.30 Uhr **Gastronomie am Eifelplatz**

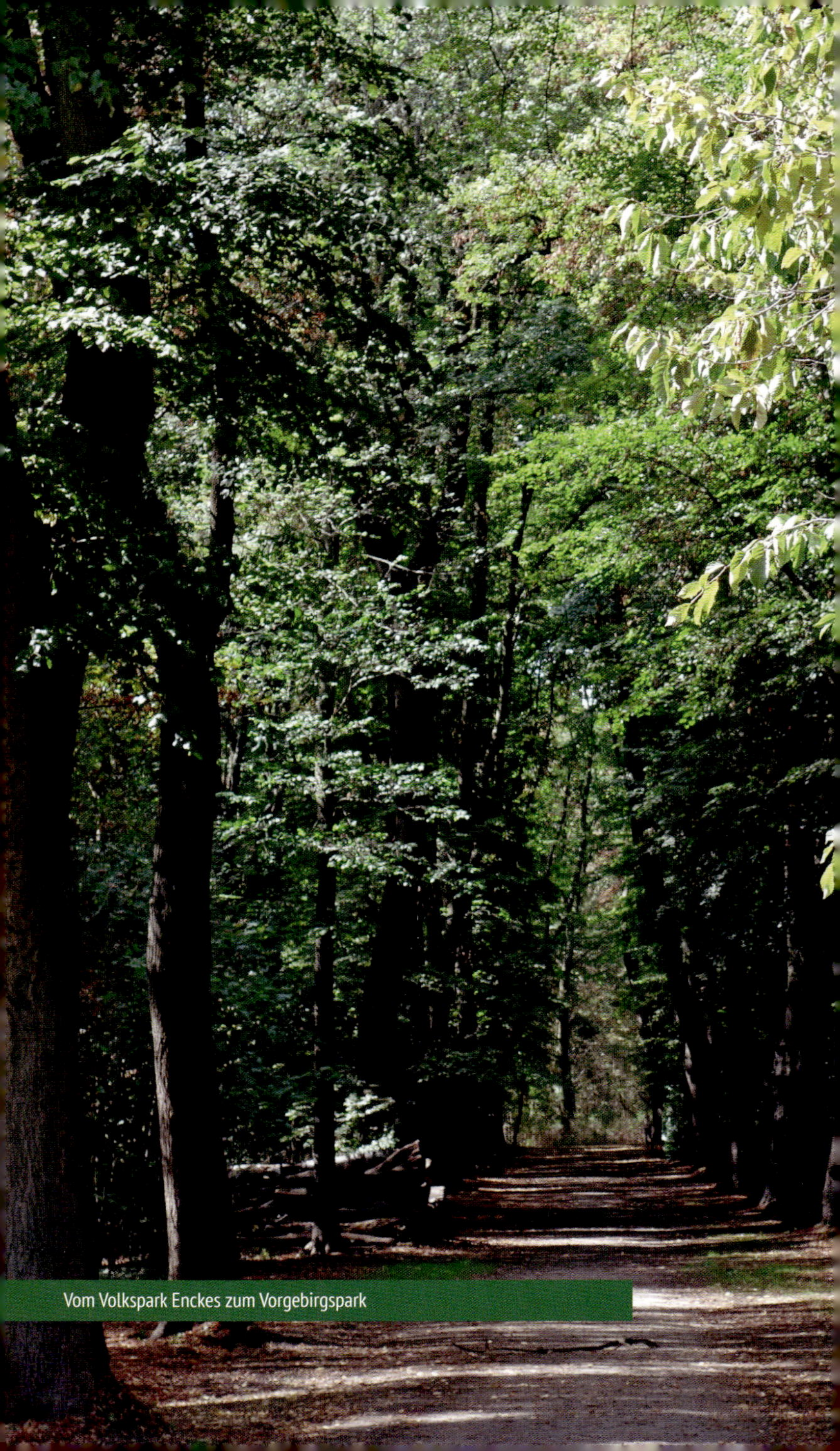

Vom Volkspark Enckes zum Vorgebirgspark

Faszinierend bei dieser Wanderung ist der Blick auf die Landschaftsgestaltung – der Wechsel von offenen Parklandschaften, Waldstreifen, Waldzellen und Blickachsen. Hier gilt der Spruch nicht, dass man den Wald vor lauter Bäumen nicht sehe. Ein Philosoph hat einmal deutlich gemacht: Dass und was Wald ist, erkennt man erst an der Lichtung. Ein großer Weiher und ein Römergrab liegen am Weg, ein Teich ohne Wasser, den keiner mehr kennt und ein antik gestalteter Tempel machen Eindruck. Schließlich erregen der ausgedehnte Vorgebirgspark, der Weiher im Volksgarten und Fort Paul Bewunderung, weil sie zu den Anfängen einer an der Volksgesundheit orientierten Parkkonzeption gehören.

Wir wandern im Äußeren Grüngürtel zwischen der Bahnlinie Köln – Bonn und der A 555 bis auf die Höhe von Raderthal. Die heutige Wald-Wiesen-Parklandschaft müssen wir uns vor 70 Jahren als weitgehend baum- und waldlos vorstellen. Es war Acker- und Wiesenland im Vorland der Forts des linksrheinischen äußeren Festungsrings. Mit der Niederlage Deutschlands im Ersten Weltkrieg und den Entfestigungsvorschriften des Versailler Vertrages wurde das Land für städteplanerische Aktivitäten verfügbar. Konrad Adenauer und Fritz Schumacher entschieden sich dafür, das Terrain für die Naherholung und als Emissionsschutz nutzbar zu machen. Der Routenabschnitt von Zollstock hin zum Vorgebirgspark und durch ihn hindurch zum Volksgarten orientiert sich an einem der geplanten Korridore, die dem Luftaustausch zwischen Kölner City und dem Umland dienen sollten.

Unser Startpunkt liegt am Südfriedhof in Zollstock. Von der dortigen Haltestelle gehen wir in den **Hönninger Weg**. Rechts liegt der Friedhof und links öffnet sich das Gelände zu einem offenen Landschaftspark. Unser Weg in den Äußeren Grüngürtel erreicht nach steilem „Anstieg“ auf der Bogenbrücke über die **Militärringstraße** den höchsten Punkt unserer Wanderung. Auf der Brücke halten wir Ausschau nach allen Seiten hin. Am Ende der Rampe, jenseits der überquerten Straße, geht es wenige Schritte nach rechts, dann in den schräg links abgehenden Weg. In der Waldfläche links sehen wir zwei Biotopbäume. Sie werden so bezeichnet, weil sie Tieren, Pflanzen und Mikroorganismen eine Lebenswelt bieten und Spechten die Anlage von Höhlen ermöglichen, die später von anderen Vogelarten als Nistplätze genutzt werden.

Wir biegen nach rechts ab und laufen von hier auf einen sich rechts parallel zum Militärring befindenden Waldstreifen. Vor 100 Jahren war das gesamte vor uns ausgebreitete Gebiet mehr oder weniger offenes Land – mit Äckern, Weiden und vereinzelten Bäumen oder Baumgruppen. Wir bewegen uns im damaligen Rayon – dem Schussfeld vor Befestigungsanlagen – der linksrheinischen äußeren Forts der Festungsstadt Köln. Der Militärring als Versorgungsstraße der Forts war optisch zur Feindseite hin durch Hecken abgeschirmt. Im Zeitalter der Satellitenaufklärung werden Berichte darüber müde belächelt.

Unser Weg führt in westlicher Richtung auf den Kalscheuer Weiher zu. Da der Waldstreifen vor- und zurückspringt, wandern wir abwechselnd durch Waldabschnitte oder offenes Land mit erfreulichen Blickachsen auf die Baumanpflanzungen und Waldrandzonen an unserer linken Seite jenseits einer breiten Wiese. Wir haben Schatten und veränderliche Landschaftsbilder und laufen auf einem gut ausgebauten Weg. Vom Start weg sind wir nach eineinhalb Kilometern am besagten Weiher. Im nächsten Wegabschnitt bis zum westlichen Uferweg sehen wir die Vogelinsel und auf dem Weiher Wasservögel: Schwäne, Blässhühner, Graureiher, Nilgänse. Die letzteren haben ihre Heimat in Afrika und sind in Westeuropa Gefangenschaftsflüchtlinge – gebietsfremd und von Menschen freigesetzt oder ihnen entkommen. An hiesigen Parkteichen vermehren sie sich expansiv.

Am Querweg, links hin am Westufer des Weihers verlaufend, biegen wir nach links ab auf den Kölnpfad des Kölner Eifelvereins. Sein Wegzeichen leitet uns nun bis zum früheren Rundweiher bei Raderthal im Äußeren Grüngürtel. Wir gehen am Ufer gen Süden und biegen am Ende des Uferweges nach links in Richtung Osten ab. Ufernah geht es weiter. Wir sehen die vergitterten Reste einer römischen Grabkammer aus einer Zeit vor ca. 2000 Jahren. Linksrheinisch – nur dort war die römische Kolonie – betrieben die Römer intensiv Landwirtschaft, wie Funde bei Fühlingen, Longerich, Nüssenberger Busch, Junkersdorf, Königsdorf und dem Vorgebirge belegen. Zu einem Gutshof in der Nähe – vermutlich Frechen – gehörte diese damals unterirdisch angelegte Grabkammer. Wir passieren die Kahnstation und den Kiosk, die dank einer Bürgerinitiative 2010 von Erholungsuchenden genutzt werden können. Damals kämpfte die Bürgerinitiative „Rettet den Lido – Bürgerinitiative Kalscheurer-Weiher" um Erhalt der Kahnstation und des Kiosks.

Blässralle

Nach dem Weiher nehmen wir den Weg durch den Waldstreifen auf die **Brühler**

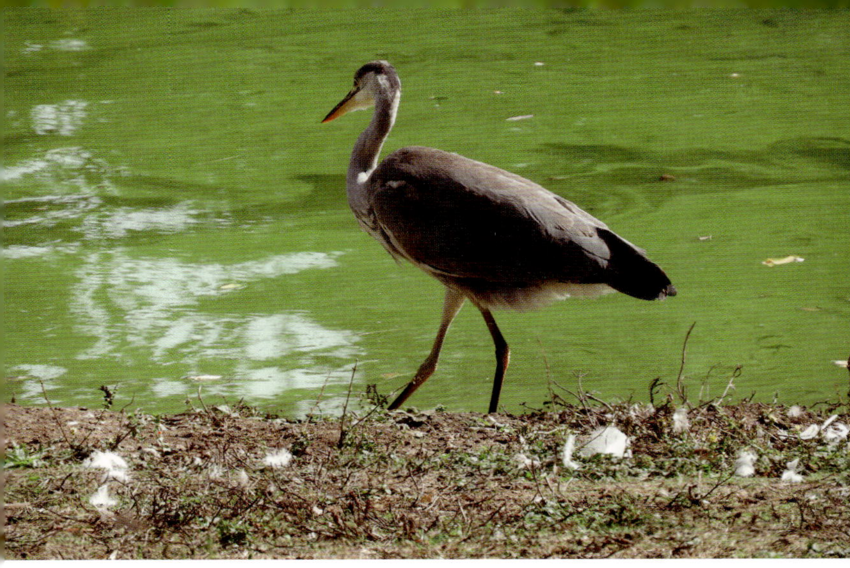

Graureiher am Nordufer des Kalscheurer Weihers

Landstraße zu. Vor der Brühler Landstraße umlaufen wir eine Schranke und überqueren achtsam die viel befahrene Bundesstraße 51. Das Wegzeichen des Kölnpfades weist uns die Route. Sie führt durch bewaldetes Terrain, das großflächiges Wiesenland einrahmt. Am nächsten Querweg, dem **Robinienweg**, gehen wir nach links, sehen dann rechts eine Brunnenabdeckung im Wasserschutzgebiet des Wasserwerks Hochkirchen. Den dann nach rechts abgehenden Weg nehmen wir. Linker Hand blicken wir auf einen Wetterpilz und geradeaus weiter sehen wir halblinks eine Senke. Unser Weg führt in einem großen Linksbogen um sie herum. Im Stadtplan oder auf der Wanderkarte sehen wir, dass wir den Teil eines Kreisumfangs belaufen. Diese kreisrunde Senke in der Landschaft ist leicht erklärt: Der Leiter des Entwurfsbüros der Kölner Gartenverwaltung, Theodor Nußbaum, ließ hier in den 1920er Jahren einen Rundteich von beträchtlichem Ausmaß bauen. Bomben des Zweiten Weltkriegs zerstörten den Teichgrund und nach dem Krieg fehlten die Mittel, die schweren Schäden zu beheben. So wurde aus dem Teichgrund eine Wiesenfläche – heute Hundefreilauffläche im Wasserschutzgebiet.

Auf unserem Rundweg haben wir gute Sicht auf die Gebäude von Deutschlandfunk und Deutscher Welle in Raderberg. Das Gebäude der Deutschen Welle wird aktuell für den Abriss vorbereitet. Die Deutsche Welle hat das asbestverseuchte Gebäude verlassen, ist nun

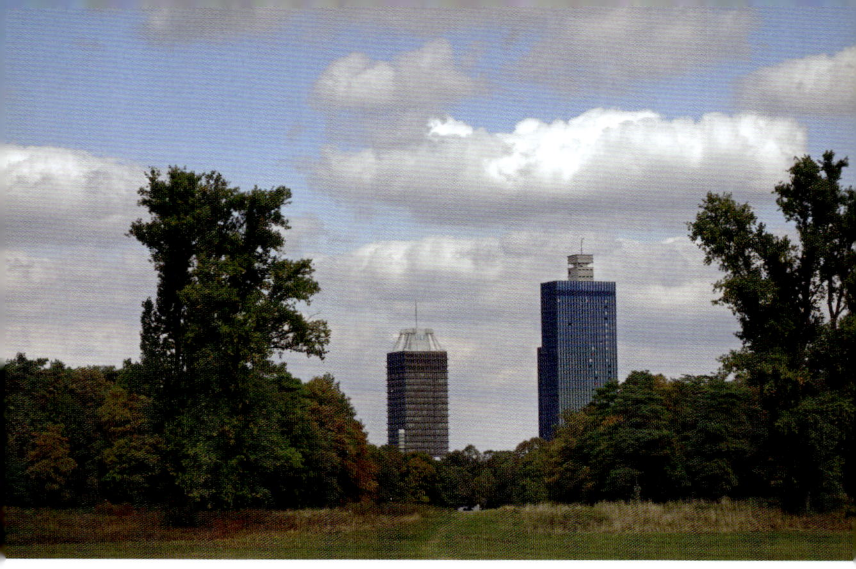

Die Raderthaler Sender – noch stehen sie

in Bonn tätig und am Platz des Hochhauses soll eine Wohnanlage entstehen. Weiter wandernd gelangen wir zu einer Bankgruppe am Rand der Senke. Dort verlassen zwei Wege den kreisrunden Weg. Wir nehmen den rechtwinklig rechts abgehenden Weg und gehen noch knapp 200 Meter auf dem Kölnpfad. Im Wald treffen wir auf einen Querweg, laufen dort nach links und verlassen damit die Kölnpfadroute. Wir sind jetzt im Wasserwerkswäldchen und sehen am Wegrand die in Stein gemeißelte Mahnung an die Bürger, ihr Trinkwasser vor Verunreinigung zu schützen. Das Wasserwerkswäldchen gehört zum Wasserwerk Hochkirchen. Es ist das drittälteste der Kölner zentralen Wasserversorgung und wurde zwischen 1903 und 1905 gebaut. Das Wäldchen ist jüngeren Datums. Es wurde ab 1963 gepflanzt. Dort, wo die Kiesgruben waren und sich heute die wassergefüllten Restlöcher befinden, begann die Bepflanzung um 1967. Ahorn, Esche, Roteiche, Kirschen. Blütenbäume machen den Wald im frühen Frühjahr attraktiv. Einer der Nebenzwecke für Eiche und Kirsche ist, Futter für Tiere zu liefern – Kirschen sind bei Vögeln sehr beliebt. Der Weg geht ein Stück durch den Wasserschutzwald für das Wasserwerk Hochkirchen.

Am folgenden Querweg gehen wir wieder nach links ab, passieren noch einmal eine Brunnenabdeckung mit Mahnstein an der Seite und gelangen geradeaus durch einen älteren Baumbestand zum Militärring. Ihn passieren wir an einer Querungshilfe und gehen

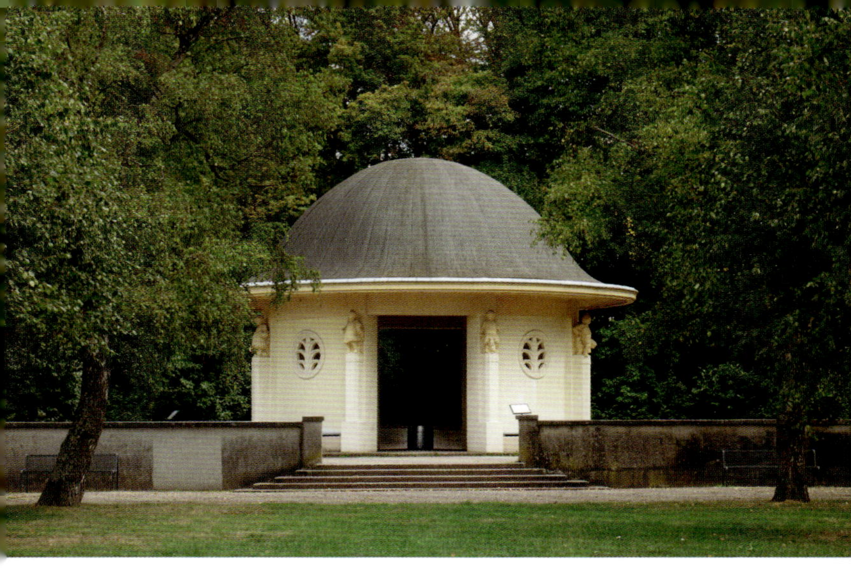

Fritz Enckes Brunnentempel im Raderthaler Volkspark

jenseits der Straße geradeaus weiter durch die Englische Siedlung, eine Waldsiedlung unter altem Baumbestand – Teil der ursprünglichen Volksparksiedlung. Die Bezeichnung englische Siedlung geht auf die Bauten zurück, die zwischen 1949 und 1951 für die britischen und belgischen Besatzungstruppen errichtet wurden. Heute sind die meisten Häuser im Privatbesitz und ein guter Rest steht unter der Verwaltung des Bundes. Bekannt ist der Stadtteil Raderthal durch die beiden Sendeanstalten Deutsche Welle und Deutschlandfunk. Rundfunkgeschichte hat das Umfeld der Siedlung bereits in den 1920er Jahren geschrieben. Am 15. Dezember 1927 nahm die Westdeutsche Rundfunk AG – später WDR – in der **Hitzeler Straße** ihren Sendbetrieb auf. Wir laufen auf einem Teerweg durch die Siedlung geradeaus zum Parkplatz an der **Sinziger Straße**. Zuvor aber sehen wir linker Hand zwischen Bäumen einen Tempel, dem wir uns zuwenden.

Die Wanderung beenden oder einkehren kann man vom Parkplatz aus, indem man nach rechts durch die **Sinziger Straße** zur **Bonner Straße** geht. In dieser Straße gelangt man nach links gehend zu zwei italienischen Restaurants und an der **Leyboldstraße** befindet sich eine Haltestelle für den Bus 132. Nach Ausbau der Nord-Süd-Stadtbahn wird die KVB-Linie 5 an der **Ahrweilerstraße** halten. Wanderstrecke bisher 7,5 Kilometer.

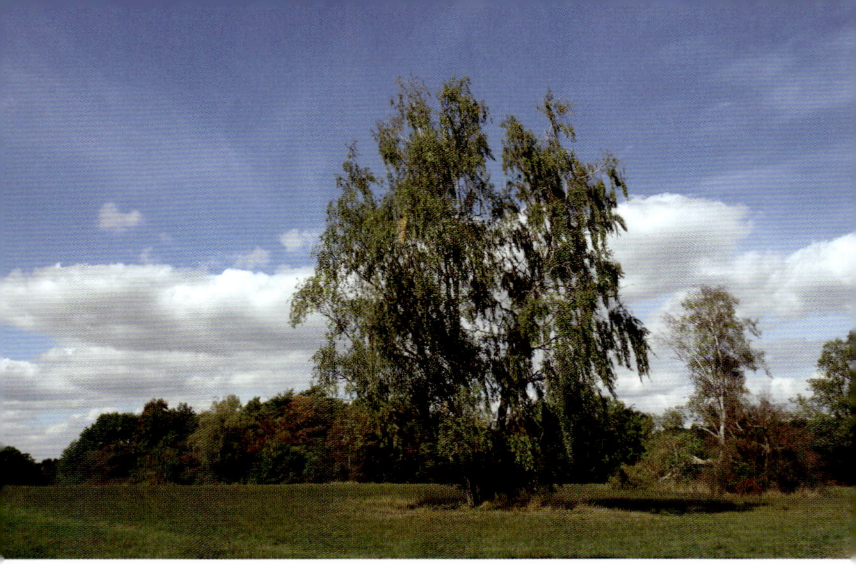

Wild gezaust im offenen Land

Der Tempel ist ein Brunnentempel und stellt ein über die Kriegszeiten hinweg erhaltenes Zierstück des Fritz-Encke-Volksparks dar. Der Name des Parks nimmt Bezug auf den Kölner Gartenbaudirektor, der den Park gestaltete und der deshalb Volkspark genannt wird, weil Encke ihn und den Vorgebirgspark für Spiel und Sport öffnete und durchaus volkstümlich das Betreten des Rasens erlaubte. Standard war: Parks sind zum Flanieren da. In ihnen zeigten sich die vornehmeren Damen und Herren. Auch der Brunnen war dem allgemeinen Nutzen gewidmet. Sein Wasser war kostenlos zum Trinken da. Fritz Encke gestaltete den Park in einem Gelände, in dem in Friedenszeiten die Munition für die Festungsstadt Köln lagerte. Vom aufwendigen Park, der seinerzeit als Muster einer neuzeitlichen, volkstümlichen Parkgestaltung galt, ist vieles verschwunden und die ganze Anlage nicht mehr einheitlich zu erkennen. Als Volkspark konzipiert, reichte er im Süden bis fast zum Militärring und beanspruchte Flächen, die heute bebaut sind. Damals waren vorgesehen: Volkshaus, Waldschänke, Volkswiese, Naturtheater und ein Platanenwall als Leseraum. Wir stoßen auf Reste, wenn wir uns aus der Anlage am Brunnentempel weg bewegen.

Wir gehen durch den Tempel, dann nach rechts, dann links durch den Bogen, weiter an den Staudengärten vorbei, am Ende schräg links weg zum Weg der Mittelachse und dann weiter zum Querweg. Dort geht's links bis zur **Kardorfer Straße**, dann wieder links und dann nach rechts hinüber zum Weg durch die Volkswiese in Richtung Militärring. Es geht geradeaus an einem Kinderspielplatz vorbei. Kurz bevor wir den Querweg vor dem Militärring erreichen, sehen wir links vor dem Waldrand einen Walldurchgang und eine Infotafel. Dort lesen wir von einem Reigenplatz. Hinter dem Wall erblicken wir diesen Platz. Die auf der Tafel geschilderte Pracht können wir nur schwer nachvollziehen. Anschauen sollte man es dennoch – deutlich wird, welcher Pracht man nach verlorenem Krieg in den 1920er Jahren fähig war. Der Volkspark ist ein größer dimensioniertes Paradestück im Süden Kölns als der Blücherpark im Kölner Norden.

Am Querweg – parallel zum Militärring – angekommen, geht es nach rechts und wieder durch ein Stück der Waldsiedlung. Unser Weg macht einen Bogen nach rechts und trifft an der querenden **Eckdorfer Straße** auf die gegenüberliegende **Pingsdorfer Straße**. In diese gehen wir und nehmen nach links die **Kardofer Straße** hin zur **Hitzelerstraße**, in sie biegen wir nach rechts ein und laufen durch die **Urfelder Straße** bis zur **Brühler Straße**. Diese queren wir an der Ampel in die **Markusstraße** hinein, gehen bis zur Haltestelle **Liblarer Straße** und dort nach rechts in den Zugang zur **Vernicher Straße**. Die Wohnhäuser, die in dieser Straße stehen, werden auch als Sinnbild für die vorherrschende Bebauung mit Einfamilienhäusern in Raderthal angesehen.

An der **Derkum Straße** laufen wir links an der Europaschule vorbei in den Vorgebirgspark. Im Foyer der Schule befindet sich ein römischer Brunnen, der zu einem römischen Landgut an dieser Stelle gehörte, vermutlich aus der Zeit um 150 n. Chr.

Bei den Barrieren nehmen wir den Pfad nach rechts und sind im Vorgebirgspark, einer der beiden prominenten Parkanlagen, die Fritz Encke, Gartendirektor Kölns von 1911 bis 1914 plante und realisierte. Das Gestaltungsprinzip: Benutzbarkeit. Der Bedarf der wachsenden Stadtbevölkerung bestimmte seine Planung des städtischen Grüns. Für die Volksparks galt das allgemein noch übliche Betretungsverbot für Gelände abseits der Wege nicht. Zur Freude der Kinder wurde ein strandähnlich angelegter Wateteich – nicht tief und mit viel Sand am Ufer – gestaltet. Den östlichen Rand des Parks prägen heute noch Reste einer großzügigen Gartenanlage und im Westen steht längs des Parks ein eindruckvoller Waldstreifen. Im Park bewegt man sich zwischen einer dichten, teils hoch aufragenden Bebauung –

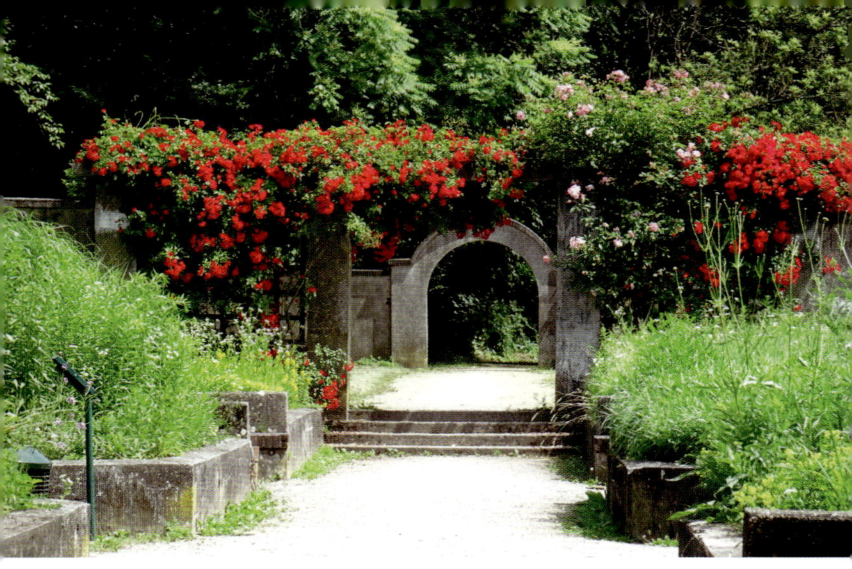

Rosen im Fritz-Encke-Volkspark

sozusagen in einem Zentralpark – in offener, locker baumbestandener Landschaft mit Sport- und Spielplätzen, umgeben von Wald.

Der angesprochene Pfad endet an einem Radweg, hinter dem ein Fußweg verläuft. Auf den wechseln wir und gehen nach rechts auf die Unterführung unter den **Raderthalgürtel** zu. Die Route führt zunächst geradeaus über die **Fritz-Hecker-Straße**. Nach Querung dieser Straße befindet sich rechts von uns ein Sportplatz. An dessen nördlichem Rand verläuft ein Pfad, zu dem wechseln wir nach rechts hinüber und laufen bis zu einem Basketballplatz. Dort gehen wir auf dem quer zu unserer Gehrichtung verlaufenden Weg ein paar Schritte nach rechts und dann links bis zu einem Spielplatz. Uns rechts haltend passieren wir den eingezäunten Spielplatz und wenden uns dann links in einen sich in großem Bogen erstreckenden Weg. An der nächsten Wegkreuzung halten wir uns rechts bis kurz vor die **Kreuznacher Straße**. Nach links gewandt erblicken wir die weiß gestrichene Pergola – einstmals von Kletterrosen umschlungen. Zusammen mit den Rosen am Teichrosenbecken ergab sich hier das Bild eines eindrucksvollen Rosengartens, dem man 1911 einige hundert Rosensorten unterstellte. Schade, schade – diese Pracht ist dahin.

Den immer noch wundervollen Ort verlassen wir nach Norden hin, laufen bis zur **Kierberger Straße** – für den Durchgangsverkehr gesperrt – gehen, wenige Schritte nach links auf einer Teerdecke und dann sofort rechts in einen Sandweg. Wald umgibt uns jetzt bis zum Auftreffen auf die **Vorgebirgsstraße**. Kurz vor dieser Straße müssen wir einen Radweg kreuzen und weiter geradeaus auf dem Fußweg gehen. Die Vorgebirgsstraße nehmen wir nach rechts, wechseln die Straßenseite an der Ampel, laufen durch die Unterführung, kommen zum **Vorgebirgswall** und biegen nach links ein. Rechts abgehend und dann links schräg abwärts zum Weiher hin haben wir den Volksgarten erreicht.

Den Volksgarten kann man von seiner Bezeichnung her als Widerspruch zu seiner Umgebung verstehen. Passt denn ein Volksgarten in das großbürgerliche Ambiente einer Wohnbebauung mit Gründerzeit- und Jugendstilhäusern? 1888 begann die Gestaltung des Parks und 1890 wurde er eingeweiht. Der Garten liegt im Süden des Inneren Grüngürtels. Sein Ruderteich und mehr noch sein Biergarten locken an sonnigen Sommertagen sogar Radfahrer aus Kölns Norden durch dichtesten Autoverkehr an. Der Park bietet einen Kahnweiher mit Fontäne, Spazierwege mit attraktiven Blickachsen, Kinderspielplätze, die Orangerie als Vorführraum für Filme, Theater und Musikveranstaltungen. Außerdem noch das Fort Paul aus der ersten Hälfte des 19. Jahrhunderts – mit Rosen umpflanzt – und schließlich wird das Ambiente durch einen Wasserfall gehoben.

Wir laufen links am Weiher und dem Biergartenrestaurant vorbei hoch zu Fort Paul, blicken in den Rosengarten und gehen weiter zur Haltestelle Eifelplatz. Am Platz selber finden wir mehrere Einkehrmöglichkeiten – oder weiter durch die Eifelstraße im Umfeld des Barbarossaplatzes.

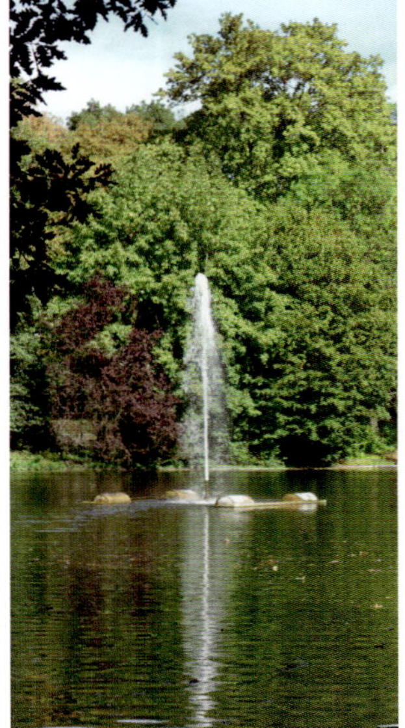

Fontäne im Volksgartenweiher

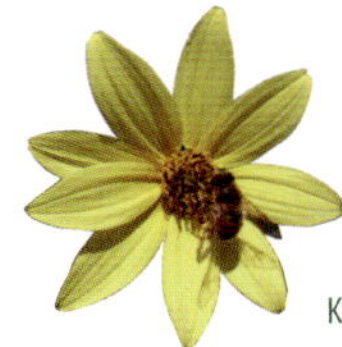

Kleinkopfige Sonnenblume

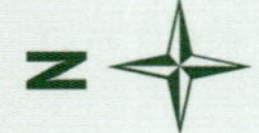
N

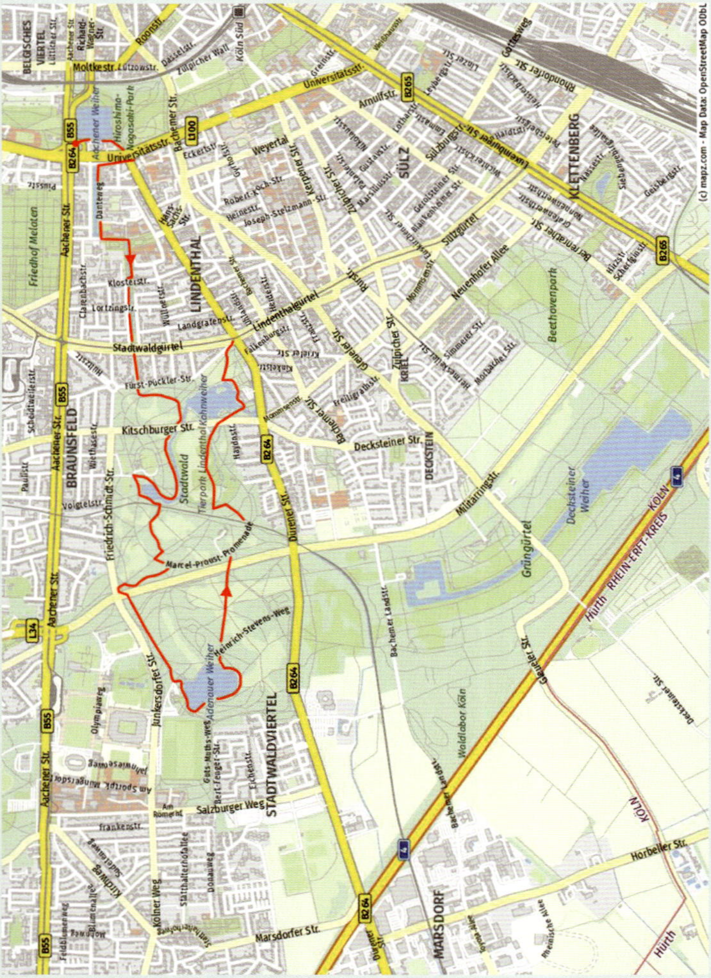

Vornehm Wandern und Flanieren im stadtnahen Wald 13

Vom Aachener Weiher längs der Kanäle zum Adenauerweiher

Länge 11 Kilometer

Wanderzeit 3 Stunden

Start Haltestelle Universitätsstr., Köln-Lindenthal von KVB-Linien 1 und 7 sowie Bus 142

Zwischenziel Alter Militärring, Müngersdorf, Haltestelle von L 1 und der Busse 141, 143 und 144

Ziel Haltestelle Dürener Str./Gürtel, Köln Lindenthal von KVB-Linien 7 und 13 sowie Bus 136

Track WiK-T13-Stadtwald.gpx

Wanderkarte Kölnpfad. Der Kölner Rundwanderweg, 1:25.000 oder Falkplan Köln

Einkehren **Restaurant »Vitruv«**
im Leonardo Royal Hotel Köln
Dürener Strasse 287, 50935 Köln
Tel: 0221 4676831,
t.crumbach@leonardo-hotels.com
www.leonardo-hotels.de/leonardo-royal-hotel-koeln-am-stadtwald
Öffnungszeiten: 6.30 – 10.30 Uhr, 12.00 – 22.00 Uhr,
Seeterrasse: 12.00 – 22.00 Uhr (April – Oktober

Gastronomie Kreuzung Dürener Str./Gürtel

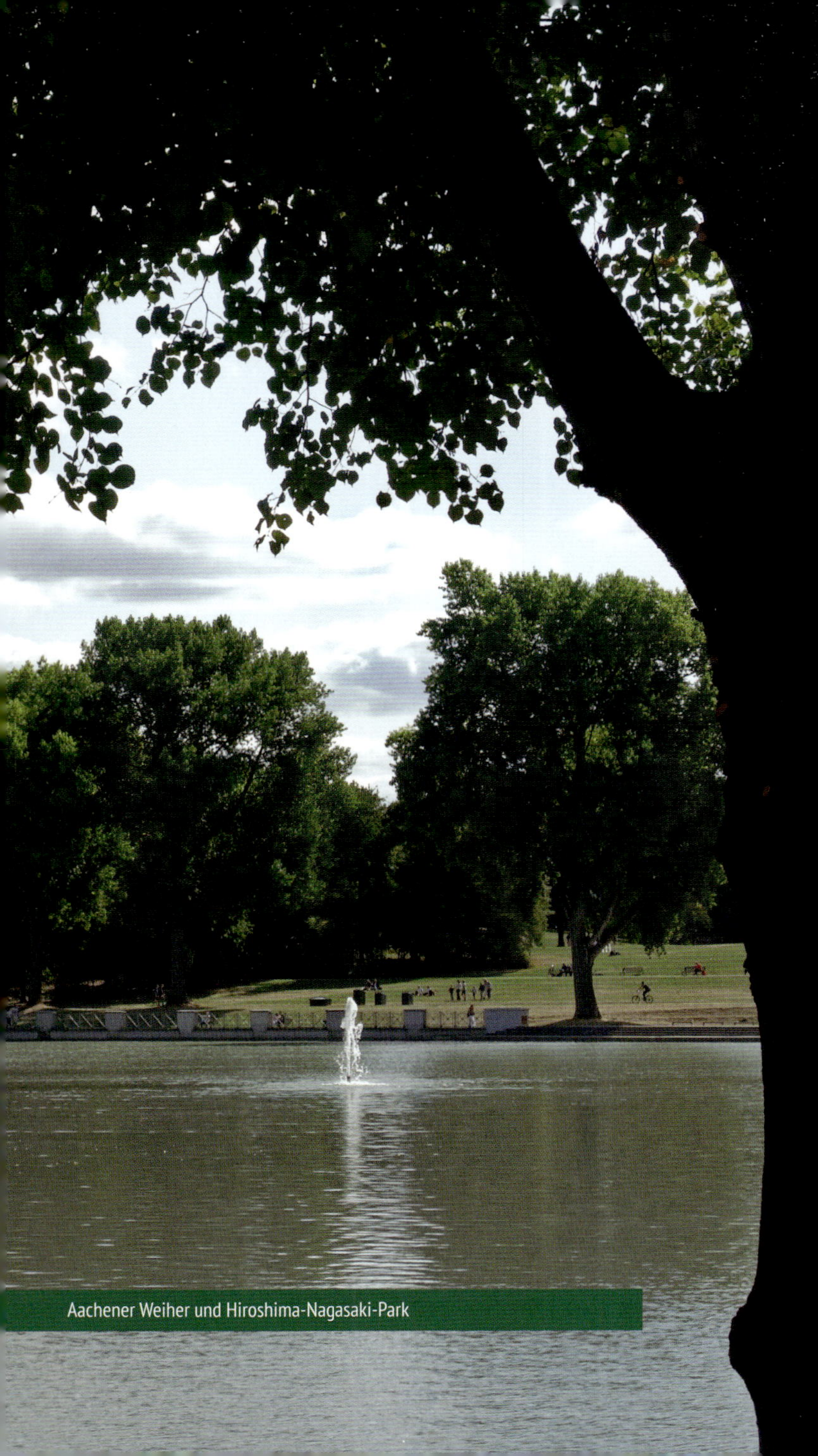

Aachener Weiher und Hiroshima-Nagasaki-Park

Wir erleben eine den Landschaftsplanern gelungene Kombination von Stadtweihern, Kanälen, Alleen, Waldstreifen und -flächen sowie eindrucksvolle Architektur begegnet uns auf diesem Weg in den äußeren Grünbereich der Stadt. Die Wanderung macht einen citynahen Erholungsraum vielfältig erlebbar. Es gibt mehrere Möglichkeiten, den Wander- oder Spaziergang individuell zu gestalten und ihn der jeweiligen Tagesform, dem verfügbaren Zeitrahmen oder dem aktuellen Wetter anzupassen.

Unser Weg führt in den Westkorridor hinein, der in Fritz Schumachers Generalplan der Stadtentwicklung Kölns in den 1920er Jahren vorgesehen war – als Naherholungsraum und zum Luftaustausch zwischen City und Umland. Gleichzeitig diente die Anlage der Waldareale im westlichen Sektor des Äußeren Grüngürtels, die jenseits des Militärrings aufgeforstet wurden, dem Schutz vor Emissionen des Braunkohletagebaus und der Kraftwerke auf der Ville. Insgesamt wurde eine attraktive Erholungslandschaft mit anmutiger Nutzung des natürlichen Reliefs von Nieder- und Mittelterrasse sowie der Aufschüttung des Aushubs der Weiheranlagen zu Hügeln geschaffen.

Wir starten an der Haltestelle **Universitätsstraße**. Von dort gehen wir zu dem um 1920 angelegten Aachener Weiher und nehmen den Weg zwischen Weiher mit der Idylle von Fontänen, Schwänen, Gänsen, Enten und Blässhühnern links und dem rechts liegenden Japanischen Institut und dem Ostasiatische Museum – dem ältesten Museum für Kunst Ostasiens in Europa. Wir streben in Richtung **Dürener Straße** und haben vor uns den 2004 eingeweihten Hiroshima-Nagasaki-Park im Blick. Eine Brücke führt über den Verbindungskanal zwischen Weiher und Zierteich am Ostasiatischen Museum, in dessen Café und Foyer wir blicken können. Wir nehmen den rechts kurvig abgehenden Weg und laufen auf den beampelten Übergang an der **Dürener Straße** zu. Hier wechseln wir über die **Universitäts- und Dürener Straße** und gehen in Richtung **Aachener Straße** am Italienischen Kulturinstitut vorbei. Kurz nach dessen Gebäude biegen wir links ab in die Allee **Danteweg** am Clarenbachkanal. Der Lindenthaler Kanal (Clarenbach- und Rautenstrauchkanal) ist jetzt die Attraktion unserer Route.

Oberbürgermeister Konrad Adenauer sah in diesem Zierstück auf dem Weg von der Innenstadt zum Stadtwald so etwas wie die Düsseldorfer Königsallee. Prächtig gewachsene Rosskastanien überwölben die Wege beiderseits des Clarenbachkanals. Auch hier beleben

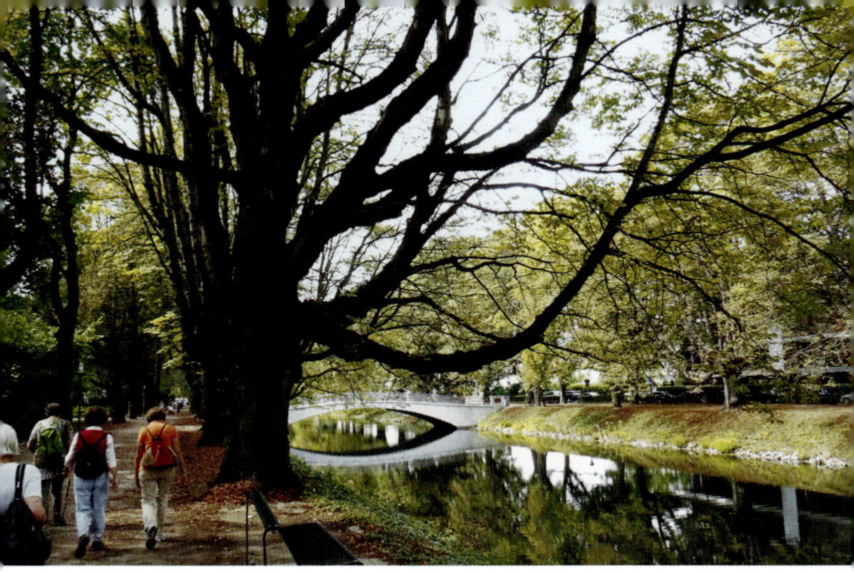

Wandern am Lindenthaler Kanal

verschiedene Wasservögel das Wasser und manchmal erleben wir geräuschstark heranfliegende und landende Schwäne. An beiden Seiten der Kanäle und ihrer Alleen stehen Villen. Deren gepflegte Erscheinung, wie auch die sie umgebenden Gartenanlagen, verleihen dieser Passage unserer Wanderung vornehme Ruhe, belebt durch Jogger, auch mal Radfahrer. Südlich des Clarenbachkanals stehen die Gebäude der Humanwissenschaftlichen Fakultät der Universität zu Köln. Hier wird studiert und geforscht zu den Zukunftsbedingungen unserer Gesellschaft – sprich: Die zukünftigen Lehrer unserer Kinder erwerben hier ihr Wissen und Können.

Achtsam queren wir die **Herbert-Lewin-Straße**, benannt nach dem leitenden Arzt am Kölner jüdischen Krankenhaus und von 1963 bis 1969 Vorsitzenden des Zentralrates der Juden in Deutschland. Direkt an der Brücke war links von 1951 bis 2004 der Sitz der Bundesärztekammer – als Bonn noch Regierungssitz und Bundeshauptstadt war. Wenn wir auf unserem Weg die **Brucknerstraße** und die **Lortzingstraße** queren, wissen wir, dass wir uns am Rande des Komponistenviertels – so genannt wegen der Häufung der Benennung von Straßen mit Komponistennamen – in Lindenthal bewegen. Eigentlich war der naturnahe Weg am Lindenthaler Kanal unter den Kastanien und Ahornbäumen und zwischen den Villen und Vorgärten die Flaniermeile der finanziell Bessergestellten – in unserer Phantasie sehen wir Damen in langen Kleidern, mit breiten Hüten und Schirmen bei Sonnenschein spazieren gehen.

Nach 450 Metern Wegstrecke endet der Clarenbachkanal an der **Brucknerstraße**. Vor uns steht, leicht über das Geländeniveau erhöht, die Kirche „Christi Auferstehung" – nach Plänen von Gottfried Böhm erbaut und 1971 eingeweiht. Diese Kirche gilt als herausragendes Beispiel des Architekturprinzips von Gottfried Böhm, ein Bauwerk als Skulptur aufzufassen. Linker Hand befindet sich das erzbischöfliche Gymnasium Liebfrauenschule. Dessen Name zeigt an, dass die 1890 gegründete Schule ursprünglich der Mädchenbildung diente. Seit 1983 werden hier auch Jungen unterrichtet.

Auf der **Brucknerstrasse** nach links gehend, treffen wir auf die von Fritz Encke 1925 entworfene Gartenanlage am **Karl-Schwering-Platz** – ehemals Direktor des Kölner Apostelgymnasiums. Wir betreten den Senkgarten, zur Zeit der Rosenblüte sehr prächtig, und laufen auf das Rundbecken zu, von dem aus der Rautenstrauchkanal uns weiter nach Westen den Weg weist. An dem im Rundbecken beginnenden Kanal – beidseits von Ahornalleen begleitet – stehen am Anfang zwei Skulpturen: Kentaur und Najade. Kentauren gelten in der griechischen Mythologie als lüsterne Wesen, während Najaden als Fruchtbarkeitsgöttinnen verehrt wurden, die als eifersüchtig galten. Auch als Wächterinnen von Quellen, Bächen, Flüssen, Sümpfen, Teichen und Seen wurden sie angesehen. Zwei Straßen haben wir zu überqueren – **Klosterstraße** und **Lortzingstraße** – bis wir das Ende des Kanals vorm Stadtwald am **Stadtwaldgürtel** erreichen.

Kurz vor dem **Stadtwaldgürtel** endet der Kanal. Über den Gürtel und die **Fürst-Pückler-Straße** hinweg erreichen wir den Stadtwald. Er ist nach den Kanälen das zweite Lindenthaler Kleinod. Nach einem Beschluss von 1895 wurden alte Waldbestände integriert und zwischen dem Zutritt zum Stadtwald vom östlichen gelegenen Stadtzentrum her und dem Stadtwaldweiher fremdländische Bäume – teils Solitäre – gepflanzt. Die gepflegte Anlage, parkartig mit Waldzellen, dokumentiert die inzwischen 140 Jahre währenden Anstrengungen der Stadt, immer dichter bebaut, eine grüne Stadt mit vielfältiger Park- und Waldlandschaft zu gestalten.

Blauflügelprachtlibelle

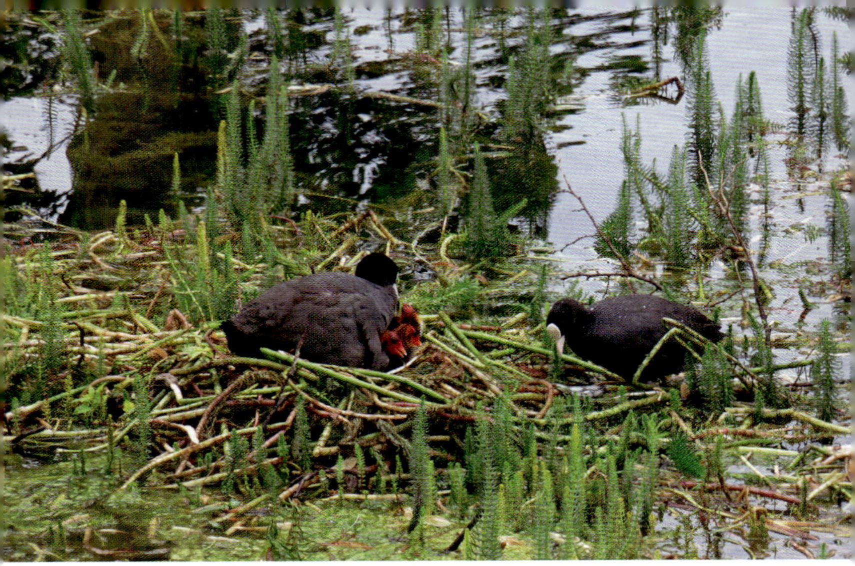

Blässhühner mit ihren Küken auf dem Lindenthaler Kanal

Am Obelisken rechter Hand, ein Denkmal für den zwanzigsten katholischen Weltjugendtag 2005 und Wegweiser für den Kolpingsweg zum Papsthügel auf dem Marienfeld bei Kerpen, verharren wir. Dann biegen wir nach links ab und nehmen den sich windenden Weg leicht rechts zum Stadtwaldweiher. Wir queren einen schmalen Korridor offener Parkfläche, passieren den von der Haltestelle **Wüllnerstraße** kommenden Weg und gelangen zu einer Wegkreuzung, an der wir den rechts halbrund abgehenden Weg nehmen.

An der Wegkreuzung besteht auch die Möglichkeit, nach links geradeaus zur Kreuzung Dürener Straße/Gürtel zu gehen, dort einzukehren und die Heimfahrt mit den Linien 7 und 13 sowie Bus 136 anzutreten. Wir sind dann etwas mehr als drei Kilometer gewandert.

Der rechts halbrund abgehende Weg begleitet einen Kanal. Es geht vorbei an dem nach links über die Kanalbrücke zum gegenüber liegenden Ufer führenden Weg. Wir queren die an den Wochenenden für den Autoverkehr gesperrte **Kitschburger Straße**. Der Name erinnert an das ehemalige Zentrum einer Hofanlage, die dem Kölner Priesterseminar in der Marzellenstraße seit 1715 zugeeignet war. Das feste Haus der Hofanlage war Sommersitz des Leiters des Priesterseminars. 1802 wurde das Gut säkularisiert und Staatsbesitz. Der Kölner

Bankier Schaffhausen erwarb es 1817 und ließ einen Landschaftspark anlegen. Köln erwarb 1894 das Gelände der Kitschburg und die umgebenden Landwirtschaftsflächen – insgesamt 412 Morgen.

Nach der Querung der **Kitschburger Straße** laufen wir weiter parallel zum 1925 angelegten Kanal. Er kurvt elegant zwischen dem Stadtwaldweiher mit hoch steigender Wassersäule und dem kleineren Waldweiher im Norden mit niedriger Fontäne. Der Kanal sollte im Winter Schlittschuhlaufen ermöglichen. Wir landen an dem kleinen Waldweiher. An ihm vorbei erreichen wir die **Marcell-Proust-Promenade** – ein Teerweg mit Sandstreifen für Reiter – und biegen in sie nach links ein. Beim nächsten Querweg halten wir uns wieder links und laufen nun ein kurzes Stück parallel zur Köln-Frechen-Benzelrather-Eisenbahn. Sie transportierte Briketts – hierzulande auch Klütten genannt – für den Hausbrand nach Köln und gegenwärtig noch Quarzsand für die Glasindustrie in den Niehler Hafen. Den folgenden Bahnübergang rechts überschreiten wir und gehen geradeaus weiter. Einen folgenden, nach links abgehenden Weg und Pfad ignorieren wir, um den nach 110 Metern links abgehenden Weg zu wählen. Den folgenden Querweg, nehmen wir nach rechts und erreichen wieder die **Marcell-Proust-Promenade**, in die wir nach links einbiegen. Wir verlassen die Promenade nach rechts spitzwinklig beim nächsten abgehenden Weg. Geradeaus laufend erreichen wir den Dreizehnlindenplatz. Der Platz unter Linden spielt auf ein 1878 erschienenes Epos an, in dem es um den Kampf zwischen Franken und Sachsen geht und das zur Planungszeit des Stadtwaldes sehr en vogue war. Auf dem Platz stehen wir an der Hangkante der Mittelterrasse und blicken auf die Niederterrasse, wo einst der Rhein floss. Eine Blickachse ist genau auf den Colonius ausgerichtet, der über den Bäumen im Hintergrund zu schweben scheint. Weiter geradeaus werden wir zur **Friedrich-Schmidt-Straße** geführt und dort nach links zum beampelten Übergang über den **Militärring**. Diesen sicheren Überweg nutzen wir.

Wer sich nach dem Übergang nach rechts wendet und die Friedrich-Schmidt-Straße quert, erreicht auf dem Parallelweg zum Militärring nach fünfeinhalb Kilometern die Haltestelle Alter Militärring der KVB-Linie 1 und der Busse 141, 143 und 144.

Zur Fortsetzung der Wanderung gehen wir nach dem Übergang über den **Militärring** nach links – das Verbot des Reitweges beachtend – und dann den nächsten, leicht aufsteigenden Weg rechts. Wir

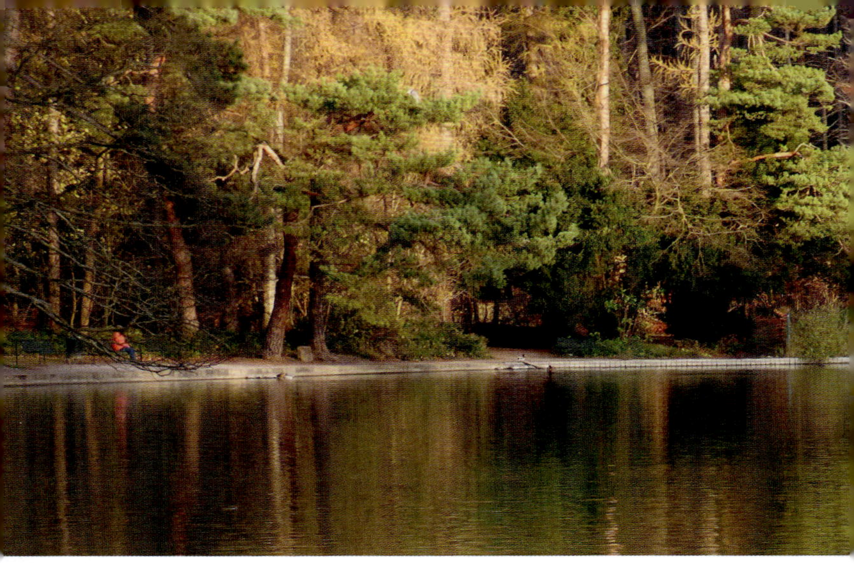

wandern jetzt durch die Stadtwalderweiterung, die nach dem Befehl zur Entfestigung Kölns ab 1919 verwirklicht wurde. Rund 100 Hektar fügten die Pläne Fritz Enckes dem bisherigen Stadtwald hinzu. Aus dem Aushub eines neu angelegten Weihers entstanden zwei Hügel mit Aussichtsplattformen. Zur Würdigung der Leistungen von Oberbürgermeister Konrad Adenauer für die Grünpolitik Kölns erhielt der Weiher die Bezeichnung Adenauerweiher.

Sobald Wasser zwischen den Bäumen schimmert und wir vor uns den Hinweis zum Club Astoria sehen, gehen wir nach links an den Uferrand des Adenauerweihers. Den ufernahen Weg nehmen wir nach rechts. Nach ungefähr einer dreiviertel Umrundung direkt am Uferrand biegen wir rechts ab, queren den **Heinrich-Stevens-Weg** und gehen auf dem Hauptweg geradeaus bis zur den Militärring überspannenden Bogenbrücke. Jenseits der Brücke treffen wir wieder auf die geteerte **Marcell-Proust-Promenade,** wenden uns auf ihr nach rechts und verlassen sie nach der Überquerung der Bahngleise nach links. Wir werden auf den Randweg des Tierparks geführt und orientieren uns nach links hin zum Eingangstor in den Park. Den viel besuchten Lindenthaler Tierpark – 1908 begonnen und auf acht Hektar angelegt – durchlaufen wir nun vorbei am Ziegengehege rechts, und den Dam- und Rotwildwiesen sowie an Rindern und Eseln links und der Voliere rechts. Dann nehmen wir den rechts im Bogen

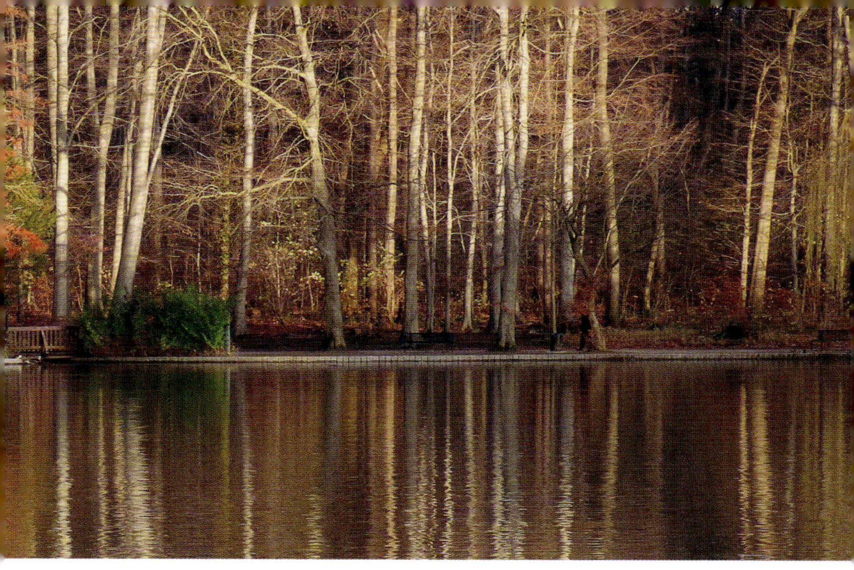

Dämmerstunde am Adenauer Weiher

abgehenden Weg und kommen zum Ausgangstor an der **Kitschburger Straße**, die wir hier überqueren. Danach nehmen wir den schräg nach rechts abgehenden Weg. Er führt über eine Brücke, unter der sich eine Weiherbucht befindet, in die einstmals der Frechener Bach mündete und den Weiher füllte. Die Verschmutzung des Baches durch Abwässer und seine oft geringe Wasserführung führten zu dem Plan, den Weiher und seine Fontänen mit Grundwasser zu speisen. An der **Kitschburger Straße** wurde 1920 ein Brunnen gebaut, der Wasser aus 16 Metern Tiefe fördert. In einem Fachwerkbau steht eine Pumpe, die 260.000 Liter in der Stunde fördern kann, mit dieser Leistung jedoch nur fünf Stunden am Tag laufen darf. Mit dem geförderten Wasser wird nicht nur die Fontäne gespeist, sondern auch der kleine Teich im Norden des Tierparks und der Bach, der durch den Park fließt.

Kleiner Fuchs

Direkt hinter der Brücke geht es nach links Richtung Hotel – an dessen Standort sich ehemals das Stadtwaldrestaurant befand und noch früher die Villa Kitschburg. Wir gehen zwischen Hotel und Weiher und am Kiosk und Bootsverleih vorbei, nehmen weiter den leicht nach links gerundeten Weg und biegen dann schräg rechts ab in Richtung der Kreuzung **Dürener Straße/Gürtel**. Dort haben wir die Wahl zwischen verschiedenen Verkehrsträgern und den Möglichkeiten für eine Schlusseinkehr.

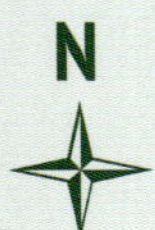
N

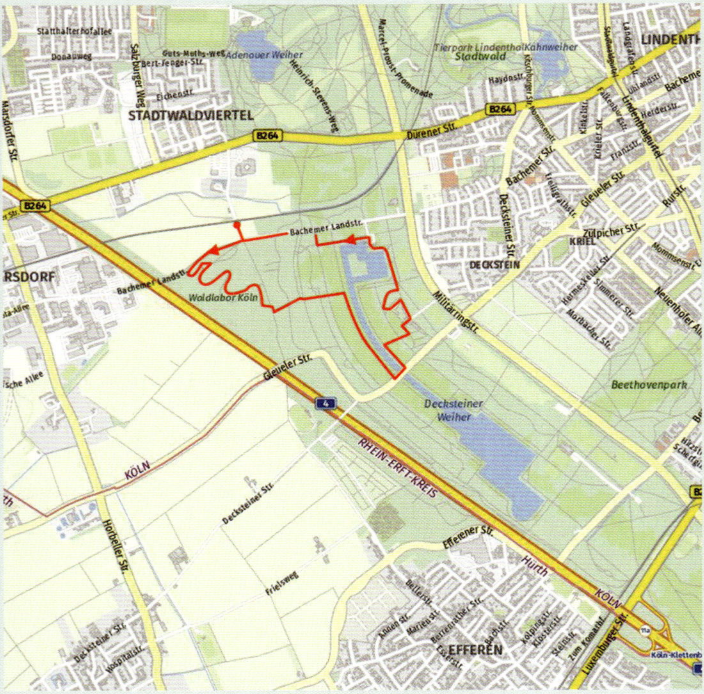

Rundweg durchs Waldlabor vom Stüttgenhof zum Stüttgenhof

Länge	6 Kilometer
Wanderzeit	2 Stunden – mit Studien im Waldlabor länger nach eigenem Gusto
Start	Haltestelle Stüttgenhof der KVB Linie 7 Pkw: Parkplätze an der Bachemer Landstraße. 50935 Köln. Von dort durch die Straßensperrung geradeaus bis Stüttgenweg und dann links zum Waldlabor. Fürs Navi: Bachemer Landstraße, 50935 Köln
Ziel	Haltestelle Stüttgenhof bzw. Parkplätze an der Bachemer Landstraße
Track	WiK-T14-Waldlabor.gpx
Wanderkarte	Kölnpfad. Der Kölner Rundwanderweg, 1:25:000
Einkehren	**Haus am See** Bachemer Landstraße 420, 50935 Köln Tel.: 0221 4309260 restaurant@hausamseekoeln.de www.hausamseekoeln.de Öffnungszeiten: Di – So ab 11.00 Uhr, an Feiertagen ab 11.30 Uhr Ruhetag: Montag **Decksteiner Mühle** Gleueler Str. 371, 50935 Köln Tel.: 0221 433844 info@decksteiner-muehle.de https://decksteiner-muehle.de Öffnungszeiten: Mo – So 12.00 – 24.00 Uhr

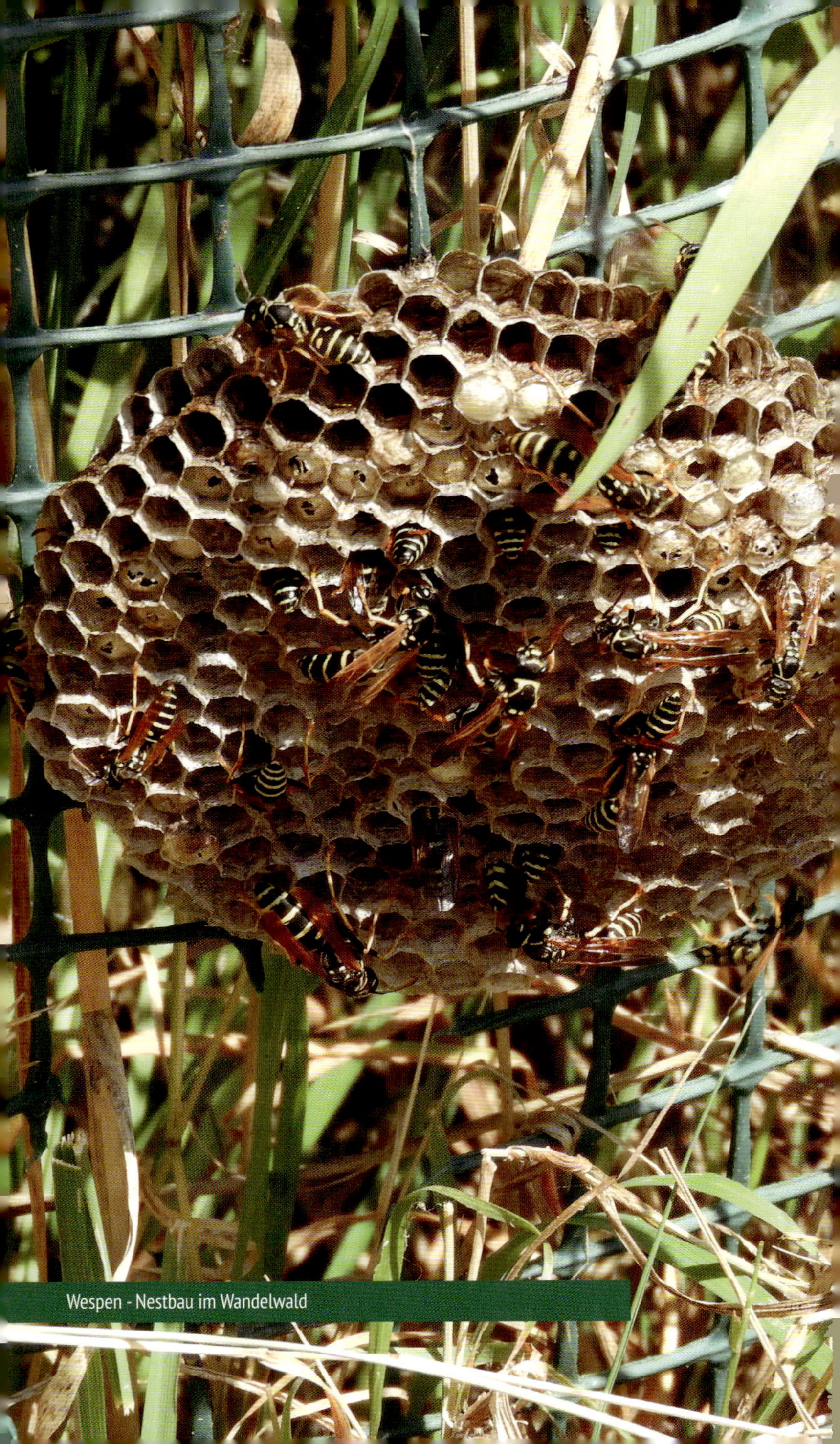

Wespen - Nestbau im Wandelwald

Eine kurze, intensive, eindrucksvolle und informative Wanderung führt uns durchs Waldlabor im Kölner Stadtteil Lindenthal. Hier werden Erkenntnisse über zukünftige Waldformen angesichts von Klimawandel und Energiewende gesammelt. Wir begegnen fremden Baumarten, erhalten Informationen über die Standortanforderungen, Klimaeigenschaften und Nutzungsmöglichkeiten der verschiedenen Baumarten sowie zu unterschiedlichen Waldwirtschaftsformen. Dieses Waldgebiet ist vor allem eine Experimentierstation. Erfüllt wird ein wesentliches Wandermerkmal: Entdecken und Erkunden fußläufig und mit eigenen Augen.

Das Waldlabor ist das Kölner Parade- und Herzstück einer vorsorglichen Forst- und Landschaftsgestaltung – leicht erreichbar und gut begehbar. 17 Baumarten mit verschiedenen Sorten begegnen uns auf unserem Weg durchs „Labor". Nach dem Ende unseres Streifzugs durch den Experimentalwald geht es durch einen hundert Jahre alten Waldstreifen zum Kanal des Decksteiner Weihers durch die berühmte Kastanienallee, am Fort VI vorbei zum Haus am See und weiter zu unserem Ausgangspunkt. Bis dorthin bringen wir fast sechs km hinter uns und sind zwei bis drei Stunden unterwegs. Das ist ideal für eine Morgen- oder Nachmittagswanderung. (Detaillierte Informationen unter: www.stadt-koeln.de/leben-in-koeln/freizeit-natur-sport/wald/waldlabor-koeln, /www.koeln-waldlabor.de/das-waldlabor-koeln).

Unser Startplatz an der Haltestelle Stüttgenhof befindet sich in geschichtlich aufgeladenem Gelände. In der Nachbarschaft liegt der 1271 erstmals urkundlich erwähnte Hof, der der Haltestelle den Namen gab. Er gehörte zum Stift Sankt Gereon und wurde 1485 in den Rang eines Rittergutes erhoben. Noch weiter zurück geht die Besiedlung der Umgebung, belegt durch die Funde von Überresten der Bandkeramiker aus der Zeit um 5600 bis 4500 v. Chr. Auf die Zeit um 700 bis 450 v. Chr. werden Spuren einer Besiedlung in der frühen Eisenzeit datiert. Selbstredend gibt es Spuren aus der Römerzeit, denn die Römer betrieben hier Ackerbau.

Von der Haltestelle aus gehen wir – das aufragende Verwaltungshaus von RWE Power im Rücken – auf dem **Stüttgenweg** in Richtung **Bachemer Landstraße** bis zur Infotafel des Waldlabors. Wir lernen die Flächengröße des Areals kennen und was es mit dem Waldlabor auf sich hat. Experimentiert wird hier zu vier verschiedenen Waldtypen: Wandel-, Energie-, Klima- und Wildniswald, zu neuen Gehölzen und zukünftiger Waldbewirtschaftung angesichts von Klimawandel und angestrebter Nutzung für eine regenerative Energiewirtschaft. Wir sollten wissen: Links des weiterführenden **Stüttgenweges** ist ein Waldgelände mit einem ca. 100-jährigen Baumbestand und rechts dieses Weges – an Stelle des jetzigen Waldlabors – war 2009 noch Ackerland. Wir erkunden also ein junges waldwirtschaftliches Terrain.

An der Kreuzung der alten **Bachemer Landstraße** mit dem **Stüttgenweg** betreten wir den „Ersten Wald für Köln". Das ist ein Projekt der Stadt Köln gemeinsam mit den Projektpartnern Toyota und RheinEnergie sowie der beteiligten Schutzgemeinschaft Deutscher Wald, zu dem Bürger quadratmeterweise Wald stiften konnten. Von der Kreuzung gehen wir nach rechts ein paar Schritte auf dem breiten, gesandeten Weg und dann rechts in den Pfad. Sofort befinden wir uns im Wandelwald mit Bäumen doppelter bis dreifacher Mannshöhe – wunderbar Schatten spendend. Hier kann zukünftiger Wald erfahren werden, bevor wir mit den Experimentierfeldern zum Klimaverhalten und der energetischen Nutzung von Bäumen Bekanntschaft machen. In den Experimentierfeldern sehen wir nämlich weniger Wald als Plantagenwirtschaft und Monokulturen. Wald aber ist eine Mischung mehrerer Arten und Sorten mit altersverschiedenen Bäumen, Büschen, Sträuchern und Kräutern. Und dies bietet uns der Wandelwald. Durch wechselnde Baumarten, die unter dem Gesichtspunkt ihrer zukünftigen Bedeutung ausgewählt wurden, ergeben sich immer wieder wechselnde Waldbilder. Bedacht wurden Farbwechsel der Rinden, Herbstfärbungen, verschiedene Wuchs- und Blattformen und Baumblüten. Der leicht kurvige Wandelwaldweg mit Infotafeln zu verschiedenen Baumarten ist ca. 600 Meter lang. Dann erreichen wir den gesandeten Weg wieder, den wir zuvor verlassen haben. Wir treffen auf eine Infotafel, die uns das erlebte Waldbild erklärt.

In den breiten Weg gehen wir nach rechts und durchwandern eineinhalb km auf kurviger Strecke den Klima- und Energiewald. Das sind keine thematisch geschlossenen Waldareale, vielmehr wechseln Plantagenareale mit unterschiedlicher Akzentsetzung und Bepflanzung. Wenig später erkennen wir an der Infotafel zum Thema Klimawald das Prinzip der Streuung: Areale zum Test von Baumarten, die Erwärmung und Niederschlagsarmut ertragen, wechseln mit Gruppen von für die Energiegewinnung wichtigen Baumarten. Auf dem weiteren Weg erkennen wir leicht die unterschiedliche Nutzung: Die Testflächen zum Thema Energiegewinnung zeigen dichten, reihig gesetzten Bestand mit doch deutlich geringerer Höhe und meist auch deutlich jüngeren Trieben. Dieses Erscheinungsbild im Energiewald rührt aus der immer wieder durchgeführten großflächigen Holzernte. Und ein anderes Merkmal weist noch auf die Holzernte hin: Bodennah werden die Baumpflanzen am Wurzelstock abgeschnitten und aus dem Stock treiben binnen Wochen frische Äste in die Höhe. Das Wachstum ist so geschwind, dass im Januar oder Februar abgeholzte Areale im Juni oder Juli für den kenntnisarmen Blick nicht mehr als Rodungsflächen zu erkennen sind. Nur die Jugendlichkeit des austreibenden Holzes macht deutlich, dass die Fläche vor kurzem den Anblick eines abgeernteten Ackers bot. Geerntet wird mit einer Art Maismäher – nur kräftiger –, der zugleich das Material häckselt und das Häckselgut an ein Begleitfahrzeug übergibt. Vom Acker geht es schnurstracks zur Trocknung des Häckselgutes und dann weiter zu einem Heizkraftwerk.

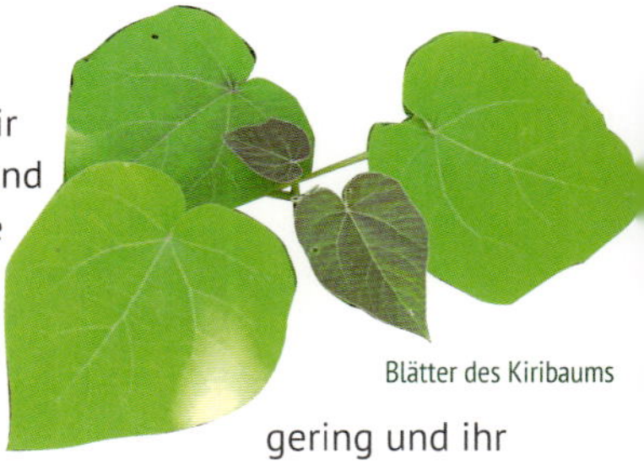

Blätter des Kiribaums

Von der Infotafel an beobachten wir genauer die Bepflanzung rechts und links des Weges. Auffallend ist die Mehlbeere – ein bis zu 15 Meter hoch wachsender Baum, dessen Heimat Europa und Nordafrika ist. Ihre Ansprüche an die Bodenqualität sind gering und ihr Wasserbedarf ist niedrig. Gegen Nässe aber ist sie empfindlich. Wir begreifen sofort, auf welche Klimazukunft hin diese Baumart – angepflanzt in der Kölner Bucht – ausgerichtet ist. Exotisch, weil in unseren Regionen nicht vorkommend, ist ein Baum, dessen Heimat in China und Japan liegt – der Trompetenbaum (Catalpa), auch Blauglocken- oder Kiribaum genannt. Auffällig ist er durch übergroße Blattformate, eine breite Krone und noch mehr durch seine blauem Blüten. Dieser Baum braucht Sonne, womit er im heißen, vielfach wolkenlosen Sommer 2018 genau am richtigen Platz war. Er verlangt nährstoffreichen Boden, hat mäßigen Wasserbedarf, feuchtem Boden ist er abgeneigt. Starken Winden gegenüber fehlt ihm Widerstandsfähigkeit. Hervorragend für die Energiegewinnung geeignet ist er wegen seiner Wuchsfreude und seiner Fähigkeit, aus dem Stock schnell buschartig neue Stämme auszutreiben.

Auf der Strecke im Waldlabor finden wir seltsame Gebilde – nicht gewachsen, sondern geflochten oder an Kordeln aufgehängt. Auch schmale Stämmchen liegen am Boden kunstvoll angeordnet

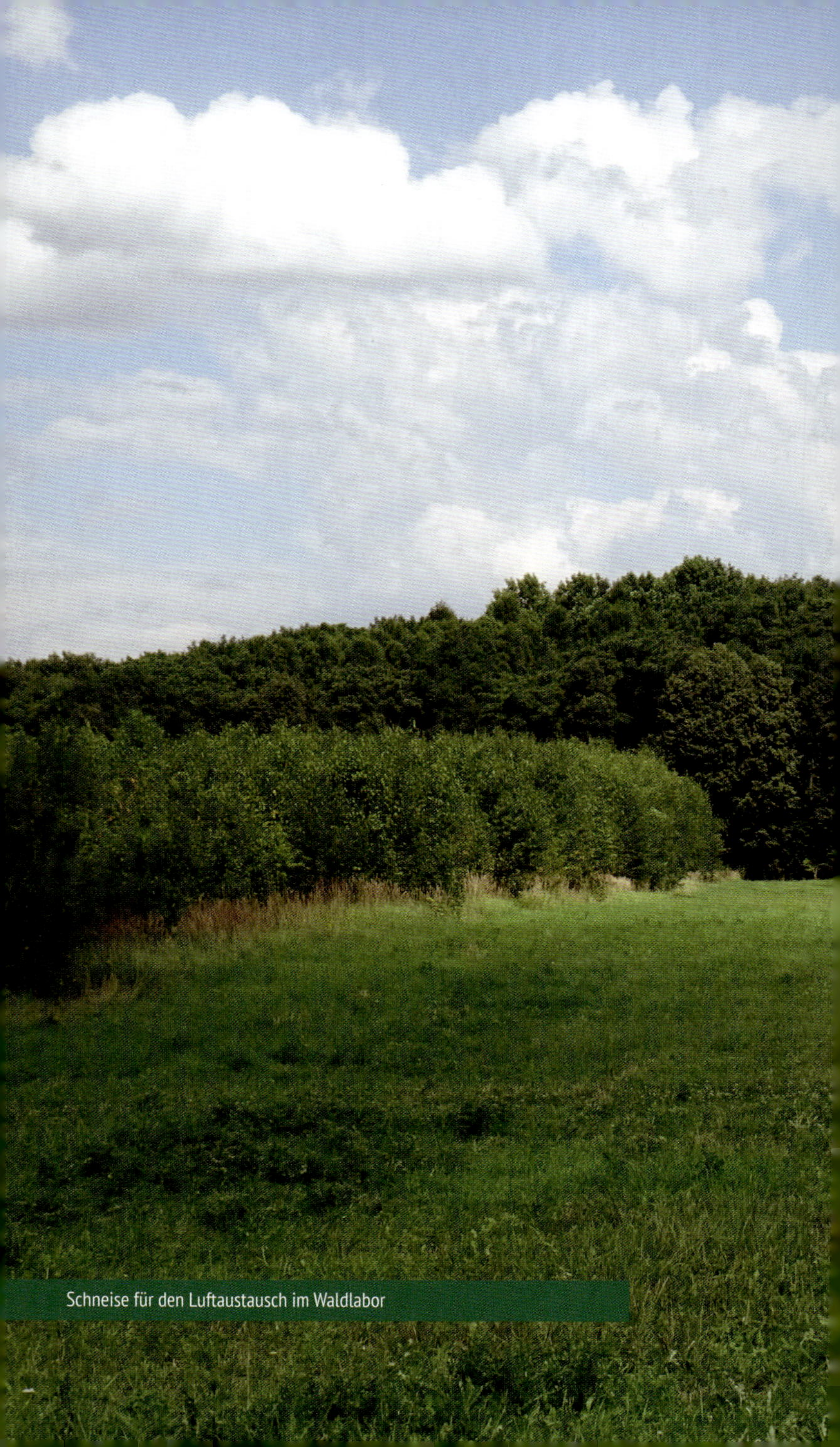

Schneise für den Luftaustausch im Waldlabor

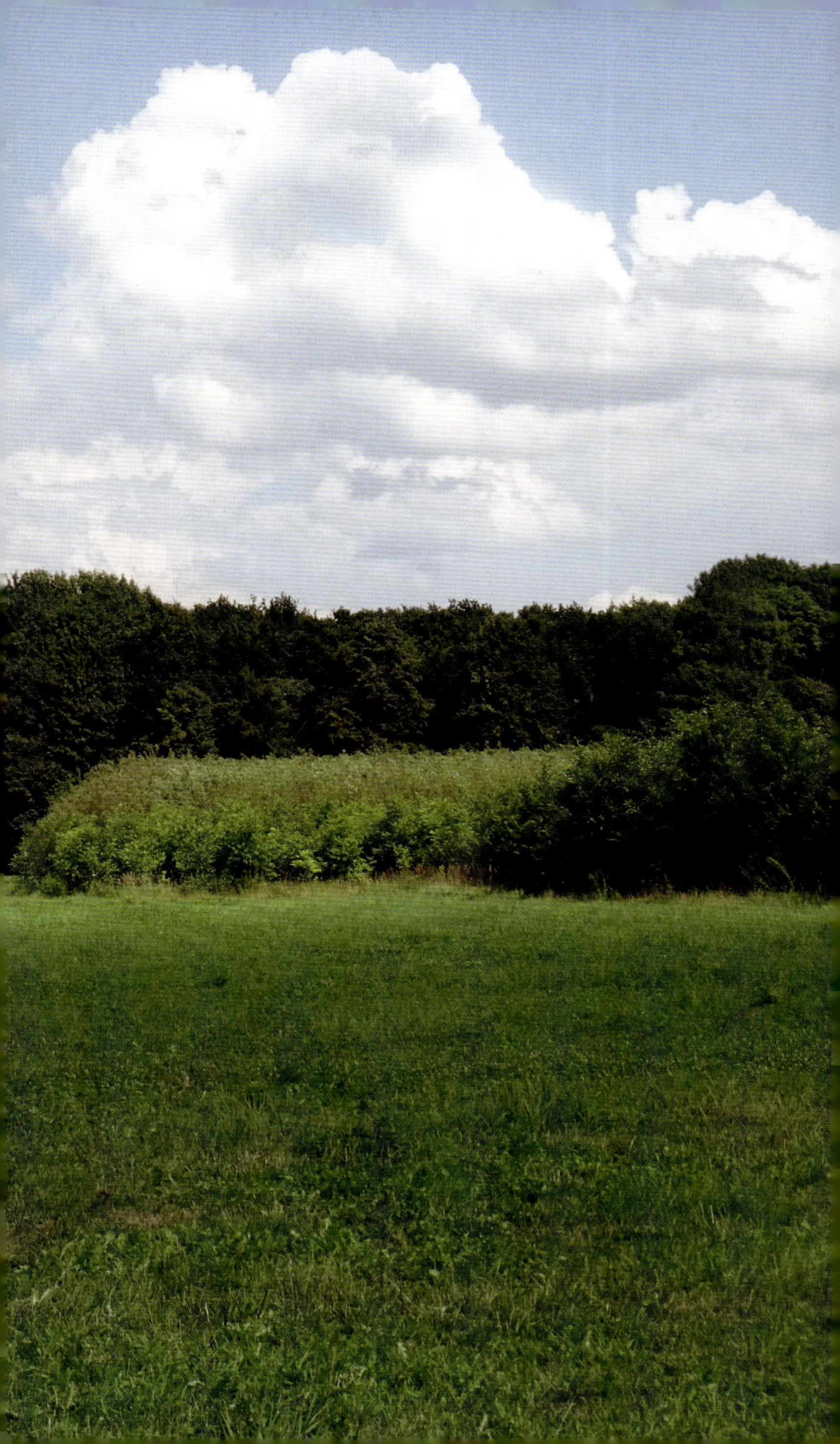

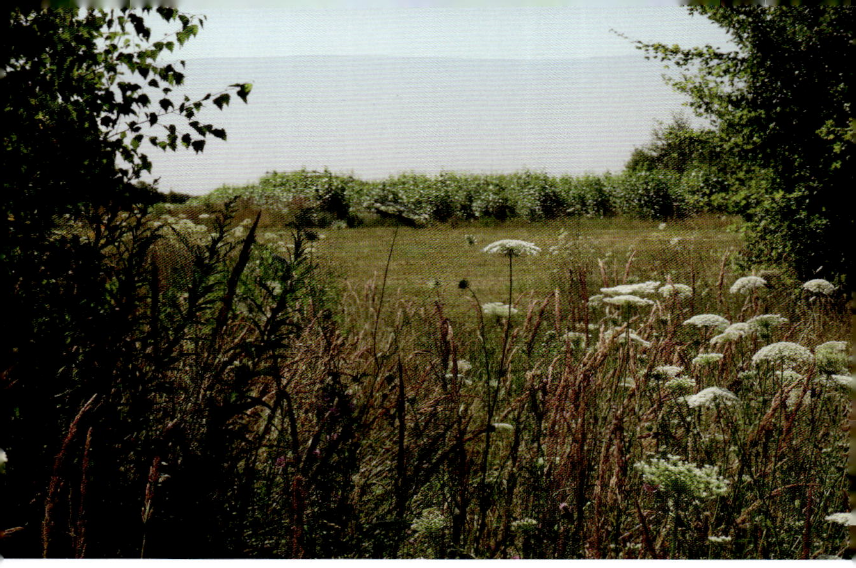

Blick auf Energiewaldplantage

– nicht naturwüchsig und auch nicht als Abfallholz der Erntearbeit. Studierende von vier über die Bundesrepublik verteilten Hochschulen haben im März 2018 Kunstobjekte geschaffen mit der Zielsetzung, das Waldlabor „nicht nur als grüne Naturkulisse“ erlebbar zu machen, „sondern auch als sich stetig wandelnden öffentlichen Ort“. Mit anderen Worten: Kommt und seht, was im Terrain des Waldlabors für unser aller Zukunft passiert. In der medial überschwemmten Welt müssen immer wieder Aufmerksamkeit schaffende Anlässe organisiert werden. Dabei ist das Waldlabor an sich schon eine fortwährend attraktive und nützliche Veranstaltung.

300 Meter nach der Info über den Klimawald werden wir über die Eigentümlichkeiten des Energiewaldes belehrt. Seinen Versuchsobjekten sind wir wegen der Mischlagen der beiden Themen „Klimawandel“ und „regenerative Energie“ schon begegnet. Wir werden weiter auf Exemplare treffen, die zeigen, dass einige Baumarten für beide Bereiche tauglich sind: Sie sind widerstandsfähig gegenüber Klimaveränderungen und produzieren schnell hohe Energieressourcen. Beeindruckend sind im weiteren Verlauf unseres Weges die Pappelfelder, die Küstentannen und schließlich die Weiden.

Auf unserem Weg durchlaufen wir Schneisen, die weite Blicke und vor allem Luftströmungen von den Höhen der Ville bei Hürth bis zum westlichen Waldrand des Äußeren Grüngürtels ermöglichen. Deutlich ist sichtbar, dass sie durch Mähtätigkeit frei gehalten werden. Anderweitig ist das Gelände über einer Gasleitung baumfrei gehalten, jedoch auffallend mit blühenden Kräutern bedeckt. Wiederholt gibt es Randstreifen mit Blühpflanzen, unter anderem auch Disteln, die in gepflegten Arealen nicht geschätzt werden, hier aber für Insekten eine gute und mittlerweile auch notwendige Weidefläche sind. Wir werden bei unserer Waldlaborwanderung ausgezeichnet informiert: Große Infotafeln erläutern uns Absichten und Zielsetzungen und kleinere Tafeln vor Sträuchern und Bäumen deren Eigenschaften und Nutzen.

Am Ende unseres Weges durch das Experimentierfeld stoßen wir wieder auf den **Stüttgenweg** – gesättigt von Eindrücken, Informationen und auch Fragen und Hoffnungen. Wir haben erlebt, dass verschiedene gesellschaftliche Akteure ein Bündnis eingegangen sind, um Entdeckungen zu machen und Vorsorge für ein stadtnahes Grün einerseits und einen Beitrag zu einem verträglichen Energiemix andererseits zu treffen. Köln setzt damit der Tradition folgend seine Politik des stadtnahen, wirtschaftlich nutzbaren Erholungswaldes fort.

Ein verkürzter Spaziergang endet an dieser Stelle. Der **Stüttgenweg**, nach links genommen, führt zur Haltestelle zurück. Der Rundweg bis zur Haltestelle ist ungefähr zweieinhalb km lang. Bei sorgfältigem Studium der Infotafeln kann das eine Wanderung von eineinhalb bis zwei Stunden Dauer sein.

Für die ganze Wanderroute biegen wir in den **Stüttgenweg** nach rechts ein und kommen nach wenigen Metern zu einem links abgehenden Weg. Bevor wir in ihn einbiegen, vergegenwärtigen wir uns das rechts vor uns liegende letzte Waldstück des Waldlabors. Es wird als „Wildniswald“ bezeichnet. Hier entsteht so etwas wie Urwald oder Wald im Unterschied zum Forst, dem durch Menschen aufgezogenen, bewirtschafteten Wald. Der Wildniswald, in dem zugegebenermaßen auch vereinzelt Baumpflanzungen stattgefunden haben, soll sich naturnah – vielleicht sogar natürlich – durch vom Wind, von Vögeln und Kleintieren eingebrachte Samen von Kräutern, Büschen und Bäumen entwickeln. Da hoffen wir mal, dass das gut geht, angesichts des Flächenhungers einer sich weiter entwickelnden Großstadt.

Wir biegen nach links ab und sofort umfangen uns das Dämmerlicht und die Kühle eines Hochwaldes. Wir laufen jetzt durch einen 200 Meter breiten Waldstreifen mit hundertjährigen Bäumen – vorwiegend Buchen – auf den Decksteiner Kanal zu, der die beiden Weiher im Norden und im Süden miteinander verbindet und dessen Uferwege von Platanen- und Kastanienalleen beschattet sind. Um den Decksteiner Weiher herum sind ständig Menschen Erholung suchend unterwegs, fast bei jedem Wetter und zu jeder Jahreszeit. Hier wird gewandert, locker spaziert, fitnesssteigernd gejoggt, Rad gefahren und schließlich werden hier auch Hunde ausgeführt. Treten wir aus dem Waldstreifen heraus, haben wir eine offene Parklandschaft vor uns, eingerahmt durch die Kastanienallee und den Waldstreifen, die sich vom Süden her bis an die Bahnlinie der Köln-Frechen-Benzelrather Eisenbahn mit vor- und zurückspringendem Waldrand hinzieht. Wir laufen bis zur Kastanienallee und gehen dort nach rechts. Weil unsere Wanderroute zum Fort VI führt, gehen wir unter den Kastanien etwas mehr als 600 Meter bis zur Kanalüberquerung der Brücke der **Gleueler Straße**. Schon von weitem erkennen wir die im „Kölner Brückengrün“ gestrichene kürzlich grundsanierte Brücke.

An der Brücke ist zu entscheiden, ob wir zum Fort, zum Haus am See, zum Startpunkt oder von der Brücke auf der **Gleueler Straße** aus einen Kilometer bis zur Lindenthaler Bushaltestelle Deckstein von Bus 146 gehen. Wir könnten dort im Gasthaus Decksteiner Mühle unsere Schlusseinkehr machen und vorher zur Zeit der Kirschbaumblüte noch in den Sülzer **Aquarienweg** (Kirschbaumallee) der Kleingarten-Kolonie Sülz gehen. Wer der Wanderroute folgt, hat von der Brücke aus, vorbei am Fort, durch den Felsengarten und am Haus am See vorbei noch zweieinhalb km vor sich.

Zur geplanten Route biegen wir nach Überquerung des Kanals nach links, wieder unter Kastanien bis zum nächsten rechts abbiegenden Weg. In den zweiten querenden Weg biegen wir nach links ein und gehen dann nach ca. 50 bis 60 Metern rechts abwärts. Dadurch gelangen wir zum Durchlass der „Kehlkaserne“ von Fort VI. Im Durchgang können wir Illustrationen zum Fort studieren, machen einige Schritte in Richtung Stadtseite des Forts, nehmen einigen Abstand zu ihm ein und überblicken die 180 Meter lange Front. Wir schauen auf die stadtseitige Eingangseite des Forts und seine Flügel. Was wir sehen, ist ein Teil der ehemaligen Unterkunftsräume der Fortbesatzung. Wir gehen nach links am Kasernenbau entlang und nehmen an dessen Ende nach links den mittleren der drei abgehenden Wege hinab in

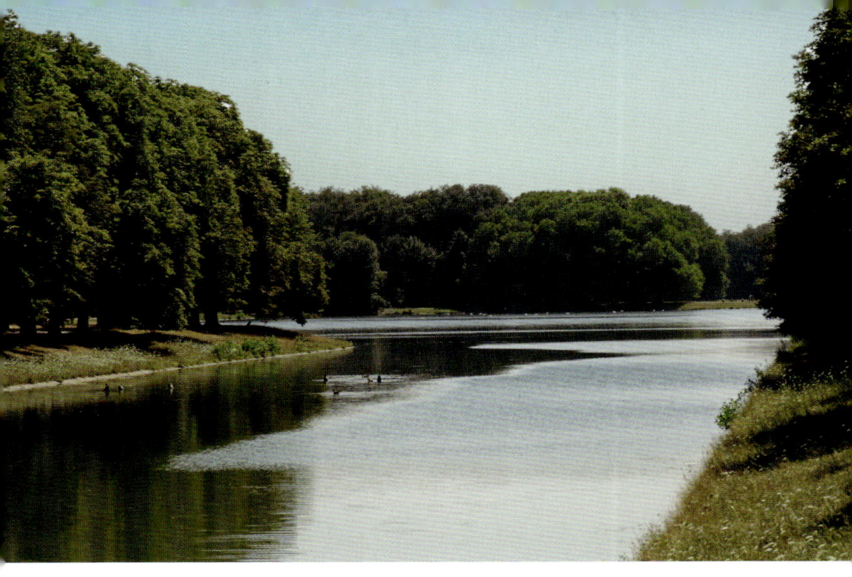

Decksteiner-Weiher-Querung - Blick nach Süden

den ehemaligen Wallgraben, der durch Betonwerk gesichert war und entsprechend dem Versailler Vertag gesprengt werden musste. Den Umwandlungsplänen folgend, aus den militärischen Bauwerken grüne Forts zu machen, plante Fritz Encke für diesen Bereich einen Felsengarten – bepflanzt mit alpinen Stauden. Die Betontrümmer der Sprengung nutzte er für die Anlage des Felsengartens. Wir nehmen in der Senke den nach rechts auf eine aufwärts führende Treppe zulaufenden Weg und erreichen die ehemalige „Feindseite" des Grabenrandes. Es geht rechtwinklig weiter und nach wenigen Metern wieder rechts. Nach einem Wegschwung am folgenden Querweg biegen wir links ab und steuern auf das Haus am See zu.

Wir wandern am Ufer des nördlichen Beckens der Decksteiner Anlage entlang und vor dem Gelände des Hauses am See ufernah nach links. Auf dem Uferweg streifen wir rechts den Zugang zum Biergarten und dann den Tretbootverleih links, gehen am Rande des Parkplatzes vorbei und dann links direkt am Nordufer des Beckens entlang – zunächst unter Bäumen und dann mit freiem Ausblick auf das Wasser und in die offene Parklandschaft. Im Waldstreifen des Äußeren Grüngürtels biegen wir am zweitem Querweg rechts ab und gehen dann auf der **Bachemer Landstraße** nach links. Bis zum gerade vor uns liegenden **Stüttgenweg** durchlaufen wir Wald und erreichen unseren Startpunkt, die Haltestelle Stüttgenhof der KVB-Linie 7.

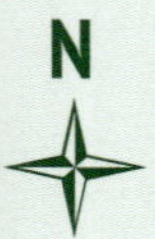
N

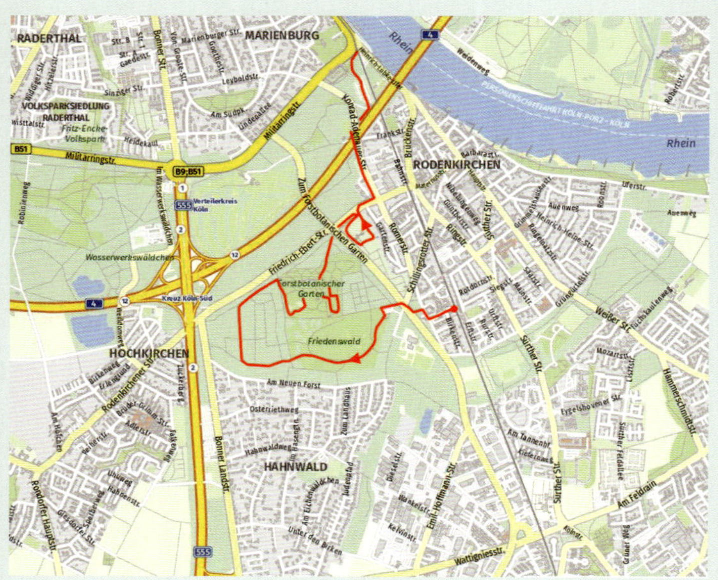
RADERTHAL
MARIENBURG
Rhein
VOLKSPARKSIEDLUNG RADERTHAL
Fritz-Encke-Volkspark
Militärringstr.
B51
B9;B51
Verteilerkreis Köln
555
Wasserwerkswäldchen
Kreuz Köln-Süd
HOCHKIRCHEN
Forstbotanischer Garten
Friedenswald
Friedrich-Ebert-Str.
Zum Forstbotanischen Garten
Konrad-Adenauer-Str.
RODENKIRCHEN
Am Neuen Forst
HAHNWALD
Bonner Str.
Bonner Landstr.
Rodenkirchener Str.
Sürther Str.
Weißer Str.
Wattigniesstr.
Am Feldrain
Emil-Hoffmann-Str.
Schillingsrotter Str.
Ringstr.
Römerstr.
Brückenstr.
Barbarastr.
Uferstr.
Auenweg
Weidenweg
Leyboldstr.
Am Südpk.
Lindenallee
Heidekaul
Robinienweg
Hammerschmidtstr.
Mozartstr.
Eygelshovener Str.
Am Tannenhof
Osterriethweg
Hahnwaldweg
Dieselstr.
Kelvinstr.
Unter den Birken

Vom Friedenswald durch Forstbotanischen – und Finkens Garten zum Rhein

Länge	7,5 km
Wanderzeit	2,5 Stunden (durchaus länger, wenn man den Forstbotanischen Garten vollständig durchstreift)
Start	Haltestelle Siegstraße, Köln-Rodenkirchen der KVB-Linien 16 und 17
Ziel	Haltestelle Heinrich-Lübke-Ufer, Köln-Marienburg der KVB-Linien 16 und 17 und von Bus 130
Track	WiK-T15-Forstbotan.gpx
Wanderkarte	Kölnpfad. Der Kölner Rundweg, 1:25.000
Einkehren	Gegenüber der Zielhaltestelle das **Marienburger Bootshaus** (Achterdeck) und rheinaufwärts hinter der Rodenkirchener Autobahnbrücke drei weitere Bootshäuser: **Alte Liebe, Albatros** und **Rodenkirchener Bootshaus** sowie die Gasthäuser **Quetsch, Zum Treppchen, Fährhaus** und **Rheinstation.** (siehe Serviceteil von Tour 5, Schlusseinkehren)
Tipps	**Forstbotanischer Garten**, Schillingsrotter Straße 100, 50996 Köln, Plan des Forstbotanischen Gartens: https://www.stadt-koeln.de/artiekl/05258/index.html Eintritt kostenfrei. Öffnungszeiten tgl: Januar, Februar, November, Dezember 9.00 – 16.00 Uhr März, September, Oktober: 9.00 – 18.00 Uhr April, Mai, Juni, Juli, August: 9.00 – 20.00 Uhr, **Finkens Garten**, Friedrich-Ebert-Straße 49, 50996 Köln Öffnungszeiten: Tgl. ab 9.00 Uhr – Sonnenuntergang, Eintritt ist kostenfrei. https://www.stadt-koeln.de/leben-in-koeln/freizeit-natur-sport/parks/finkens-garten

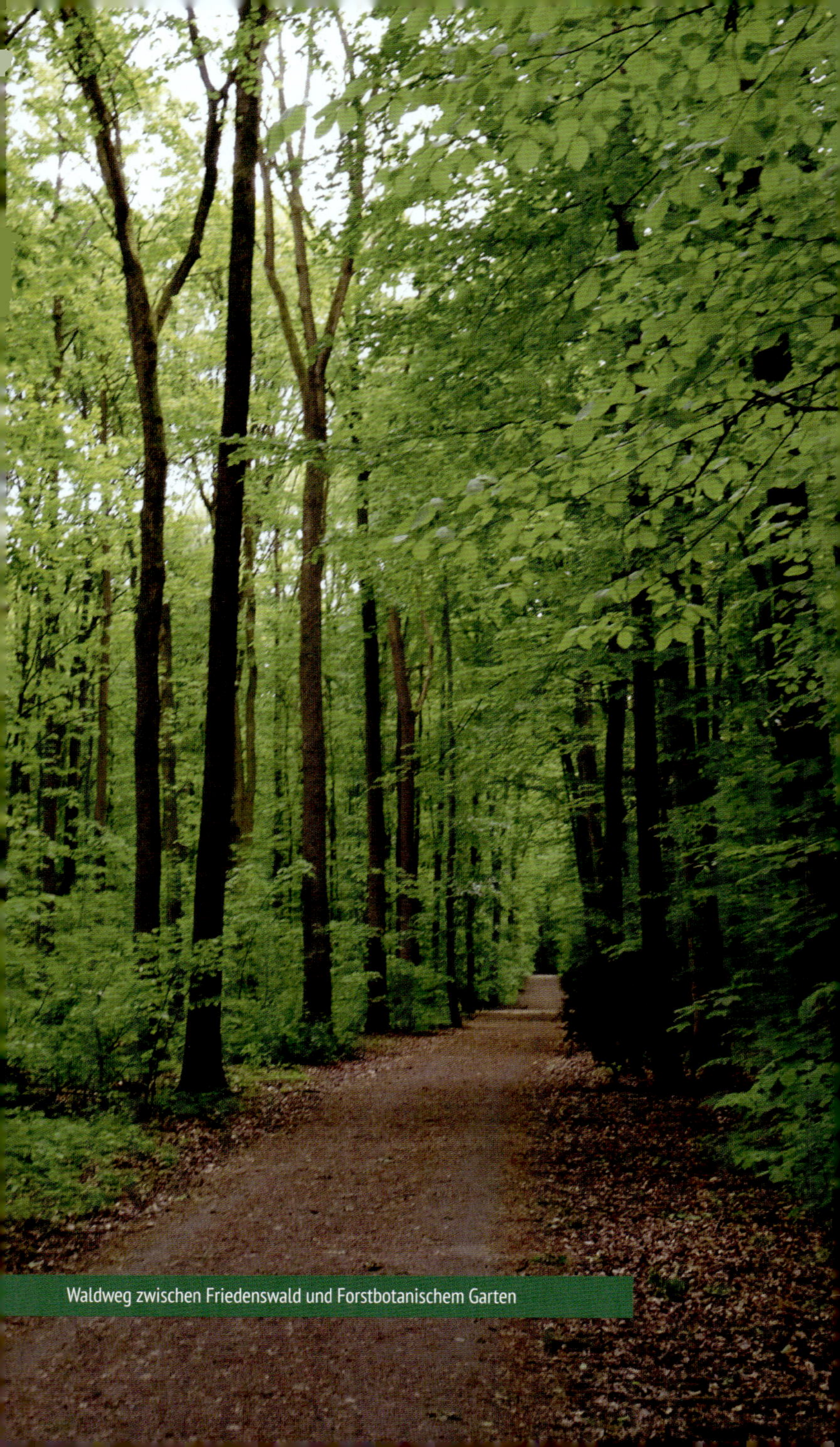
Waldweg zwischen Friedenswald und Forstbotanischem Garten

Die Wanderung führt durch einen zentralen Landschaftsteil am Äußeren Grüngürtel mit Verbindung zu dessen südlichem Ende am Marienburger Rheinufer und zum Wald im Weißer Rheinbogen. Wir wandern in jungem Wald und in einem attraktiven wohnungsnahen Erholungsgebiet Kölns. Hier wurde der offene Landschaftspark Friedenswald geschaffen, auch der romantisch-idyllische und informative Forstbotanische Garten und schließlich Finkens Garten – eine Naturerlebniswelt nicht nur für Kinder. Begehbar ist die Wald- und Parkregion ganzjährig und fast immer attraktiv.

Die Parks und der Wald mit hohen Bäumen stehen auf einem Boden, der vor 70 Jahren noch als Ackerland genutzt wurde. Zuckerrüben wuchsen da, wo heute Azaleen und Rhododendron blühen und japanischer Wald gedeiht. Der Lößboden hier ist von hoher Ertragskraft und war seit der Steinzeit Ackerboden. Dass er heute Wald und Park trägt, hat der Versailler Vertrag durch seine Entfestigungsregeln verursacht: Mehrere Festungsbauwerke mussten geschleift werden. Das Gelände wurde landwirtschaftlich genutzt. Mitte der 1950er Jahre griff Stadtdirektor Hans Berge auf die Pläne von Oberbürgermeister Adenauer und den Gesamtbebauungsplan von Stadtplaner Fritz Schumacher aus den 1920er Jahren zurück und begann mit der Umwandlung in eine grüne Erholungslandschaft. Dass insgesamt mit gutem Boden gearbeitet werden konnte, verdeutlichen das Ambiente von Friedenswald, Fortbotanischem Garten und der junge Wald **Am neuen Forst.** Blühstark leuchten Azaleen und Rhododendron im Frühjahr im Forstbotanischen Garten. Die Waldareale sind in gutem Zustand und die großen Wiesenflächen der geformten Landschaft im Friedenswald – eigentlich kein Wald, sondern eine Ansammlung von Solitären – waren auch nach dem sehr heißen, trockenen Sommer des Jahres 2018 zu Beginn der Herbstzeit saftig grün.

Wir starten an der **Siegstraße** und verlassen den Bahnkörper am beschrankten Bahnübergang leicht abwärts gehend zur **Birkenstraße** hin. In diese biegen wir nach rechts ein, gehen dann in die Straße **Am Lennartzhof** links und danach in die **Römerstraße** rechts. Wir laufen vorbei am barocken Herrenhaus des ehemaligen Gutes Schillingsrott. Das siebenachsige Herrenhaus, dessen Achsen die Linden an der Straße zugeordnet sind, war das Vorderhaus eines Gutskomplexes mit drei Wirtschaftsgebäuden eines Vierseitenhofes. Das Gut findet erste Erwähnung 1171 und gilt bis zur linksrheinischen Säkularisierung 1802 als Eigentum des Stifts St. Georg am Waidmarkt. Schillingsrot –

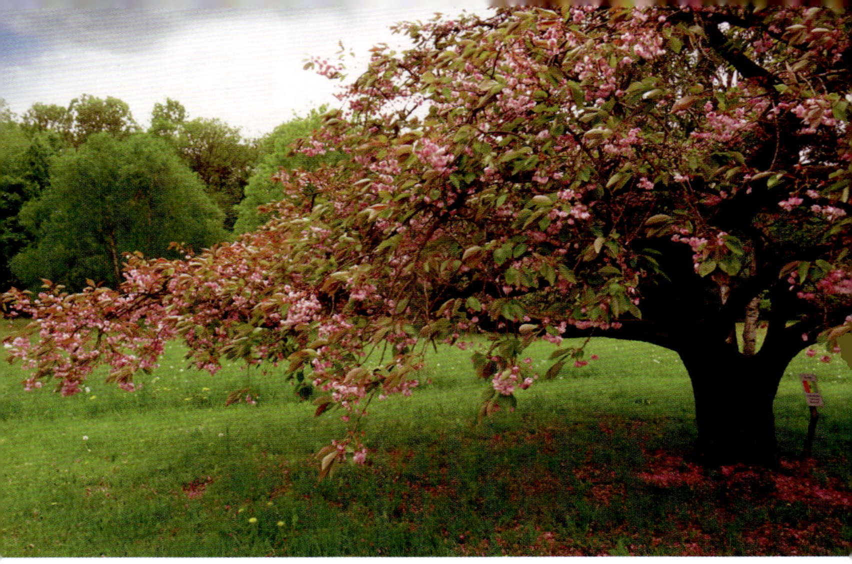

Friedenswald: Zierkirsche – Symbolbaum für Ruanda

auch Lennartzhof genannt – bewirtschaftete 320 Hektar. Noch in den 1950er Jahren reichte die Sicht über Ackerland bis Rondorf.

Nach Passage des Lennartzhofes sehen wir linker Hand einen von der **Römerstraße** abgehenden Weg. Wir queren die Straße, laufen in ihn hinein, gelangen zur **Industriestraße** und gehen dort rechts. An der Ampel wechseln wir über die Kreuzung, um die linke Seite der **Industriestraße** jenseits der **Schillingsrotter Straße** zu erreichen. Von der **Industriestraße** biegen wir nach links ab zum Parkplatz hin. Den passieren wir an seiner Nordseite. Am Ende und dem Eck zum Wiesengelände hin gehen wir auf die Infotafel links an der Westseite des Platzes zu. Dort sind die Staaten aufgelistet, deren Bäume im Friedenswald stehen. Der Friedenswald ist der Völkerverständigung gewidmet. In ihm wurden zwischen 1979 und 1981 auf 26 Hektar Bäume für die 141 Staaten gepflanzt, mit denen die Bundesrepublik diplomatische Beziehungen unterhielt. Ausgerichtet auf die Bauwagen südlich des Parkplatzes nehmen wir nun den breit angelegten Weg nach Südwesten. Unser Gang durch den Friedenswald von Baum zu Baum und damit von Informationstafel zu Informationstafel ist auch ein Gang durch die Geschichte.

Auf den nächsten 800 Metern blicken wir links über ein schmales Wiesengelände, mit Nationenbäumen bestückt, auf einen breiten

Waldstreifen und rechts auf hügeliges Gelände und weiße Sandflächen – sozusagen in Sandstrandqualität – mit Spielplatz und gelangen zu einer Weggabelung. Hier entscheiden wir uns für den links weiter führenden Weg, der sich jenseits eines Querweges in den Wald hinein fortsetzt. Diesen Weg nutzen wir, um einen Eindruck von der Waldentwicklung im Südwesten Kölns zu erhalten. Wir sehen an sich nichts Außergewöhnliches. Wenn wir allerdings bedenken, dass auch dieser Teil – wie der Weißer Bogen und viele andere Areale – erst vor ca. 50, 60 Jahren bepflanzt wurde und uns der großen Flächen bewusst werden, die sich zu Wald entwickelten, dann sind wir doch beeindruckt. Wir wandern bis wir eine Wegabzweigung erreichen, an dem eine Bank steht. Dort geht es nach rechts. Nach fast 400 Metern orientieren wir uns wieder rechts und laufen geradeaus bis zum West-Tor des Forstbotanischen Gartens. Auf unserer bisherigen Strecke im Wald haben wir das tiefe Grün von Eibenbüschen erlebt. Sie wurden gepflanzt, um dieser Baumart ein Überleben zu sichern. An sich ist die Eibe unproblematisch, gedeiht sie doch auch – wenn auch verlangsamt – unter dem Schattendach der Laubbäume und der starkwüchsigen Buche. Die bis in die frühe Neuzeit in Deutschland weit verbreitete Eibe wurde in ihrem Bestand durch die Verwendung ihres Holzes für Langbögen fast ausgerottet. Ihr langsames Wachstum macht sie wirtschaftlich uninteressant, weshalb es keine großen Eibenforste mehr gibt. Vereinzelt wird versucht, ihr Vorkommen zu erhalten. Eine weitere Baumart, die allerdings in unserer Region nicht heimisch ist und uns auffällt, ist der Mammutbaum.

Am West-Tor betreten wir den Forstbotanischen Garten. Der Garten kann als das südliche Gegenstück zu Botanischem Garten und Flora im Norden Kölns in Riehl betrachtet werden. Im leicht erreichbaren Areal werden seit 1964 auf 25 Hektar 3000 Gehölzarten aus Mitteleuropa, Asien und Nordamerika präsentiert. Das Terrain war zusammen mit dem Gelände des Friedenswaldes zuvor – heute kaum vorstellbar – Ackerfläche mit Überresten von Trümmern der nach 1918 gesprengten Festungsanlagen. Betonbrocken im Gelände und die Rhododendron-Schlucht geben noch Zeugnis von dieser Zeit.

Am Eingang in den Garten informieren wir uns über das Wegenetz und die vorhandenen Strauch- und Baumgesellschaften. Der aushängende Plan in der Anlage ist auch im internet abrufbar und kann somit unser Begleiter sein. Die Fixpunkte unserer Route sind Pfingstrosenwiese, Pfauenwiese, Heidegärten, der Rhododendron-Ilex-Weg, die

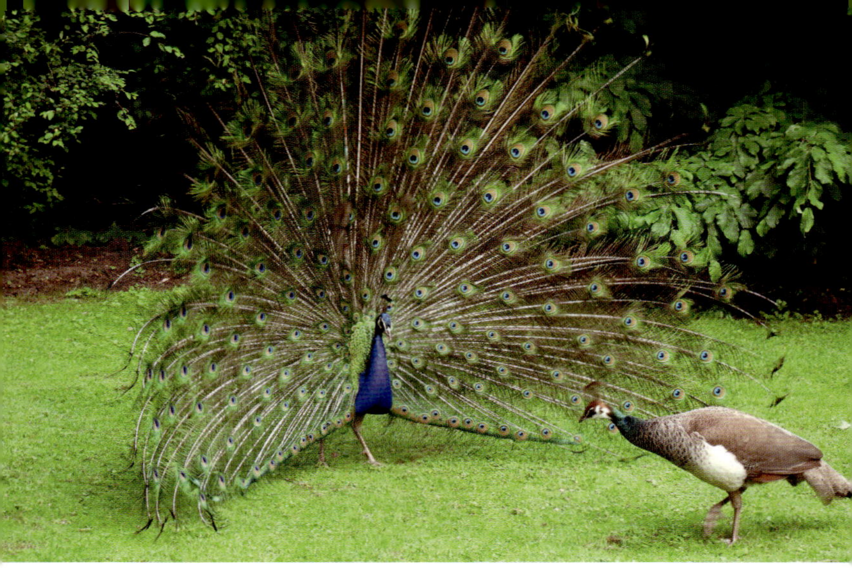

Balzender Pfauenhahn mit ausgebreiteter Federkrone

Rhodendron-Schlucht, Azaleen und Sträucher im Japanischen Garten, der Bambushain sowie die Rhododendronwiese am Nord-Tor. Für diese Route gehen wir direkt vom West-Tor weg nach rechts und laufen den in Zaunnähe mäandrierenden Weg entlang und passieren dabei die Pfingstrosenwiese (Blütezeit Mai/Juni). Im südwestlichen Winkel des Areals führt uns der Weg nach links durch einen kleinen Wald. Nach der Linkskurve sind es ungefähr 130 Meter bis wir wieder links abbiegen. Wir laufen noch einmal an der Pfingstrosenwiese vorbei. Dort beeindruckt uns eine langnadelige Kiefer, nach deren Passage wir rechts abbiegen. Geradeaus weiter führt der Weg an der Pfauenwiese vorbei. Hier können wir die Pfauen erleben und die Kunst, mit der aufgestellten Federkrone zu imponieren oder Feinde abzuschrecken, die sich womöglich durch eine Vielzahl Augen angestarrt wähnen. Wir laufen auf den Heidegarten zu. In Gehrichtung geht es weiter bis zu einem Querweg, an dem links von uns eine viel geritzte Felsplatte steht. Hier geht's nach links und dann auf einen weiteren Felsbrocken zu, der sich als Hermann-Löns-Denkmal entpuppt. Er wurde von der Kölner Jägerschaft gestiftet und vom Grüngürtel in den Forstbotanischen Garten versetzt, um ihn vor Vandalismus zu schützen.

Am Löns-Stein gehen wir geradeaus weiter bis zu einer Wegspinne und biegen vor der Bank rechts ab. Auf ungefähr 200 Metern stehen am Weg Rhododendron, Azaleen und Ilex. An einer Wegkreuzung

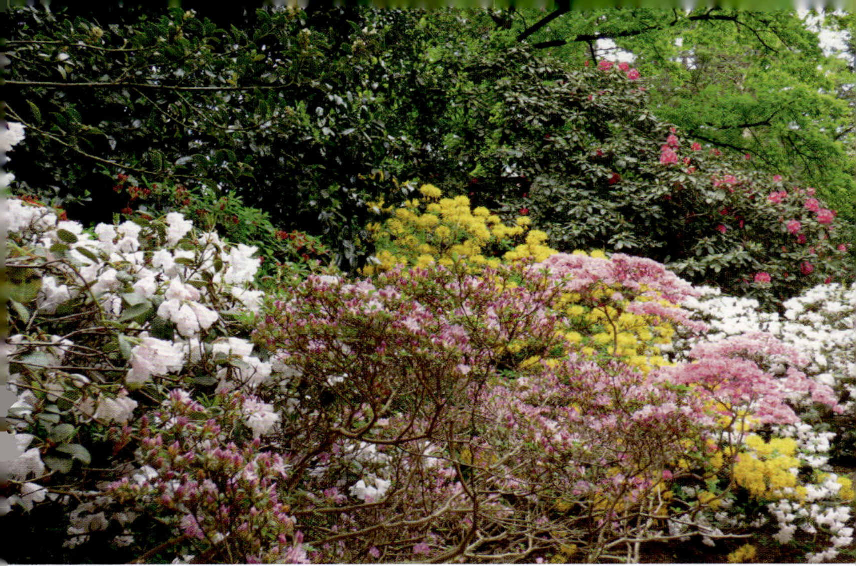

Blühende Rhododendronschlucht

informieren uns Hinweisschilder über verschiedene Ziele. Wir bewegen uns in Richtung Mammutbaumwald – aber nur wenige Meter. Dann geht es nach rechts auf den Wetterpilz und die Mühlstein-Fontänen am Rande der Rhododendronschlucht zu. Rechts am Pilz vorbei laufen wir soweit, bis wir wieder am geritzten Fels sind und biegen hier rechts ab in einen sich abwärts neigenden Weg. Einen kleinen Platz mit einer auf der Erde liegenden Krokodilskulptur queren wir und steigen über die Stufen weiter abwärts. Wir laufen die Linkskehre des Weges und folgen der nächsten Rechtskehre, nähern uns dem Hauptweg vom West-Tor zum Pilz, gehen aber nicht auf diesen Weg, sondern laufen einen eher unscheinbaren Pfad parallel dazu – zwischen dem eben genannten Weg links und der Schlucht rechts. Wir erreichen wieder den Wetterpilz.

Hier wenden wir uns dem kolossalen Felsbrocken zu und entdecken an ihm das Widmungsschild für den erwähnten Stadtdirektor Hans Berge. Wir gehen rechts vorbei auf das japanische Tor zu, durchschreiten es und laufen schräg abwärts bis zur Kreuzung mit einem mittig stehenden Baum. Hier geht es rechts ab. Wir wandern jetzt im Oval des Japanischen Parks mit Azaleen und Ziersträuchern. In der Nähe des Süd-Tors folgen wir der Kehre des Hauptweges, biegen in den nächsten Querweg nach links und stehen wieder vor dem mittig in der Kreuzung stehenden Baum. Hier geht es rechts auf

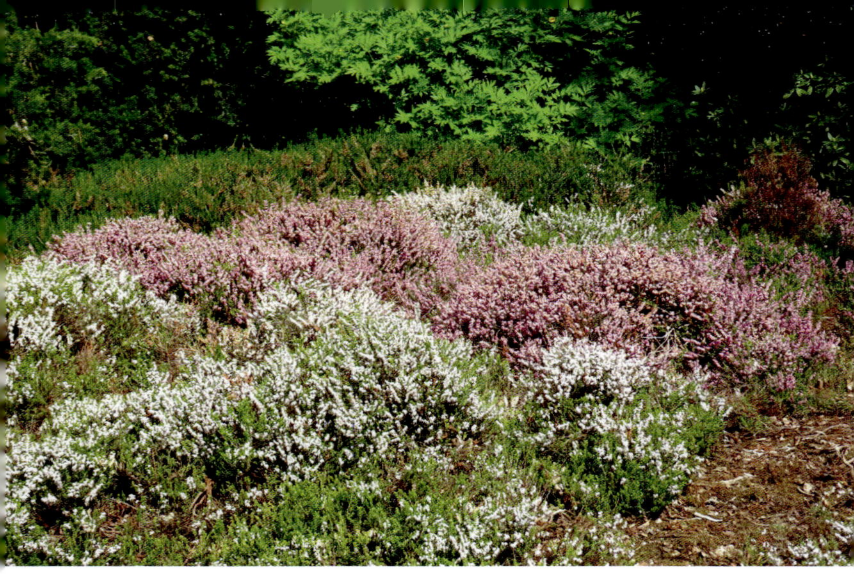

Heidegarten im Forstbotanischen Garten

den Bambushain zu. Am Hain krümmt sich der Weg nach rechts. In der Kurve geht ein Weg links ab. Den nehmen wir und laufen auf ihm dem Hauptweg zum Nord-Tor zu. In den von links nach rechts schräg sich abwärts senkenden Weg biegen wir nach rechts ein und gehen dann durch das Nord-Tor auf die Kreuzung **Friedrich-Ebert-Straße/ Zum Forstbotanischen Garten** zu. Diese Kreuzung überqueren wir, auf das Zentrum von Rodenkirchen hin orientier und gehen entlang der **Friedrich-Ebert-Straße** zu unserem dritten Highlight – zu Finkens Garten. Nach 200 Metern stehen wir vor dessen Eingang.

Finkens Garten war in der ersten Hälfte des 20. Jahrhunderts eine von der Familie Finken betriebene Baumschule. 1973 erwarb die damals noch eigenständige Gemeinde Rodenkirchen das Gelände, das mit der Gemeindegebietsreform 1975 an Köln fiel. Im Landschaftsplan der Stadt Köln wurde es 1991 zusammen mit seiner Umgebung als Landschaftsschutzgebiet ausgewiesen, dessen Zweck auch die Erhaltung und Weiterentwicklung der vorhandenen Grünanlagen ist. In fast achtzehnjähriger Arbeit wurde das Terrain entwickelt und zu einem Naturerlebniszentrum aufgebaut. Für Kinder wie Erwachsene gleichermaßen interessant sind die Erfahrungsräume: Streuobstwiese, Klanggarten, Handtastgarten, Baumtelefon, Fußtastpfad, Baumrätsel und vieles mehr. Wegen seiner Stadtnähe und vor allem wegen seiner Vielfalt und des Engagements für Umweltbildung ist Finkens